하나님께 영광 돌리며 기뻐합시다!

The Gospel Project for **Adults** is published quarterly by LifeWay Christian Resources,
One LifeWay Plaza, Nashville, TN 37234, Thom S. Rainer, President
ⓒ 2017 LifeWay Christian Resources
Translated and used by permission of LifeWay Christian Resources

This Korean translation edition ⓒ 2018 by Duranno Ministry,
38, Seobinggo-ro 65-gil, Yongsan-gu, Seoul, Republic of Korea
Published by arrangement with LifeWay Christian Resources

가스펠 프로젝트

신약 **2**

비유와 기적
청장년 인도자용

지은이 · LifeWay Adults
옮긴이 · 문우일
감수 · 김병훈, 류호성, 신대현
발행일 · 2018년 7월 11일
2판 1쇄 발행 · 2024년 1월 19일
등록번호 · 제1988-000080호
등록된 곳 · 서울특별시 용산구 서빙고로65길 38
발행처 · 사단법인 두란노서원
영업부 · 02-2078-3352, 3452, 3781, 3752 FAX 080-749-3705
편집부 · 02-2078-3437
디자인 · 땅콩프레스

책값은 뒤표지에 있습니다.
ISBN 978-89-531-4703-4 04230 / 978-89-531-4584-9(세트)

가스펠 프로젝트 홈페이지 · gospelproject.co.kr
두란노몰 · mall.duranno.com

차례

비유로 말씀하신 예수님 공관복음

기적을 베푸신 예수님 마태복음, 마가복음, 요한복음

2

Stories and Signs

발간사

두란노서원을 통해 라이프웨이(LifeWay)의 《가스펠 프로젝트》 성경 공부 교재 시리즈를 발간할 수 있도록 인도하신 하나님께 감사드립니다. 험한 소리로 가득한 세상에 이 책을 다릿돌처럼 놓습니다. 우리 삶은 말씀을 만난 소리로 풍성해져야 합니다. 주님을 만난 기쁨의 소리, 진실 앞에서 탄식하는 소리, 죄를 씻는 울음소리, 소망을 품은 기도 소리로 가득해야 합니다.

《가스펠 프로젝트》는 신구약을 관통하는 예수 그리스도의 복음을 발견하고, 그 가르침을 삶에 적용하는 지혜를 얻도록 기획한 성경 공부 교재입니다. 어린아이부터 어른에 이르기까지 생애주기에 따른 복음 메시지를 잘 배울 수 있습니다. 또한 거짓 진리가 미혹하는 이 시대에 건강한 신학과 바른 교리로 말씀을 조명해 성도의 신앙이 좌로나 우로나 치우치지 않도록 돕습니다.

두란노서원은 지금까지 "오직 성경, 복음 중심, 초교파적 관점"을 바탕으로 한국 교회와 성도를 꾸준히 섬겨 왔습니다. 오직 성경의 정신에 입각해 책과 잡지를 출판해 왔으며, 성경에 근거한 복음 중심의 신학을 포기한 적이 없습니다. 그리고 교단과 교파를 초월해 교회와 성도가 하나님의 나라를 바라볼 수 있도록 돕기 위해 노력해 왔습니다. 《가스펠 프로젝트》는 두란노가 지켜 온 세 가지 가치를 충실하게 담은 책입니다.

성경은 구원을 위한 책이며, 구원사의 주인공은 예수 그리스도입니다. 창세기부터 요한계시록까지 오직 예수 그리스도의 복음만을 전하는 《가스펠 프로젝트》 성경 공부 교재를 통해 복음의 은혜와 진리를 깊이 경험하고, 복음 중심의 삶이 마음 판에 새겨지기를 바랍니다. 그리고 예수 그리스도 복음에 굳게 선 한 사람의 영향력이 가정과 교회와 사회에 흘러감으로써 거룩한 하나님 나라가 확산되어 가기를 소망합니다.

두란노서원 원장 이 형 기

감수사

✝ 두란노가 출간하는 《가스펠 프로젝트》는 무엇보다도 전통적으로 교회가 풀어 온 흐름을 충실히 따라 성경을 해설하고 있습니다. 그리고 그 방향은 궁극적으로 예수 그리스도를 향해 나아가고 있습니다. 이것은 예수님이 구약과 신약의 모든 성경이 자신을 가리키고 있다고 하신 말씀에 비추어 매우 타당한 것입니다. 게다가 그리스도 중심적 해설을 무리하게 전개하지 않습니다. 각 본문에서 하나님의 구원 언약과 그것을 실현하시는 하나님을 드러내면서, 그리스도의 예표적 설명이 가능한 사건을 놓치지 않고 풀어내고 있습니다.

성경 공부 교재는 명시적으로 혹은 암시적으로 제시하는 교리적 진술이 교리 체계상 건전해야 합니다. 《가스펠 프로젝트》는 99개 조에 이르는 핵심교리들을 일목요연하게 제시해 교리의 건전성을 확인할 수 있도록 도움을 줍니다. 《가스펠 프로젝트》의 교리는 교파를 막론하고, 예수 그리스도의 복음에 충실한 복음주의 교회들에게 환영받을 만합니다. 물론 교파마다 약간의 이견을 갖는 부분들이 있을 수 있겠지만 각 교회에서 교재를 활용하는 데는 무리가 없을 것입니다. 《가스펠 프로젝트》의 특징은 각 과에서 학습한 내용을 핵심교리와 연결해 주며, 그 결과 그리스도의 복음에 관련한 교리적 이해를 강화시킨다는 데 있습니다.

끝으로 《가스펠 프로젝트》는 어떤 성경 주해서나 교리 학습서가 갖지 못하는 훌륭한 장점을 가지고 있습니다. 그것은 학습자를 하나님과 그리스도의 복음 앞으로 나오도록 이끌며 자신의 신앙과 삶을 돌아보도록 하는 적용의 적실성과 훈련의 효과입니다. 아울러 본문과 관련해 교회사적으로 또 주석적으로 중요한 신학자와 목사의 어록과 주석을 제시하고, 심화토론 질문들(인도자용)과 선교적 안목을 열어 주는 적용 질문들을 더해 준 것은 《가스펠 프로젝트》에서 얻을 수 있는 큰 유익입니다.

추천할 만한 마땅한 성경 공부 교재를 찾기가 쉽지 않은 현실에서 《가스펠 프로젝트》는 성경을 개괄적으로 매주 한 과목씩, 3년의 기간 동안 일목요연하게, 그리고 그리스도 중심적으로 공부하도록 이끌어 준다는 점에서, 한국 교회의 기초를 성경 위에 놓는 일에 큰 공헌을 할 것으로 믿어 의심치 않습니다.

김병훈 _ 합동신학대학원대학교 조직신학 교수

✝ "내 백성이 지식이 없으므로 망하는도다 네가 지식을 버렸으니 나도 너를 버려 내 제사장이 되지 못하게 할 것이요 네가 네 하나님의 율법을 잊었으니 나도 네 자녀들을 잊어버리리라"(호 4:6). 이 예언대로, 하나님의 말씀에 귀 기울이지 않던 이스라엘 백성은 멸망했습니다(렘 29:15~20). 그러나 그 자체에 능력이 있는(눅 1:37) 하나님의 말씀이 임하는 곳이라면 죽은 뼈에 힘줄이 생기고 살이 오르는(겔 37:8) 회복의 역사가 임할 것입니다. 그분의 말씀은 살아 있고 활력이 있기에 예리하게 혼과 영과 및 관절과 골수를 찔러 쪼개기까지 하며 또 마음의 생각과 뜻을 판단할 것입니다(히 4:12). 하나님의 말씀이 왕성하게 흘러넘쳐 온 세상과 우주를 적실 때에 정의와 사랑(렘 9:24) 그리고 제자의 수가 많아지는 놀라운 부흥을(행 6:7) 경험할 것이고, 악한 세력이 모두 물러가며 새 하늘과 새 땅이 다가올 것입니다.

이를 위해 작은 등불의 역할을 할《가스펠 프로젝트》는 다음과 같은 특징이 있습니다. 첫째는 성경 전체를 '그리스도 중심'으로 바라본 것입니다. 오실 그리스도(구약)와 오신 그리스도 그리고 앞으로 다시 오실 그리스도(신약)의 관점에서 구약성경과 신약성경을 서로 연결했습니다. 그래서 구약성경을 단지 유대 민족의 역사서로 보는 편협함에서 벗어나, 그 속에 담긴 놀라운 하나님의 구원 역사를 보게 합니다. 둘째는 같은 본문으로 교회와 가정 그리고 전 연령층에서 그리스도의 사랑을 배우게 합니다. 이는 특히 가정에서 부모와 자녀가 서로 신앙적으로 소통할 기회를 제공하고 사랑과 정의를 실천하는 성숙한 그리스도인으로 성장하도록 이끌어 줍니다. 셋째는 신학적 주제와 기초 교리를 이해하기 쉽게 설명한 것입니다. 그래서 사이비 이단이 번져 가는 상황에서 매우 중요한 영적 분별력을 향상시키는 데 도움을 줍니다. 넷째는 배운 것을 복음의 씨앗을 뿌리는 선교와 연결하며 하나님이 주신 사명을 실천하도록 이끄는 것입니다. 이는 복음의 열정을 회복시켜 줍니다.

그러므로 모든 교단과 교파를 초월해서, 하나님의 섬세한 구원의 손길과 그리스도의 숭고한 십자가의 사랑 그리고 거룩함으로 인도하는 성령님의 인도하심을 배울 수 있을 것입니다. 그래서《가스펠 프로젝트》를 통해 하나님의 말씀이 한반도에 흘러넘칠 뿐만 아니라, 복음의 열정을 품고 전 세계로 향하는 많은 전도자를 세워 갈 것입니다.

류호성 _ 서울장신대학교 신약학 교수

✝ 《가스펠 프로젝트》는 성경 안에 나타난 하나님의 구원 계획-실행-완성이라는 일련의 진행을 잘 요약한 말입니다. 구원의 소식은 예수 그리스도가 오셨을 때 비로소 전해진 것이 아니라 창세 이전에 그리스도 안에서 하나님의 지혜로 계획된 것입니다. 이 복음 계획은 구약 역사가 진행되면서 더 구체적으로 알려졌고, 하나님의 아들 예수 그리스도가 이 땅에 오심으로써 완전히 드러났습니다. 이 복음으로 하나님의 백성이 모두 구원을 받을 것이며, 그제야 세상에 끝이 오고 하나님의 가스펠 프로젝트는 완성될 것입니다.

두란노의 《가스펠 프로젝트》는 이러한 큰 그림을 염두에 두고 시대를 따라 진행되는 하나님의 구원 계획을 체계적으로 다루고 있습니다. 각 세션의 시작과 끝에 두 개의 푯대, 즉 '신학적 주제'와 '그리스도와의 연결'을 제시해 세션이 다루는 내용이 구원 역사의 큰 진행에서 어느 지점에 해당되는지 알려 줍니다. '신학적 주제'는 본문에서 하나님의 가스펠 프로젝트의 어느 지점에 주목해야 하는지 알려 주며, '그리스도와의 연결'은 이 지점이 가스펠 프로젝트 전체와 어떻게 연결되는지 확인해 줍니다. 가스펠 프로젝트의 부분과 전체를 아는 지식을 동시에 배워 가면서 이 시대를 향한 단기 비전과 앞으로 임할 하나님 나라에 대한 장기 비전을 함께 가질 수 있습니다. 《가스펠 프로젝트》는 이 비전들을 구체적으로 가질 수 있도록 매 세션 끝에 '하나님의 계획, 우리의 사명'을 두고 있습니다.

《가스펠 프로젝트》의 또 다른 큰 특징은 교회 안에 여러 세대를 그리스도 안에서 하나님의 말씀으로 연결해 준다는 것입니다. 장년, 청소년, 그리고 어린이들이 매주 동일한 본문 말씀을 배움으로써 그리스도 안에서 하나의 교회 전통을 세워 갈 수 있으며, 교회와 가정에서 동일한 하나님의 말씀으로 소통하며 언어가 같은 하나님 나라 백성의 삶을 체험할 수 있습니다.

《가스펠 프로젝트》는 성경의 한 부분에만 머물러 있는 우리의 생각을 그리스도 안에서 넓혀 주고, 분열된 세대들의 생각을 그리스도 안으로 모아 줍니다. 한국 교회 성도들이 두란노의 《가스펠 프로젝트》를 통해 예수 그리스도를 아는 지식에서 자라 가고 모든 믿음의 세대가 그리스도 안에서 아름다운 신앙의 전통을 이어 가는 일들이 일어나길 소망합니다.

신대현 _ 《가스펠 프로젝트》주 강사

추천사

✠　　우리 시대의 전 세계적 교회 부흥은 두 가지 샘을 가지고 있습니다. 한 샘은 오순절 부흥 운동의 샘입니다. 이 샘으로 많은 시대의 목마른 영혼들이 목마름을 해갈했습니다. 또 하나의 샘은 성경 연구의 샘입니다. 남침례교 주일학교 운동은 이 샘의 개척자입니다. 이 샘으로 지금도 많은 성도가 목마름을 해갈하고 있습니다. 미 남침례교 라이프웨이 출판사는 이러한 사역을 충실히 감당해 왔습니다. 《가스펠 프로젝트》는 모든 필요를 공급하는 원천이 될 것입니다. 《가스펠 프로젝트》로 한국 교회의 목마름이 해갈되기를 기도합니다. 《가스펠 프로젝트》는 쉬우면서도 결코 피상적이지 않습니다. 믿음의 단계를 따라 하나님의 자녀들에게 꼭 필요한 복음의 진수를 맛보게 해 줄 것입니다. 이 체계적인 교재로 이 땅에 새로운 영적 르네상스가 일어나기를 기대합니다.

이동원 _ 지구촌교회 원로 목사, 지구촌 미니스트리 네트워크 대표

✠　　성경은 예수 그리스도를 중심으로 하는 하나님의 구원 이야기입니다. 성경을 가르치는 일은 하나님의 구원에 동참하는 하나님의 사람을 만드는 일이며, 하나님의 사람의 탁월한 모델은 바로 예수 그리스도입니다. 《가스펠 프로젝트》는 예수 그리스도를 중심으로 성경을 배웁니다. 성경이 어떻게 그리스도와 연결되어 있는지, 또 성도의 삶이 그리스도를 중심으로 하는 하나님의 구원 계획에 어떻게 연결되어야 하는지 구체적으로 제시합니다.
특히 《가스펠 프로젝트》는 하나의 본문을 각 연령에 맞게 구성한 교재를 제공해 하나의 본문으로 전 세대를 연결하고, 가정과 교회를 하나 되게 합니다. 신앙의 전수가 중요한 시대에 성도와 교회와 가정이 한마음으로 다음 세대를 준비시키기에 적합합니다. 특히 가정에서 부모가 자녀와 말씀으로 대화를 나눌 수 있게 해 자녀 신앙 교육에 도움이 될 것입니다.

이재훈 _ 온누리교회 담임 목사

✚ 《가스펠 프로젝트》는 예수 그리스도 중심, 즉 복음 중심의 제자 양육 교재입니다. 복음은 구원하는 능력뿐만 아니라 삶을 변화시키는 능력입니다. 성도들을 변화와 성숙으로 이끌어 주는 귀한 교재가 조국 교회와 이민 교회에 소중하게 쓰임받기를 바랍니다. 특별히 이민 2세들은 영어 교재 원본을 사용할 수 있는 까닭에 큰 도움이 될 것입니다.

강준민 _ LA 새생명비전교회 담임 목사

✚ 하나님의 말씀은 생명을 살리고 힘 있게 하는 능력이 있습니다. 그래서 사역 현장에서는 그것을 효율적으로 전해 주고 가르칠 수 있는 좋은 방법과 교재에 늘 목말라합니다. 그런 점에서 연령대에 맞게 체계적으로 준비되어 사역 현장의 필요를 잘 충족해 줄 교재가 출간되어 기쁩니다. 사역의 현장에서 유용하게 활용되어 복음의 생명력과 역동성을 누리게 되기를 기대하며 추천합니다.

김운용 _ 장로회신학대학교 실천신학 교수

✚ 성경은 그 깊이와 너비를 측량하기 어려운 광활한 바다입니다. 이 바다를 무턱 대고 항해하다 보면 장구한 역사의 파도와 다양한 문학 양식이라는 바람에 의해 표류하기 쉽습니다. 그런 점에서 《가스펠 프로젝트》는 참 훌륭한 나침반입니다. 건전한 교리를 바탕으로 성경 어디에서나 그리스도를 발견하도록 돕고, 복음이라는 항구에 이르도록 이끌어 줍니다. 이미 구약 시리즈를 통해 검증되었듯이, 이어지는 신약 시리즈 역시 말씀의 바다를 항해하는 모든 분에게 큰 유익을 줄 것입니다. 기쁜 마음으로 추천합니다.

허요환 _ 안산제일교회 담임 목사

✚ 　　성경은 하나님의 말씀입니다. 말씀 중의 말씀, 복음은 예수 그리스도 이십니다. 《가스펠 프로젝트》는 하나님의 말씀으로 우리를 초청해서 예수 그리스도를 만나게 하고 사랑하게 만드는 훌륭한 교재입니다. 《가스펠 프로젝트》의 매력은 하나의 커리큘럼을 가지고 연령대에 적합하게 공부하도록 제공한다는 점입니다. 자녀들이 교회 학교에서, 부모들이 소그룹에서 말씀을 공부한 후 저녁 식탁에 둘러앉아 예수님에 대해 함께 나눌 수 있다는 것은, 상상만 해도 너무나도 멋지고 복된 일입니다.

김지철 _ 전 소망교회 담임 목사

✚ 　　예수님은 친히 요한복음 5장 39절에서, 모든 성경은 예수님 자신에 대한 증거라고 말씀하셨습니다. 그럼에도 불구하고, 성도들은 그 속에서 예수님이라는 보석을 쉽게 찾아 내지 못하고 있습니다. 《가스펠 프로젝트》는 신앙생활을 출발하는 어린이부터 장년까지 이런 눈을 활짝 열어 주는 놀라운 교재입니다. 요람에서부터 무덤까지 각 연령대에 맞게 구성된 본 교재를 통해, 한국 교회와 이민 교회가 잃어버린 예수님을 다시 발견함으로 견고하게 되기를 바랍니다.

최병락 _ 강남중앙침례교회 담임 목사

✚ 　　성경을 공부한다는 것은 성경에 기록된 사실을 배우는 것이 아니라 성경이 가르치는 교리를 배우는 것입니다. 왜냐하면 성경은 독자에게 어떤 새로운 정보를 주기 위해 인간이 쓴 책이 아니라, 죄인인 인간에게 구원을 주기 위해 하나님이 쓰신 말씀이기 때문입니다. 그런데 이 구원의 도리인 교리를 성경 본문을 통해 배우기가 쉽지 않기 때문에 좋은 안내서가 필요합니다. 이번에 출간된 《가스펠 프로젝트》는 이와 같은 역할을 탁월하게 수행하고 있기 때문에 기쁜 마음으로 추천합니다.

이성호 _ 고려신학대학원 역사신학 교수

활용법

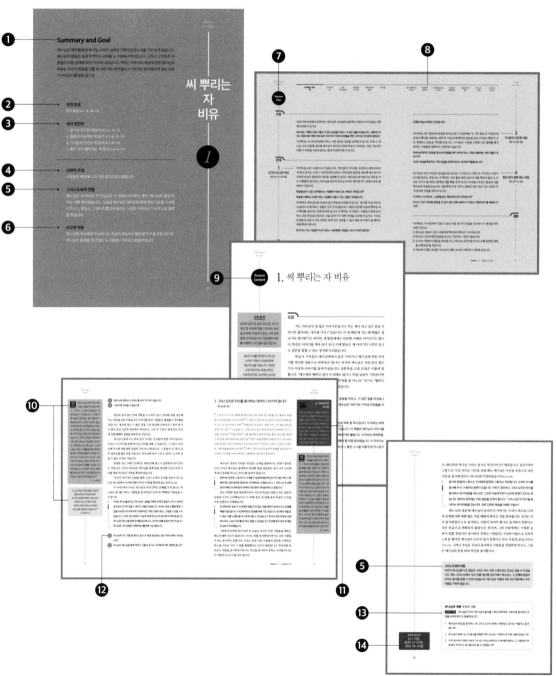

1. Summary and Goal

각 세션의 핵심 내용을 알려 주는 세션 요약과 강조할 포인트를 정리해 본문의 흐름과 교재의 학습 목표를 놓치지 않도록 돕습니다.

2. 성경 본문

각 세션의 내용과 주제에 해당하는 성경 본문을 제시합니다. 《가스펠 프로젝트》는 연대기 성경 공부 교재로 성경의 큰 흐름에 따라 본문을 구성했습니다.

3. 세션 포인트

각 세션에서 강조할 포인트를 세 가지씩 열거해 인도자가 한눈에 세션의 요점을 개관하도록 합니다.

4. 신학적 주제

하나님이 구속사에서 행하신 일에 초점을 맞춰 본문을 이해하도록 주제를 제시해 본문의 흐름을 놓치지 않도록 돕습니다.

5. 그리스도와의 연결

해당 본문과 주제가 어떻게 예수 그리스도를 가리키며 연결되는지 자세히 살핍니다. 예수님과 각 세션 포인트의 상관성을 발견할 수 있도록 돕습니다.

6. 선교적 적용

각 세션에서 드러난 하나님의 계획을 우리의 사명과 연결해 말씀을 삶에 구체적으로 적용하도록 돕습니다.

7. Session Plan

세션의 개요와 신학적 주제, 그리고 질문을 연결해 각 세션의 주요한 부분을 한눈에 볼 수 있게 함으로써 인도자가 수업을 설계할 수 있도록 돕습니다.

8. 연대표

각 권의 연대적 흐름을 이해할 수 있도록 한눈에 볼 수 있는 연대표를 제공합니다. 각 본문에 해당하는 단계를 표시해 성경을 시간 순으로 이해하도록 돕습니다.

9. Session Content

학습자용에 있는 내용이 모두 들어 있으며, 인도자를 위한 내용이 추가되어 있습니다. 인도자를 위한 내용은 여백에 'Leader'라고 표시되어 있습니다. 상자 안에 있는 명언, 심화주석, 심화토론, 도입 옵션 등도 인도자용에만 들어 있으며, 명언 가운데 일부는 학습자용에도 있습니다.

10. 명언, 심화주석 등

본문과 관련해 교회사적으로 또 주석적으로 중요한 신학자와 목사의 서적이나 기타 아티클을 발췌해 제시함으로써 신학적 이해를 돕습니다.

11. 핵심교리 99

기독교 교리 가운데 핵심이 되는 99개의 내용을 추려 각 세션과 관련 있는 교리를 제시합니다. 성경 본문에 대한 신학적 이해를 넓히는 데 도움을 받을 수 있습니다.

12. 관찰 질문

본문을 구체적으로 이해하도록 돕는 질문을 제공합니다. 이를 통해 생각의 폭을 넓히고 성경의 진리를 실제적으로 받아들이는 데 도움을 받을 수 있습니다.

13. 하나님의 계획, 우리의 사명

각 세션에서 드러난 하나님의 계획을 우리의 사명과 연결해 말씀을 구체적으로 삶에 적용하도록 돕습니다.

14. 금주의 성경 읽기

각 세션의 연대기적 흐름에 맞춰 한 주 동안 읽을 성경 본문을 제공합니다.

＊부가 자료

홈페이지 gospelproject.co.kr 자료실에 세션의 맥과 핵심을 짚어주는 강의 '세션 가이드', 세션의 각 질문에 대한 안내를 담은 '질문 가이드', 소그룹을 위한 '활동 자료'와 '가족 성경 읽기표'가 실려 있습니다.

Summary and Goal

예수님은 제자들에게 하나님 나라가 실제로 어떻게 임하는지를 가르쳐 주셨습니다. 예수님의 말씀은 농부가 뿌리는 씨처럼 누구에게나 뿌려집니다. 그러나 그 반응은 사람들의 마음 상태에 따라 다르게 나타납니다. 뿌리는 자와 여러 토양에 관한 예수님의 비유는 우리가 복음을 전할 때 어떤 이는 받아들이고 어떤 이는 받아들이지 않는 이유가 무엇인지를 알려 줍니다.

씨 뿌리는 자 비유

- **성경 본문**
  마가복음 4:1~9, 14~20

- **세션 포인트**
  1. 길가와 완고한 마음(막 4:1~4, 14~15)
  2. 돌밭과 피상적인 마음(막 4:5~6, 16~17)
  3. 가시밭과 산란한 마음(막 4:7, 18~19)
  4. 좋은 땅과 열매 맺는 마음(막 4:8~9, 20)

- **신학적 주제**
  사람들은 복음에 각자 다른 방식으로 반응합니다.

- **그리스도와의 연결**
  예수님은 '씨 뿌리는 자'이십니다. 이 땅에서 사역하시는 동안 '하나님의 말씀'이라는 씨를 뿌리셨습니다. 오늘날 예수님은 제자들을 통해 복음 선포를 지속해 나가시고, 복음은 그 메시지를 받아들이는 사람들 가운데서 지속적으로 열매를 맺습니다.

- **선교적 적용**
  하나님은 우리에게 추수하시는 주님이 복음으로 열매 맺게 하실 것을 믿으며, 하나님의 말씀을 편견 없이 누구에게나 전하라고 말씀하십니다.

Session Plan

도입

복음서에 반복해서 등장하는 예수님의 비유들과 일반적인 내용의 이야기들을 연결해 비교해 주십시오.

예수님은 기록된 것보다 훨씬 더 많은 말씀을 하셨고, 더 많은 일을 하셨습니다. 그렇다면 우리는 복음서에 기록된 예수님의 이야기와 기적과 비유들을 어떤 시각으로 바라봐야 할까요?

'씨 뿌리는 자 비유'에 관해 다루는 이번 세션의 내용을 요약해 주십시오. 부록 3: '하나님 나라 비유'를 참조해 예수님이 하나님 나라와 복음이 전파되는 것을 가르치기 위해 이 비유를 사용하셨다는 점에 주목하게 해 주십시오.

전개

1
길가와 완고한 마음
(막 4:1~4, 14~15)

마가복음 4장 1~4절과 14~15절을 읽고, '제자들'과 '무리'를 구분하는 점에 주목하게 해 주십시오. 부록 1: '신약성경에 나타난 구약성경의 말씀'을 참조해 예수님이 무리에게 비유로 말씀하신 까닭을 설명해 주십시오. 예수님은 받아들이는 마음을 가진 사람들만 알아듣고, 예수님을 따르며 하나님 나라로 향할 수 있게 비유로 말씀하신 것입니다.

복음을 읽거나 듣고 받아들이는 사람들의 마음이 갖는 특징은 무엇입니까?

복음을 이해하는 마음이 있는 사람들이 얻을 수 있는 것들은 무엇입니까?

길가에 뿌려진 씨와 완고한 마음에 심긴 복음을 비교해 주십시오. '완고한 마음'이란 하나님보다 더 좋아하는 것들로 가득 찬 마음입니다. 사탄은 완고한 마음에 뿌려진 씨가 뿌리를 내리기도 전에 낚아채 갑니다. '씨 뿌리는 자 비유'는 사람들이 복음에 저마다 다른 반응을 보인다는 것을 알려 주기 위한 것임을 강조해 주십시오. 우리는 상대방의 마음이 어떤 상태의 '토양'인지 진단할 수 없기 때문에 기회가 될 때마다 씨를 뿌려야 합니다.

왜 우리는 아는 사람뿐 아니라 모르는 사람에게도 복음을 나누어 주어야 할까요?

2
돌밭과 피상적인 마음
(막 4:5~6, 16~17)

자원자에게 마가복음 4장 5~6절과 16~17절을 읽게 하십시오. 말씀의 씨가 뿌리를 내릴 수 없는 얄팍한 토양의 마음이 있을 수 있다는 것을 알게 해 주십시오. 그러고 나서 사람들의 회심과 제자 됨을 어떻게 다루어야 하는지 가르쳐 주십시오.

진정한 회심의 특징은 무엇입니까?

마가복음 4장 7절과 18~19절을 읽으십시오. 이 토양에는 두 가지 열망, 즉 '마음속에 복음의 뿌리를 내리려는 열망'과 '마음속에 뿌려진 말씀을 질식시키려는 열망'이 서로 경쟁하고 있음을 지적해 주십시오. 이 비유는 구원을 고백한 이후 열매를 맺지 못하는 사람들을 일깨우는 경종과도 같습니다.

3
가시밭과 산란한 마음
(막 4:7, 18~19)

마음속에 뿌려진 말씀을 질식시켜 열매를 맺지 못하게 하는 걱정과 열망에는 어떤 것들이 있습니까?

교회는 회심을 확인하고 거짓 회심을 경계하게 하는 데 어떤 역할을 합니까?

마가복음 4장 8~9절과 20절을 읽으십시오. 이 비유는 수확으로 이어지는 토양이 되기를 권하는 것입니다. 씨 뿌리는 자가 좋은 땅만 골라서 씨를 뿌리지 않듯이, 우리도 자기가 좋아하는 땅에만 씨를 뿌릴 것이 아니라 어디에나 똑같이 말씀의 씨를 뿌리도록 부름받았습니다. 씨를 뿌린 후에 거두는 열매의 양이 다른 것은 성령의 역사에 따른 것임을 알려 주십시오.

4
좋은 땅과 열매 맺는 마음
(막 4:8~9, 20)

'씨 뿌리는 자 비유'와 그 설명을 듣고 깨닫게 된 것은 무엇입니까?

하나님 나라가 좀처럼 확장될 것 같지 않은 문화 속에서 이 비유는 어떻게 용기를 북돋워 주나요?

결론

'씨 뿌리는 자 비유'에서 얻을 수 있는 다음 세 가지 진실을 나누면서 이 세션을 마무리해 주십시오.
1) 예수님은 말씀이 모든 사람에게 뿌려져야 한다고 가르치십니다.
2) 하나님 나라에 관한 말씀을 듣고도 거부하는 사람이 많습니다.
3) 소수의 사람만이 말씀을 받아들이고, 하나님 나라에 들어가는 은혜 충만한 열매를 수확하게 될 것입니다.
이 세션에서 배운 진리를 '하나님의 계획, 우리의 사명'에서 적용해 보십시오.

1. 씨 뿌리는 자 비유

도입

저는 자타공인 말 많은 이야기꾼입니다. 저는 제가 하고 싶은 말을 이야기로 풀어내는 재주를 가지고 있습니다. 이 점 때문에 저는 꽤 괜찮은 설교가로 평가받기도 하지만, 세 딸들에게는 따분한 아빠로 여겨지기도 합니다. 똑같은 이야기를 계속 듣다 보니, 이제 딸들은 제 이야기의 시작만 듣고도 결론을 말할 수 있는 경지에 이르렀습니다.

복음서 기자들도 예수님에게게서 들은 이야기나 예수님에 관한 이야기를 비슷한 내용으로 반복하곤 합니다. 하지만 예수님은 저와 달리 열두 가지 이상의 이야기를 들려주셨습니다. 요한복음 21장 25절은 이렇게 말합니다.

"예수께서 행하신 일이 이 외에도 많으니 만일 낱낱이 기록된다면 이 세상이라도 이 기록된 책을 두기에 부족할 줄 아노라."

여기서 "행하신 일"이란 아마도 가르치신 일을 가리킬 것입니다.

Q 예수님은 기록된 것보다 훨씬 더 많은 말씀을 하셨고, 더 많은 일을 하셨습니다. 그렇다면 우리는 복음서에 기록된 예수님의 이야기와 기적과 비유들을 어떤 시각으로 바라봐야 할까요?

> Leader

'씨 뿌리는 자 비유'는 널리 알려진 예수님의 비유 중 하나입니다. 이 비유는 마태복음, 마가복음, 누가복음에 자세히 기록되어 있습니다. 이 책들은 예수님의 이야기를 비슷한 관점으로 소개하기 때문에 '공관복음'이라 불립니다. 이 이야기는 하나님이 말씀을 어떻게 뿌리시고, 우리가 그 좋은 소식을 어떻게 받거나 받지 않게 되는지 그 과정을 알려 줍니다.

Session Summary

예수님은 제자들에게 하나님 나라가 실제로 어떻게 임하는지를 가르쳐 주셨습니다. 예수님의 말씀은 농부가 뿌리는 씨처럼 누구에게나 뿌려집니다. 그러나 그 반응은 사람들의 마음 상태에 따라 다르게 나타납니다. 뿌리는 자와 여러 토양에 관한 예수님의 비유는 우리가 복음을 전할 때 어떤 이는 받아들이고 어떤 이는 받아들이지 않는 이유가 무엇인지를 알려 줍니다.

전개

1. 길가와 완고한 마음(막 4:1~4, 14~15)

¹예수께서 다시 바닷가에서 가르치시니 큰 무리가 모여들거늘 예수께서 바다에 떠 있는 배에 올라앉으시고 온 무리는 바닷가 육지에 있더라 ²이에 예수께서 여러 가지를 비유로 가르치시니 그 가르치시는 중에 그들에게 이르시되 ³들으라 씨를 뿌리는 자가 뿌리러 나가서 ⁴뿌릴 새 더러는 길가에 떨어지매 새들이 와서 먹어 버렸고 … ¹⁴뿌리는 자는 말씀을 뿌리는 것이라 ¹⁵말씀이 길가에 뿌려졌다는 것은 이들을 가리킴이니 곧 말씀을 들었을 때에 사탄이 즉시 와서 그들에게 뿌려진 말씀을 빼앗는 것이요

> 마가는 예수님이 이 비유를 "바닷가에서" 가르치셨다고 말합니다. 예수님의 말씀을 듣기 위해 많은 사람이 모여들었기 때문에 예수님은 무리가 잘 볼 수 있도록 배에 오르셨습니다.
>
> 여기서 주목할 것은 모든 복음서 기자가 '제자들'과 '무리'를 구분한다는 사실입니다. 마가는 예수님의 제자들도 그곳에 있었으나(마가복음 4장 10~13절에서는 무리와 별도로 제자들에게만 말씀하십니다), 이 비유를 먼저 들은 사람들은 예수님의 말씀을 듣고자 모인 무리였음을 분명히 밝힙니다.
>
> 예수님은 무리에게 비유로 많은 것을 가르치셨습니다. 그중 하나가

Leader

심화 주석 '씨 뿌리는 자 비유'는 바위 투성이에 떨기나무가 주를 이루는 갈릴리의 척박한 농업 환경을 보여 줍니다. 유대 지역에서는 농사로 먹고살기가 힘들었기 때문에(렘 4:3; 약 1:11) 농부는 씨를 넉넉하게 뿌려야 했습니다. 미쉬나(Mishnah)는 농사란 질서 정연하게 체계적으로 해야 하며 종자가 섞이지 않도록 특별히 주의를 기울여야 한다고 가르칩니다(m. Kil. 2:3ff).

그런데 예수님의 비유에서 씨 뿌리기는 질서 정연하지도, 체계적이지도 않습니다. 오히려 낭비에 가까울 정도로 헤픕니다. 마구잡이로 씨를 뿌린 것에 대해서는 1세기 유대에서 씨를 뿌린 후에 쟁기질을 했기 때문이라고 설명하곤 했습니다. 그러나 고대 농부들도 요즘처럼 씨를 뿌리기 전에 쟁기질했다는 증거가 대체로 우세하며, 다만, 씨를 보전하기 위해 흙을 덧뿌려 주는 일이 더러 있었다고 몇 가지 증거는 말합니다.

그래서 약 1세기 후에 순교자 저스틴은 이 비유를 다시 언급하면서, 농부가 어딘가에 좋은 땅이 있으리라는 소망으로 구석구석 씨를 뿌린 것이라고 말했습니다(Dial. Trypho 125.1~2). 그렇다고 해도 바위나 가시덤불 같은 부정적인 요소 때문에 씨의 4분의 3은 손실되는 셈입니다.[2]

_제임스 에드워즈

The Gospel Project

핵심교리 99

2. 특별 계시

'특별 계시'란 하나님이 말씀이나 역사적 사건이나 예수 그리스도를 통해 인류에게 주시는 자기 계시를 가리킵니다. 인간은 특별 계시를 통해 하나님의 성품, 창조의 목적, 구원의 계획 등을 알게 됩니다. 특별 계시는 하나님의 속성과 성품을 드러냅니다. 하나님이 이러한 방식으로 자신을 계시해 주시기 때문에 우리는 하나님을 알 수 있습니다. 즉 예수 그리스도의 위격과 사역 안에서 우리에게 구원을 주시는 하나님과 관계를 맺음으로써 우리는 하나님을 알 수 있습니다.

심화 주석

'씨 뿌리는 자 비유'에서 우리는 이스라엘의 농업 환경을 엿볼 수 있습니다. 예수님은 토양의 상태를 네 가지로 설명하셨습니다. (1) 밭 가장자리를 따라 사람들이 걸어 다닌 결과 딱딱하게 굳어버린 토양, (2) 흙이 너무 얕아서 자라나는 식물에 충분한 양분을 공급할 수 없는 돌로 덮인 토양, (3) 가시가 얽히고설켜 부드러운 식물의 성장을 막는 토양, (4) 깊고 기름져 생산력이 높은 토양입니다. 또한 예수님은 식물의 성장을 네 단계로 설명하셨습니다. (1) 발아, (2) 발근, (3) 성장, (4) 결실입니다. 식물이 성장하기 위해서는 네 단계를 모두 거쳐야 합니다. 그런데 오직 한 가지 토양만이 네 단계를 모두 거칠 수 있습니다. 마찬가지로 오직 한 가지 영적 토양만이 하나님이 요구하시는 열매를 맺을 수 있습니다.[3]

_마크 R. 던_
Biblical Illustrator

씨 뿌리는 자에 관한 비유인데, 이 비유는 예수님의 말씀을 듣는 무리 중에 다양한 사람이 있었음을 보여 줍니다.

예수님은 주위를 환기시키기 위해 무리에게 들으라고 외치며 말씀을 시작하셨습니다. 이어서 씨를 뿌리러 나간 한 농부를 머릿속에 그려 보게 하셨습니다. 이 비유에 관한 예수님의 설명은 14절부터 나오는데, 그에 따르면 뿌려진 씨는 바로 '말씀'입니다. 예수님은 이미 말씀을 뿌리고 계셨고, 그 내용은 "하나님 나라가 가까이 왔다"는 것이었습니다(막 1:14~15). 그런데 예수님은 무리에게 비유로 말씀하심으로써, 오직 '볼 눈'이 있는 자들만 '보고', '들을 귀'가 있는 자들만 '들을' 수 있게 하셨습니다(막 4:11~12). 다시 말해서 받아들이는 마음을 가진 자들만 말씀을 알아듣고, 예수님을 따르며 하나님 나라로 향하게 하신 것입니다.

Q 복음을 읽거나 듣고 받아들이는 사람들의 마음이 갖는 특징은 무엇입니까?
Q 복음을 이해하는 마음이 있는 사람들이 얻을 수 있는 것들은 무엇입니까?

비유에서 씨 뿌리는 자는 어디에나 편견 없이 씨를 뿌리고, 심지어 "길가"에도 뿌렸습니다. 1세기의 밭은 21세기의 밭과 다릅니다. 당시에는 밭과 길을 구분하지 않아서 사람들이 밭으로 다니기도 했습니다. 작은 밭에도 길이 여러 개 나 있었고, 지나다니는 사람들에게 짓밟힌 흙은 그 무게로 딱딱하게 굳어지곤 했습니다. 굳어진 땅에 뿌린 씨는 뿌리를 내릴 수 없기 때문에 배고픈 새들에게 낚아채이기 일쑤였습니다. 15절에서 "새들"은 들은 말씀을 낚아채 가는 "사탄"을 뜻합니다.

하나님이 왜 '딱딱한 땅'에도 씨를 뿌리게 하시는지, '딱딱한 땅'이 의미하는 것이 무엇인지 궁금할 것입니다. 아마도 딱딱한 땅은 하나님의 존재하심을 부인하는 세상 사람들을 의미할 것입니다. 그들은 자신만을 위해 너무 바쁘게 살아가기 때문에 초자연적인 분에 관해서는 생각할 겨를이 없습니다. 그들 마음은 다른 쾌락들로 가득하기 때문에 하나님께 관심이 없습니다.

> W. D. 데이비스와 데일 C. 앨리슨은 이 비유와 평행을 이루는 마태복음 13장을 설명하면서 이렇게 말했습니다.
>
> "하나님 나라의 말씀이 모두에게 선포되지만, 모두가 똑같이 반응하는 것은 아닙니다. 누구는 믿지만, 누구는 믿지 않습니다. 왜 그럴까요? 기회가 주어진다고 해서 결과가 보장되는 것이 아니고, 복음 선포를 듣는다고 해서 죄가 없어지는 것

Leader

20

이 아닙니다. … 마태는 이스라엘이 실패하고 고난당한 원인이 하나님께 있지 않다고 봤습니다. 사람들에게는 자기 마음을 굳게 할 자유가 있기 때문입니다."[4]

예수님의 말씀은 사람들이 복음에 저마다 다르게 반응할지라도, 토양에 관한 편견으로 씨를 어디에 뿌려야 할지 판단해서는 안 된다는 것입니다. 그리스도 안에서 하나님 나라를 나눌 때, 우리는 도무지 뿌리가 자라지 않을 것 같은 곳에도 말씀을 뿌려야 합니다. 그렇게 다른 이들과 좋은 소식을 나눌 때, 비로소 우리는 우리에게 주어진 사명을 완수할 수 있게 됩니다.

Q 왜 우리는 아는 사람뿐 아니라 모르는 사람에게도 복음을 나누어 주어야 할까요?

심화 주석 씨 뿌리는 자가 길가나, 흙이 얇은 돌밭이나, 가시떨기 위에 씨를 뿌린 것은 신중하지 못해서가 아닙니다. 한동안 농사를 짓지 않아 사람들이 밟고 지나다녀 굳은 땅이나, 돌밭이나, 가시떨기로 덮인 땅일지라도 일부러 씨를 뿌리곤 합니다. 이러한 땅들도 잘 갈아엎으면 씨를 뿌리기 좋은 토양이 될 수 있기 때문입니다.[5]

_윌리엄 L. 레인

2. 돌밭과 피상적인 마음(막 4:5~6, 16~17)

> 예수님은 흙이 너무 얇아서 뿌리를 충분히 내릴 수 없는 돌밭에 관해 말씀하셨습니다.
Leader

[5]더러는 흙이 얇은 돌밭에 떨어지매 흙이 깊지 아니하므로 곧 싹이 나오나 [6]해가 돋은 후에 타서 뿌리가 없으므로 말랐고 … [16]또 이와 같이 돌밭에 뿌려졌다는 것은 이들을 가리킴이니 곧 말씀을 들을 때에 즉시 기쁨으로 받으나 [17]그 속에 뿌리가 없어 잠깐 견디다가 말씀으로 인하여 환난이나 박해가 일어나는 때에는 곧 넘어지는 자요

예수님이 말씀하신 이 사람들은 처음에는 하나님 나라를 잘 받아들입니다. 그리스도를 믿는다고 고백하고, 세례를 받을 수도 있습니다. 그러나 '회심'의 기쁨은 잠시일 뿐, 삶의 역경이 찾아오면 곧바로 믿음을 포기하고 맙니다. 왜 그럴까요? 예수님은 그들이 믿음으로 제자가 될 만큼 충분한 양의 흙이 없으므로 믿음이 뿌리를 깊이 내리지 못하기 때문이라고 말씀하십니다.

친구나 가족이나 모르는 사람에게 복음을 전할 때, 상대방이 너무 빨리 회심한다면 오히려 신중해져야 합니다. 어떻게 하면 그럴싸한 회심을 방지할 수 있을까요? 그 답은 제자 훈련에 있습니다. 새로운 회심자는 우리

심화 주석 사람들은 자기 마음 상태에 관해 책임을 져야 할까요? 오늘날 사람들은 대개 그렇지 않다고 생각할 것입니다. 하지만 지금 나의 마음 상태는 이전에 내가 했던 여러 가지 선택으로 말미암아 만들어진 것이 아닐까요? 성경은 이 문제에 관해 명확한 답을 주지 않습니다. 예수님의 비유가 가르쳐 주는 것은 우리의 마음 상태가 다양할 수 있고, 각자 마음 상태에 따라 선포된 말씀에 대한 반응도 다양할 수 있다는 것입니다. 이 비유는 우리에게 좋은 땅에 뿌려진 씨처럼 되라고 구체적으로 이야기하지는 않지만, 9절에서처럼 명백한 교훈을 새겨들으라고 촉구합니다.[6]

_알란 콜

가 공통으로 지니는 믿음 안에서 세워져야 합니다. 그러나 예수님은 우리가 아무리 노력해도 어떤 마음은 너무 얄팍하고, 어떤 마음은 너무 피상적이어서 복음이 견고하게 뿌리를 내릴 수 없다고 지적하십니다.

> **Leader**
> 거듭남의 여부를 판단하고, 신앙고백을 분별할 때는 신중해야 합니다. 열매가 빨리 열렸다고 해서 꾸준히 계속해서 열매가 열릴 것이라고 장담할 수는 없습니다. 신앙고백이 곧 구원의 증거라고 생각해서는 안 됩니다. 교회와 교회 지도자들은 신자가 참으로 새 생명을 얻었는지 신중하게 살펴봐야 합니다. 예컨대 '얄팍한 마음'을 가진 사람에게 성도의 자격을 부여하는 일은 구원의 의미와 성도의 자격 조건을 훼손할 뿐만 아니라, 잠정적으로 그 사람에게 거짓 확신을 주게 됩니다. 교회에서는 성도 역할을 하고 있으나, 어린양의 생명책에는 기록되지 않은 사람도 있다는 생각을 하면 정신이 번쩍 듭니다(계 21:27).

Q 진정한 회심의 특징은 무엇입니까?

3. 가시밭과 산란한 마음(막 4:7, 18~19)

⁷더러는 가시떨기에 떨어지매 가시가 자라 기운을 막으므로 결실하지 못하였고 … ¹⁸또 어떤 이는 가시떨기에 뿌려진 자니 이들은 말씀을 듣기는 하되 ¹⁹세상의 염려와 재물의 유혹과 기타 욕심이 들어와 말씀을 막아 결실하지 못하게 되는 자요

> **Leader**
> 자세히 보면, 이 땅은 앞의 두 땅과 토양이 다릅니다. 길가의 딱딱한 땅과 돌밭에는 씨가 뿌리를 내릴 수 없었으나, 가시가 많은 땅에는 성장에 필요한 흙이 충분합니다. 충분한 흙이 없었다면 가시도 번성하지 못했을 것입니다. 토양 자체는 작물을 생산할 능력을 가지고 있으나, 가시떨기가 씨의 성장을 막아 질식시킵니다. 이 토양을 닮은 사람들은 교회에 위험합니다. 왜냐하면 자신은 회개했으며 하나님의 백성(양들)에 속했다고 믿고 있지만, 실은 하나님의 원수들(잃어버린 자들/염소들)이기 때문입니다(참조, 마 25:31~46). 그들은 다른 것들을 사랑하므로 하나님 나라의 열매를 맺지 못합니다. 그들은 열매를 맺지 못한다고 예수님이 나무라신 무화과나무와도 같습니다(참조, 막 11:12~14).

앞의 두 땅과 달리 이 땅에는 씨가 뿌리를 내릴 수 있을 것만 같습니다. 새들이 낚아채 가지 않으니, 씨가 뿌리를 내리고 자랄 수 있을 것만 같습니다. 그런데 이 땅에서는 자기 십자가를 지고 가라는 소명에 응할 믿음을 찾아볼 수 없습니다. 오직 세속적 쾌락을 향한 갈망만 가득할 뿐입니다. 이와 관련해 존 웨슬리가 이런 말을 한 적이 있습니다.

"깊고도 중요한 진리로다! 하나님 안에서 행복으로 이어지지 않는 것에 관한 갈망은 곧바로 영혼을 황폐시키는 경향이 있으니 말이다."[7]

결국 씨는 잡초 때문에 질식하고 맙니다. 외적인 힘에 눌려 열매를 맺지 못하는 것입니다. 예수님보다 인생의 여러 선택이 우선하기 때문에 세속적인 꿈을 따르거나 쓸데없는 걱정에 휩싸이게 됩니다.

> 꿈이나 걱정이 그 자체로 죄가 되는 것은 아닙니다. 요한 크리소스톰은 이렇게 말했습니다.

Leader

"그러므로 사물을 탓할 것이 아니라 부패한 마음을 탓해야 합니다. 부자가 되어도 사치에 현혹되지 않을 수 있고, 세상에 살면서도 걱정에 질식당하지 않을 수 있기 때문입니다. 실로 재물은 상반되는 두 가지 약점을 가져옵니다. 하나는 걱정인데, 걱정은 우리를 낡아빠지게 하고 어둠을 가져옵니다. 다른 하나는 사치입니다. 사치는 우리를 약하게 만듭니다."[8]

염려와 걱정들로 예수님을 근근이 사랑하게 되면, 가시밭에 떨어진 씨와 같아집니다. 구원받았다고 믿고 싶지만, 열매를 맺지 못하는 것입니다. 그러나 예수님은 열매 맺지 못하는 나무들은 모두 찍혀 불에 던져질 것이라고 분명히 말씀하셨습니다(마 7:19; 요 15:6). 말씀의 씨를 못 받았거나 씨가 뿌리를 내리지 못한 사람들을 구원받았다고 인정할 수 없는 것처럼, 열매를 맺지 못하는 사람들도 구원받은 것으로 인정할 수 없습니다.

이 말씀은 주일마다 교회에 출석하면서도 달라지지 않는 사람들에게 경종을 울립니다. 예수님으로 말미암아 거듭난 사람들의 삶에는 성령이 역사하시기 마련입니다. 열매가 없다면, 거듭난 것이 아닙니다. 거듭남이 없으면, 구원도 없습니다.

Q 마음속에 뿌려진 말씀을 질식시켜 열매를 맺지 못하게 하는 걱정과 열망에는 어떤 것들이 있습니까?

Q 교회는 회심을 확인하고 거짓 회심을 경계하게 하는 데 어떤 역할을 합니까?

"친애하는 여러분, 여러분은 열매를 맺어 본 적이 있습니까? 재산으로 열매를 맺었습니까? 재능으로 열매를 맺었습니까? 시간으로 열매를 맺었습니까? 지금은 예수님을 위해 무슨 일을 하고 있습니까? 구원은 행위가 아닌 은혜로 받는 것입니다. 그러나 만일 당신이 은혜로 구원받았다면, 헌신의 삶으로 그것을 증명해야 합니다. 오늘 자신을 구별해 주님께 온전히 헌신하십시오. 당신은 당신 것이 아니라 값으로 사신 바 되었기 때문입니다. 가시 때문에 자라지 못하는 씨처럼 되고 싶지 않으면, 살아 있는 동안 활활 타오르는 열정으로 사십시오."[9]

_찰스 스펄전

---

4. 좋은 땅과 열매 맺는 마음 (막 4:8~9, 20)

8더러는 좋은 땅에 떨어지매 자라 무성하여 결실하였으니 삼십 배나 육십 배나 백 배가 되었느니라 하시고 9또 이르시되 들을 귀 있는 자는 들으라 하시니라 … 20좋은 땅에 뿌려졌다는 것은 곧 말씀을 듣고 받아 삼십 배나 육십 배나 백 배의 결실을 하는 자니라

복음적인 그리스도인도 때로는 좌절을 합니다. 복음을 열심히 전했는데 열매가 보이지 않으면 의구심에 빠지기 마련입니다. '내가 뭔가 잘못하고 있나? 복음을 전하는 방식을 바꾸어야 하는 걸까? 사람들은 왜 복음을 거부할까?' 예수님은 이런 의구심들에 대답하는 것으로 '씨 뿌리는 자 비유'를 마무리하십니다. 척박한 땅, 즉 굳은 땅이나 돌밭이나 가시밭에 씨를 뿌렸을 때는 수확을 얻지 못했지만, 똑같은 씨를 좋은 땅에 뿌리면 놀랍도록 큰 수확을 얻게 됩니다.

그러므로 씨 뿌릴 때 낙심하지 마십시오. 실제로 수확할 땅이 있으니 힘내십시오. 이 비유에서 농부는 좋은 땅만 골라서 특별히 다른 것을 뿌린 것이 아닙니다. 농부가 수확할 수 있었던 것은 씨 뿌리는 전략을 바꾸었기 때문이 아니라, 땅이 뿌려진 씨를 받아들였기 때문입니다. 그러므로 우리는 가리지 않고 어디에나 씨를 뿌려야 합니다.

> **Leader** 그런데 이 이야기에는 반전이 있습니다. 한 주석가는 이렇게 지적합니다.
> "이 비유에서 한 가지 예사롭지 않은 점은 8절에서 초자연적으로 풍성한 결실을 거둔다는 것이다. 원시 농법 사용을 감안하면, 고대 팔레스타인에서 평균 수확량은 뿌린 씨의 예닐곱 배 정도였고, 풍작이라도 기껏해야 열 배 정도였을 것이기 때문이다."[11]

이 비유의 반전은 많은 '토양'에서 거부된 하나님 나라가 말씀을 받아들인 사람들 가운데 놀랍도록 풍성한 결실을 거두는 데 있습니다.

작물 수확량은 다양할 수 있습니다. 어떤 씨는 30배, 어떤 씨는 60배, 또 어떤 씨는 100배의 결실을 맺습니다. 수확량에 차이가 있더라도 신자들끼리 질투해서는 안 됩니다. 하나님이 각자에게 서로 다른 은사를 주셨기 때문입니다. 고린도전서 12장 12~31절에서 바울이 몸에 관한 비유를 들어 지적한 것도 바로 그런 내용입니다. 성령은 신자들에 따라 다양하게 일하시기 때문에 어떤 이는 많은 은사를, 어떤 이는 적은 은사를 받을 수 있습니다. 그러나 우리는 모두 한 성령으로 변화되고, 한 성령과 함께 거하는 새로운 피조물로 열매를 맺는다는 점에서 차이가 없습니다.

Q '씨 뿌리는 자 비유'와 그 설명을 듣고 깨닫게 된 것은 무엇입니까?

Q 하나님 나라가 좀처럼 확장될 것 같지 않은 문화 속에서 이 비유는 어떻게 용기를 북돋워 주나요?

결론

'씨 뿌리는 자 비유'는 세 가지 진실을 알려 줍니다.

첫째, 예수님은 말씀이 모든 사람에게 선포되어야 한다고 가르쳐 주십니다. 우리에게는 예수님이 죽었다가 부활하셔서 우리 죄와 허물을 대속하셨다는 좋은 소식을 모든 사람에게 전해야 하는 사명이 있습니다. 씨 뿌리는 자가 땅을 가리지 않고 널리 씨를 뿌렸듯이, 우리도 그렇게 해야 합니다.

> 찰스 스펄전은 이렇게 말했습니다.

Leader

"씨 뿌리는 자가 더도 덜도 아니게 자기 책임을 다하는 것처럼, 그리스도의 목회자는 복음의 씨를 모든 인류에게 뿌려야 합니다. 예비해 선택하신 마음들 가운데 구원의 말씀이 들어가 받아들이도록 역사하시는 분은 하나님이십니다. 우리는 방방곡곡을 다니며 주님의 만찬에 초대해야 할 모든 피조물에 복음을 선포해야 합니다."[12]

둘째, 하나님 나라에 관해 들었던 사람들 중에 많은 이가 결국에는 하나님 나라를 거부하게 될 것입니다. 복음을 거부하는 사람들에 대해 부담감을 느낄 수는 있겠지만, 그들의 선택에 대해 죄책감을 가질 필요는 없습니다. 성경은 하나님 나라가 만인의 것이라고 말하지 않습니다. 그것은 "남은 자"(렘 50:20; 롬 11:5)나 "좁은 문"(마 7:13~14) 같은 말만 보아도 알 수 있습니다.

> 신약학자 조나단 페닝턴은 다음과 같이 말했습니다.

Leader

"이 비유를 읽을 때 간과하기 쉬운 것이 있습니다. 이 비유의 우선적 기능은 우리에게 열매를 맺으라고 권면하는 데 있지 않고, 예수님이 전하신 하나님 나라에 관해 사람들이 다양하게 반응할 수 있다는 걸 설명하는 데 있습니다. … 이 비유는 예수님 자신이나 제자들이나 그 밖에 다른 사람들이 복음의 씨를 뿌릴 때 일어날 수 있는 현상을 묘사하고 있습니다."[13]

"씨 뿌리는 자가 나가서 땅에 씨를 뿌리면, 메마르고 경작되지 않은 땅에 떨어진 씨들은 분해됩니다. 씨들이 분해되고 나면 그때 주님의 놀라운 섭리의 능력이 그것들을 되살려 씨 하나로 하여금 많은 열매를 맺게 하십니다."[14]
_로마의 클레멘트

"하나님 말씀의 씨는 이 마음에서 튕겨 나오지 않습니다. 잠깐 자라다가 역경을 당해 시들어버리지 않습니다. 욕망 탓에 산란해진 마음에 스러지지도 않습니다. 이 마음이 바로 하나님의 말씀을 받아들여 깊이 뿌리내리게 하는 마음입니다. 이 마음은 먼저 성품의 열매를 맺습니다. 성령의 열매는 사랑과 희락과 화평과 오래 참음과 자비와 양선과 충성과 온유와 절제니, 이 같은 것을 금지할 법이 없습니다(갈 5:22~23). 그리고 나서 이 마음은 선한 일의 열매를 거두게 됩니다(엡 2:10)."[15]
_R. 켄트 휴스

심화토론

• 마음이 완고한 사람 또는 마음이 산만한 사람은 말로나 행동으로나 정서적으로 어떻게 대하는 것이 좋을까요?

• 열매 맺는 마음을 가진 사람은 말로나 행동으로나 정서적으로 어떻게 대하는 것이 좋을까요?

> "할 수 있을 때, 부지런히 마음을 경작하십시오. 굳은 마음을 쟁기로 갈아엎으십시오. 마음 밭에서 돌들을 캐내고, 가시들을 없애십시오. 하나님의 말씀을 받지 못하는 굳은 마음을 갖지 말고, 하나님의 사랑이 뿌리내리지 못할 만큼 피상적인 마음이 되지 마십시오. 유익을 주기 위해 뿌려 주신 좋은 씨를 이생의 염려와 유혹들로 질식시키지 마십시오. 하나님은 씨 뿌리는 자요 우리는 밭이니, 우리는 좋은 밭이 되기 위해 부름받았습니다."[16]
> _어거스틴

셋째, 소수의 사람들만이 말씀을 받아들이고, 하나님 나라를 세우는 은혜 충만한 풍성한 결실을 맺게 됩니다. 우리 영혼은 이것으로 만족해야 합니다. 그리스도에 관한 진리를 나누는 우리의 노력이 누군가에게 영향을 끼칠 것이라는 사실을 의심하지 말아야 합니다. 사람들이 거부하고 또 거부해도 하나님 나라는 놀라운 방식으로 퍼지고 재현될 것이므로 기뻐할 수 있습니다.

그리스도와의 연결

예수님은 '씨 뿌리는 자'이십니다. 이 땅에서 사역하시는 동안 '하나님의 말씀'이라는 씨를 뿌리셨습니다. 오늘날 예수님은 제자들을 통해 복음 선포를 지속해 나가시고, 복음은 그 메시지를 받아들이는 사람들 가운데서 지속적으로 열매를 맺습니다.

하나님의 계획 우리의 사명

선교적 적용 하나님은 우리에게 추수하시는 주님이 복음으로 열매 맺게 하실 것을 믿으며, 하나님의 말씀을 편견 없이 누구에게나 전하라고 말씀하십니다.

1. 어떤 핑계를 대며 복음의 씨를 뿌리지 않았습니까?

2. '씨 뿌리는 자 비유'는 사명을 계속해 나가는 데 어떻게 힘을 줍니까?

3. 좋은 마음 밭을 가진 사람이 거둘 수 있는 열매에는 어떤 것들이 있을까요? 내 삶에서 거두고 싶은 열매를 열거해 보십시오.

금주의 성경 읽기
왕하 21장;
대하 33장;
나 1~3장

Summary and Goal

예수님은 '무자비한 종 비유'를 통해 용서에 관해 가르치셨습니다. 예수님을 따르는 이들은 이미 많은 빚을 탕감받은 자들로, 다른 이들을 용서하도록 초대받은 사람들입니다. 다른 이들을 용서하는 일은 차고 넘치는 하나님의 복음입니다. 예수님을 따르려면 자신이 용서받았다는 사실을 기억하며, 다른 사람들을 용서하는 데까지 나아가야 합니다.

무자비한 종 비유

2

- **성경 본문**
  마태복음 18:21~35

- **세션 포인트**
  1. 그리스도인은 얼마나 용서해야 합니까?(마 18:21~22)
  2. 그리스도인은 용서받은 자들입니다(마 18:23~27)
  3. 그리스도인은 타인을 용서하는 데까지 나아가야 합니다(마 18:28~35)

....

- **신학적 주제**
  용서받은 사람들은 타인을 용서하는 데까지 나아가야 합니다.

- **그리스도와의 연결**
  우리가 하나님께 지은 죗값은 너무도 커서, 어떤 노력으로도 조금도 갚을 수 없습니다. 예수 그리스도께서 우리 죄를 대신해 십자가에서 죽으셨고, 그 은혜에 힘입어 우리는 용서를 받을 수 있게 되었습니다. 하나님은 아들의 피로 죄인 명부에서 우리 이름을 지워주셨습니다.

- **선교적 적용**
  하나님은 우리가 하나님의 용서를 드러내 전하려면, 서로서로 용서하는 모범을 보여야 한다고 말씀하십니다.

**Session
Plan**

도입

우리는 복수하는 것을 높게 평가하는 세상에서 살고 있으며, 이를 책이나 영화나 대중매체가 입증하고 있음을 알려 주십시오.

최근 우리 사회에서 복수를 강조하는 소리를 들어본 적이 있나요? 언제 어디서 들었으며, 구체적으로 어떤 내용이었습니까?

사람들이 복수를 좋아하는 이유가 무엇이라고 생각합니까?

기독교의 핵심 진리가 용서임에도 불구하고, 우리는 용서를 잘하지 못합니다. 이런 관점에서 '무자비한 종 비유'에 관해 다루는 이 세션의 내용을 요약해 주십시오.

전개

1
그리스도인은
얼마나 용서해야 합니까?
(마 18:21~22)

성경 본문의 맥락을 설명한 후, 마태복음 18장 21~22절을 읽으십시오.

용서를 어떻게 정의할 수 있을까요?

다른 사람을 용서하기 어렵게 만드는 것은 무엇입니까?

1세기 유대인들은 용서에 관해 어떤 마음가짐을 가지고 있었는지 살펴보십시오. 베드로의 질문은 당시 유대인들의 마음가짐을 뛰어넘는 것이었음을 알려 주십시오. 이 본문이 어떻게 해석되건 예수님이 가르치신 내용은 분명합니다. 그것은 예수님을 따르는 제자라면 아무런 제한 없이 온전히 용서해야 한다는 것입니다.

어떤 잠재적 반론에서 "일곱 번을 일흔 번"이나 용서해야 한다는 말이 나왔을까요?

교회 안에서 이루어지는 은혜와 용서는 믿지 않는 사람들에게 어떤 영향을 줄까요?

2
그리스도인은
용서받은 자들입니다
(마 18:23~27)

자원자에게 마태복음 18장 23~27절을 읽게 하십시오. 이 이야기는 하나님 나라가 무엇과 같은지를 알려 줍니다. 일만 달란트는 평생 갚아도 갚을 수 없는 막대한 빚임을 설명해 주십시오.

재정 상태 때문에 스트레스를 받아 본 적이 있습니까?

그때 어떤 감정을 느꼈습니까?

왕이 베푼 탕감과 하나님이 엄청난 죄를 저지른 우리에게 베푸신 용서를 연결해 주십시오.

하나님께 지은 죄를 용서받는 일과 큰 빚을 탕감받는 일은 어떤 점에서 비슷합니까?

하나님이 예수님을 통해 베푸신 긍휼과 용서는 우리에게 어떤 영향을 줍니까?

3

그리스도인은 타인을 용서하는 데까지 나아가야 합니다
(마 18:28~35)

마태복음 18장 28~35절을 읽고 종의 '악한' 행동을 강조해 주십시오. 종의 악한 행동이 우리가 다른 사람들을 대하는 평소 태도와 다르지 않음을 알려 주십시오. 우리는 용서받고도 다른 사람들을 잘 용서하지 못하곤 합니다.

우리는 자신에게 잘못한 사람에게 어떤 방식으로 복수하곤 합니까?

어떻게 하면 복수하고 싶은 욕망을 억누르고, 그리스도 안에서 우리가 체험한 자비를 실천할 수 있을까요?

악한 종이 결국 벌을 받게 되었다는 사실과 예수님이 지적하신 내용을 강조해 주십시오. 용서하지 않으면 하나님의 심판을 받게 될 것입니다.

용서하되 '마음으로부터' 용서하라는 예수님의 권고에서 어떤 도전을 받습니까?

무자비한 종에 관한 예수님의 비유를 통해 무엇을 깨닫게 되었나요?

결론

우리는 예수님이 십자가에 달려 돌아가심으로써 용서받은 사람들이므로 용서를 실천하며 살아가야 함을 강조해 주십시오. 이 세션에서 배운 진리를 '하나님의 계획, 우리의 사명'에서 적용해 보십시오.

Session Content

2. 무자비한 종 비유

도입

저는 뉴욕시 외곽에서 자랐습니다. 소방관이셨던 할아버지는 은퇴 후 안락의자에 앉아 많은 이야기를 들려주셨습니다. 그중 하나가 복수에 관한 이야기였습니다. 할아버지는 소방차를 타고 사람들을 구하러 갔을 때 소방대원들 머리 위로 쓰레기를 던진 아이들에 대해 이야기하시며, 추억에 젖은 채 미소 띤 얼굴로 그때 동료들과 함께 뛰어 올라가 그들을 어떻게 혼내 줬는지 말해 주셨습니다. 이것은 저희 할아버지 나름의 손자 양육법이었습니다. 할아버지는 용서하는 것에 관해 말씀하신 적이 없습니다. 심지어 용서받는 것에 관해서도 말씀하신 적이 없습니다.

우리는 복수를 이상적으로 여기는 세상에서 살고 있습니다. 마침내 복수해 자기 나름대로 '정의'를 실현한다는 이야기가 책으로 엮어져 베스트셀러가 되고, 영화로 만들어져 인기를 끕니다. 이런 일들은 대중매체를 통해 우리 주변에서 쉽게 접할 수 있을 뿐만 아니라, 우리 내면에서도 감지할 수 있습니다. 의식적이건 무의식적이건 우리는 자신에게 피해를 주거나, 우리를 무시하거나, 빌려 간 것을 갚지 않거나, 호의에 보답하지 않거나, 기대에 미치지 못하는 사람들에게 여러 가지 방식으로 위협을 가합니다.

Q 최근 우리 사회에서 복수를 강조하는 소리를 들어본 적이 있나요? 언제 어디서 들었으며, 구체적으로 어떤 내용이었습니까?

Q 사람들이 복수를 좋아하는 이유가 무엇이라고 생각합니까?

> 기독교의 핵심 진리 가운데 하나는 우리가 용서를 받았다는 것입니다. 예수님의 십자가의 공로로 죄의 명부에서 우리의 이름은 깨끗이 지워졌습니다. 그러나 우리는 그 자리에서 한 걸음 더 나아가지 못한 채, 용서받은 대로 다른 사람들을 용

Leader
:

서하는 데는 실패하곤 합니다. 다음 단계로 나아가는 것이 얼마나 중요한가를 밝히기 위해 예수님은 용서와 심판에 관한 극적인 이야기를 들려주시며, 좀처럼 용서하지 못하는 사람의 마음을 보게 하셨습니다.

Session Summary

예수님은 '무자비한 종 비유'를 통해 용서에 관해 가르치셨습니다. 예수님을 따르는 이들은 이미 많은 빚을 탕감받은 자들로, 다른 이들을 용서하도록 초대받은 사람들입니다. 다른 이들을 용서하는 일은 차고 넘치는 하나님의 복음입니다. 예수님을 따르려면 자신이 용서받았다는 사실을 기억하며, 다른 사람들을 용서하는 데까지 나아가야 합니다.

> "우리는 그동안 화가 나는 일이 있을 때마다 얼마나 많이 용서했던가를 따지지 말고, 우리에게 죄지은 사람들에게 화내는 일을 멈추어야 합니다. 하나님은 우리가 얼마나 많이 용서했는가에 대한 공로의 대가가 아닌 선물로 우리의 무수히 많은 죄를 사해 주셨기 때문입니다. 그러니 다른 사람들에게 화를 내서는 안 되는 처지인 것입니다. 용서를 요청받은 횟수만큼만 용서해서는 안 되는 까닭은 … 하나님이 복음의 은혜로 우리를 한량없이 용서해 주셨기 때문입니다."[2]
> _푸아티에의 힐라리우스

전개

1. 그리스도인은 얼마나 용서해야 합니까?(마 18:21~22)

마태는 그리스도인이 자신에게 죄를 저지른 다른 그리스도인들을 어떻게 대해야 하는가에 관한 예수님의 가르침을 전합니다.

> **Leader**
> 마태는 예수님의 용서에 관한 가르침을 논하기에 앞서 제자들(오늘날의 교회)이 죄지은 다른 제자들을 어떻게 대해야 하는지에 관해 가르쳐 주신 내용을 먼저 소개합니다. 예수님은 마태복음 18장 15~20절에서는 한 제자가 죄를 범했을 때 내쳐야 하는 시점이 언제인가를 알려 주셨습니다. 그리고 18장 21~35절에서는 아무런 대가를 바라지 않고 끝까지 용서해야 함을 가르쳐 주셨습니다. 두 본문 사이에 모순이 있는 것 같지만, 두 본문이 다루는 사안이 서로 다름을 깨닫는다면 그 긴장감이 해소될 것입니다. 먼저 15~20절은 죄에 넘어지지 않도록 제자들을 지키려는 뜻에서 하신 목회 차원의 말씀입니다. 그리고 21~35절은 신자가 그리스도 안에서 죄를 범한 형제자매를 상대로 잘잘못을 따지며 정의를 세우려면 자신의 권리부터 포기해야 함을 알려 주시는 말씀입니다.

²¹그때에 베드로가 나아와 이르되 주여 형제가 내게 죄를 범하면 몇 번이나 용서하여 주리이까 일곱 번까지 하오리이까 ²²예수께서 이르시되 네게 이르노니 일곱 번뿐 아니라 일곱 번을 일흔 번까지라도 할지니라

Q 용서를 어떻게 정의할 수 있을까요?

Q 다른 사람을 용서하기 어렵게 만드는 것은 무엇입니까?

랍비 유대교는 한 사람을 세 번까지 용서하면 용서의 정신을 충분히 보여 준 것이라고 가르쳤습니다. 이는 인간에 대한 하나님의 행동을 다룬 구약성경 본문에 따른 것입니다(욥 33:29~30; 암 1:3; 2:6). 그러나 보편적으로 1세기 유대인들은 사람이 의도적으로 죄를 짓고도 용서를 바라면 용서를 받을 자격이 없다고 생각했습니다.

이에 따르면 베드로는 당시 보편적으로 인정되던 횟수보다 두 배 이상으로 용서하겠다는 의지를 보인 것입니다. 그는 의미심장한 숫자 7을 언급했는데, 이는 '완전한' 용서를 의미하는 듯합니다. 예수님의 제자인 베드로는 하나님 나라의 윤리를 이해하려고 애쓰면서 보편적 기준 이상을 실천하고자 했던 것 같습니다.

예수님이 대답하신 말씀의 세부적인 내용에 관해서는 학자들 간에 이견이 있습니다. 번역본에 따라 "일곱 번을 일흔 번"이라고 번역되기도 하고, "일흔 번씩 일곱 번"으로 번역되기도 합니다. 그러나 어떤 번역본을 따르건, 요점은 같습니다. 예수님은 몇 번을 용서해야 하는지 구체적인 횟수를 알려 주신 것이 아닙니다. 용서의 횟수는 중요하지 않습니다. 예수님은 믿는 자들이 한량없이 완전하게 용서하기를 바라시기 때문입니다. 예수님은 베드로에게 대답하신 후 이런 내용을 비유로 가르치셨습니다. 그리스도인이 거듭해서 용서해야 하는 까닭은 이미 무수한 죄를 한량없이 용서받았기 때문입니다.

> 예수님은 누가 얼마나 많은 잘못을 저질렀건 그를 용서해야 한다고 가르치셨습니다. 한량없이 용서해야 하는 까닭은 "일곱 번을 일흔 번"이라도 용서함으로써 용서가 그리스도인의 삶에 필수적인 요소임을 보여 줄 수 있기 때문입니다. 그렇게 살다 보면 용서가 하나의 삶의 방식이 되고, 나아가 그것이 스스로 하는 것이 아님을 깨닫게 됩니다. 이것이 예수님이 제자들에게 용서의 중요성을 강조하는 이야기를 들려주신 이유입니다.

Q 어떤 잠재적 반론에서 "일곱 번을 일흔 번"이나 용서해야 한다는 말이 나왔을까요?

Q 교회 안에서 이루어지는 은혜와 용서는 믿지 않는 사람들에게 어떤 영향을 줄까요?

2. 그리스도인은 용서받은 자들입니다 (마 18:23~27)

²³그러므로 천국은 그 종들과 결산하려 하던 어떤 임금과 같으니 ²⁴결산할 때에 만 달란트 빚진 자 하나를 데려오매 ²⁵갚을 것이 없는지라 주인이 명하여 그 몸과 아내와 자식들과 모든 소유를 다 팔아 갚게 하라 하니 ²⁶그 종이 엎드려 절하며 이르되 내게 참으소서 다 갚으리이다 하거늘 ²⁷그 종의 주인이 불쌍히 여겨 놓아 보내며 그 빚을 탕감하여 주었더니

예수님은 제자들에게 하나님 나라가 어떠한지를 가르치기 위해 이 이야기를 들려주셨습니다. 한 종이 왕에게 일만 달란트를 빚졌습니다. 여기서 일만 달란트란 절대로 갚을 수 없을 만큼 큰 빚을 뜻합니다. 웬만한 사람이 평생 벌 수 있는 돈보다 많은 금액입니다. 이 이야기에서 왕은 종을 무자비하게 대하거나 불공평하게 대하지 않습니다. 그저 그가 갚아야 하는 빚을 그가 갚을 수 있는 만큼 갚게 하려던 것뿐입니다.

> 예수님 당시에는 어떤 사람이 엄청난 빚을 지고 그것을 갚지 못할 경우, 그와 그 가족을 함께 팔아넘겨 채무의 일부라도 변제받을 수 있는 권리가 있었습니다. 그렇게 노예가 된 사람과 그 가족이 일하는 동안 발생하는 수익은 돈을 빌려준 사람에게 귀속되었습니다. 즉 엄청난 빚의 대가로 종신 노예 계약을 맺는 셈입니다. 이런 경우 빚을 진 당사자뿐 아니라 가족 전체와 미래의 가족까지도 채무를 떠안게 됩니다. 한 개인의 빚 때문에 그 후손이 세대를 거듭해 노예로 살아가게 되는 것입니다. 예수님은 갚을 길 없는 엄청난 빚을 진 사람을 묘사하셨습니다. 그 사람이 왕에게 할 수 있는 일이라고는 자기 자신과 가족과 가진 재산을 모두 팔아서 빚의 일부라도 갚는 것뿐이었습니다. 실로 끔찍한 상황이었습니다.

그 종은 자기 목숨과 가족들의 목숨을 구걸하면서 터무니없는 주장을 했습니다. 시간을 조금만 주면 빚을 갚겠다는 것이었습니다. 예수님은 시간이 얼마나 많이 지났는지 말씀해 주지 않으셨지만, 아마 그는 가진 돈을 오래전에 이미 다 써 버린 상황에서 빚을 청산해야 하는 지경에 이르렀을 것입니다.

Q 재정 상태 때문에 스트레스를 받아 본 적이 있습니까?

Q 그때 어떤 감정을 느꼈습니까?

심화 주석

마태복음의 비유는 대부분 '천국'을 소개하는 데 쓰였습니다(마 13:11, 24, 31, 33, 44, 45, 47, 52; 20:1; 22:2). 왕과 종에 관한 이 비유도 하나님이 어떻게 섭리하시는가를 보여 주기 위해 쓰였습니다. 왕의 종이 주인에게 엄청난 빚을 진다는 것은 현실적으로 불가능한 일이었습니다.

달란트는 본래 약 30kg 정도 되는 귀금속의 무게이며, 금속을 특정하지 않고 화폐 단위로 사용할 경우 은의 가치로 상정되곤 했습니다. 비록 그 가치가 유동적이긴 했지만, 은 1달란트는 관습적으로 약 6,000데나리온 정도였습니다. 1데나리온이 노동자의 하루 품삯 정도였으니, 1달란트는 노동자가 반평생을 일해야 벌 수 있는 금액이었습니다. 결과적으로 1만 달란트는 6천만 데나리온 내지는 은 300톤에 해당하는 것으로 개인이 손에 넣기 어려운 금액이었습니다. 1만은 헬라어로 '미리어'인데, 여기서 '무수히 많음'이란 뜻의 영어 단어 myriad가 유래했습니다. 미리어는 헬라어로 표현할 수 있는 가장 큰 단위였으며, 달란트는 화폐 단위로서는 가장 큰 단위였습니다. 이 두 단어가 합해지니, '엄청난 수'(zillion)가 되는 것입니다.

하나님은 자기 백성을 용서하시되 인간이 셈할 수 없는 수준까지 용서하십니다.[4]

_R. T. 프랑스

예상과 달리 왕은 부채 상환을 요구하지 않고, 막대한 빚을 탕감해 주는 반전을 보여 주었습니다. 이야기를 듣던 사람들은 틀림없이 경악했을 것입니다. '세상에, 왕이 그 많은 빚을 그냥 탕감해 주었다고?' 왕의 몇 마디 말로 종은 금전적 속박에서 벗어났고, 그의 온 가족이 평생 호되게 치를 뻔했던 엄벌을 면하게 된 것입니다.

예수님이 밝혀 주신 바와 같이 이것은 신자들에 관한 이야기입니다. 우리는 이 이야기를 통해 하나님 나라를 엿볼 수 있습니다. 그 나라는 하나님께 무수한 죄를 범한 종들로 가득 찬 나라입니다. 그 종들이 진 '빚'은 일만 달란트를 훨씬 웃돌 것입니다. 하나님께 갚아 드리고 싶어도 도저히 갚을 수 없는 큰 빚인 것입니다.

분명한 것은 그때가 언제이든 빚에 관해 반드시 심판받게 되어 있다는 것입니다. 그러나 하나님은 예수님을 통해 빚을 탕감해 주심으로써 우리를 향한 하나님의 사랑을 확증하셨습니다.

"우리가 아직 죄인 되었을 때에 그리스도께서 우리를 위하여 죽으심으로 하나님께서 우리에 대한 자기의 사랑을 확증하셨느니라"(롬 5:8).

이 이야기에서 우리는 하나님의 무조건적인 은혜를 보게 됩니다. 하나님은 용서를 구하는 사람들을 용서하심으로써 무기력해진 사람들을 도우십니다.

> 우리는 하나님을 만났고, 하나님은 그분을 거역한 우리의 죗값이 너무 커 우리의 힘으로는 도저히 갚을 수 없다는 것을 아셨습니다. 우리는 종종 선행을 통해 그 값을 치르겠노라 어리석게 다짐하지만, 어떤 선행으로도 그 빚을 다 갚을 수는 없습니다. 도저히 갚지 못하는 무능력 탓에 하나님의 용서에 주목하게 됩니다. 하나님은 예수님을 통해 우리를 용서하시고, 우리의 죄를 말끔히 씻어 주십니다. 하나님은 가장 궁핍한 자에게 용서를 베푸시는 분입니다.

Q 하나님께 지은 죄를 용서받는 일과 큰 빚을 탕감받는 일은 어떤 점에서 비슷합니까?

Q 하나님이 예수님을 통해 베푸신 긍휼과 용서는 우리에게 어떤 영향을 줍니까?

3. 그리스도인은 타인을 용서하는 데까지 나아가야 합니다

(마 18:28~35)

²⁸그 종이 나가서 자기에게 백 데나리온 빚진 동료 한 사람을 만나 붙들어 목을 잡고 이르되 빚을 갚으라 하매 ²⁹그 동료가 엎드려 간구하여 이르되 나에게 참아 주소서 갚으리이다 하되 ³⁰허락하지 아니하고 이에 가서 그가 빚을 갚도록 옥에 가두거늘 ³¹그 동료들이 그것을 보고 몹시 딱하게 여겨 주인에게 가서 그 일을 다 알리니 ³²이에 주인이 그를 불러다가 말하되 악한 종아 네가 빌기에 내가 네 빚을 전부 탕감하여 주었거늘 ³³내가 너를 불쌍히 여김과 같이 너도 네 동료를 불쌍히 여김이 마땅하지 아니하냐 하고 ³⁴주인이 노하여 그 빚을 다 갚도록 그를 옥졸들에게 넘기니라 ³⁵너희가 각각 마음으로부터 형제를 용서하지 아니하면 나의 하늘 아버지께서도 너희에게 이와 같이 하시리라

예수님이 청중의 이목을 사로잡는 능력을 발휘하시는 장면이 펼쳐집니다. 이어서 예수님은 왕에게서 막대한 빚을 탕감받은 종이 이후 자신에게 빚진 동료를 만나는 이야기를 들려주셨습니다.

> 일백 데나리온은 노동자의 3~4개월 치 임금에 해당하므로 적지 않은 액수가 분명하지만, 일만 달란트 앞에서는 무색해지는 소액입니다. R. T. 프란스는 두 번째 종의 부채는 첫 번째 종의 부채의 60만 분의 1에 불과하다고 말합니다.[7]

종은 막대한 빚을 탕감받자마자 자신과 똑같은 허물이 있는 동료의 숨통을 조이기 시작했습니다. 두 번째 종은 첫 번째 종과 똑같이 시간을 주면 갚겠다고 간청했습니다.

> 첫 번째 종은 동료가 자신에게 빚을 갚지 않는 것을 탐탁지 않게 여기고 은혜를 베풀지 않았습니다. 자신에게 빚진 동료를 옥에 가둔 것입니다. 당시에는 빚을 갚지 않는 자를 노예로 팔거나 투옥시킬 수 있었습니다. 후자의 경우 투옥된 상태에서 하는 노동의 대가를 빚 대신 받을 수 있었습니다. 첫 번째 종이 보여 준 행동은 실로 무자비했습니다.

그런데 무자비한 종이 보여 준 모습은 우리가 다른 사람들을 대하는 태도와 별반 다르지 않습니다. 우리는 죄를 용서받았으면서도 다른 사람들의 죄는 용서하지 못합니다. 우리는 종종 다른 사람들의 잘못을 지적하곤 하는데, 자신은 이미 그 죄를 해결했다고 여기기 때문입니다. '무자비한 종 비유'는 허물을 용서받았으면서도 타인을 용서하지 못하는 우리를 하나님이 어떻게 보시는가를 보여 줍니다.

핵심교리 99 · 21. 자비로우신 하나님

'자비'란 하나님의 긍휼을 가리키는 것으로, 죄의 형벌을 사하시는 것으로 종종 나타납니다(엡 2:4~5; 딛 3:5). 인간에게 자비와 은혜는 과분합니다. 하나님의 자비와 은혜를 얻기 위해 인간이 할 수 있는 일이 아무것도 없다는 뜻에서 그렇습니다. 만약 할 수 있는 일이 있다면, 자비나 은혜는 더 이상 값없는 선물이 아닐 것입니다.

심화주석

주인은 엄청난 빚을 진 종의 부채를 탕감해 주고자 했으나, 그 종이 자신이 베풀 수 있는 호의를 베풀지 않는 것을 보고 그 빚을 탕감해 주지 않기로 합니다. 인색한 사람에게는 인색하게 대할 수밖에 없습니다. 값없이 받은 용서가 취소된 이유는 종에게 빚을 갚을 여유가 생겨서가 아닙니다. 그 종이 주인의 자비를 누릴 만한 자격이 없음을 보여 주었기 때문입니다. 그렇게 상황이 악화되어 그 종은 가족들과 함께 팔려가 고문까지 당하게 됩니다. 영어 번역본(RSV)이 '고문하는 사람들'을 '옥졸들'로 잘못 번역해 그가 받을 벌이 그가 자기 동료 종에게 준 벌보다 심하지 않은 것처럼 보이게 되었지만, 사실 그는 옥에 갇힌 것이 아니라 가혹한 형벌을 받게 된 것입니다.[8]

_R. T. 프란스

심화 주석 첫 번째 종의 태도는 끔찍합니다. 두 번째 종이 진 빚은 얼마 되지 않았습니다. 금속 화폐로 치면 몇 달러에 불과하겠지만, "백 데나리온"(마 18:28)은 당시 보병이나 일반 노동자가 100일 동안 일하고 받는 액수에 해당합니다. 하지만 백 데나리온은 첫 번째 종이 탕감받은 액수에 비하면 미미한 수준에 불과합니다. 두 번째 종은 첫 번째 종이 했던 것과 비슷한 간청을 했지만, 첫 번째 종은 그에게 자비를 베풀지 않았습니다. … 첫 번째 종이 동료 종을 끝내 용서하지 않자, 일만 달란트를 탕감해 준 왕이 그를 '악한 종'이라 부르며 (32절) '고문하는 사람들'에게 넘겼습니다. … 그는 도저히 갚을 수 없는 빚을 모두 갚을 때까지 고문을 당하게 될 것입니다(34절).

하늘에 계신 아버지는 한량없이 용서하시면서도 가차 없이 벌하시는 분입니다. 예수님은 그런 하늘 아버지의 행동과 동일하게 행동하시므로 우리도 마땅히 그러해야 합니다. 실로 그분은 긍휼과 자비의 하나님이시므로 긍휼과 자비를 베풀지 않는 사람을 용납하지 않으십니다. … 마태복음 6장 12절과 14~15절에서 볼 수 있는 바와 같이 용서받은 사람이 용서받을 자격이 없음을 보이지 않으려면 마땅히 용서해야 합니다.[9]

_D. A. 카슨

> Leader

두 번째 종이 진심으로 빚을 갚으려고 했다는 것에 주목해 주십시오. 그는 보상해 주고 싶어 했습니다. 자기 빚을 남의 탓으로 돌리지 않았고, 이의를 제기하지도 않았습니다. 그런데도 첫 번째 종은 그를 용서해 주지 않았고, 분개하며 벌을 내리기로 했던 것입니다.

Q 우리는 자신에게 잘못한 사람에게 어떤 방식으로 복수하곤 합니까?

Q 어떻게 하면 복수하고 싶은 욕망을 억누르고, 그리스도 안에서 우리가 체험한 자비를 실천할 수 있을까요?

첫 번째 종이 두 번째 종에게 한 행동은 보통 상황에서는 당연한 것으로 여겨졌겠지만, 그가 어마어마한 빚을 탕감받은 상황에서 한 행동이었기 때문에 동료 종들은 큰 충격을 받았습니다. 그래서 종들은 자신들이 목도한 광경을 주인에게 보고했습니다. 의분을 느낀 주인은 첫 번째 종을 불러 그의 야박한 마음을 꾸짖으며, 은혜 입은 자는 은혜를 베풀어야 한다고 지적합니다(33절).

이로 인해 악한 종은 무거운 벌을 받게 됩니다(34절). 자신은 용서를 받으면서 다른 사람들을 용서하지 않는 "악한" 자들은 준엄한 심판을 받게 될 것입니다. "옥졸들에게" 넘겨진 것으로 번역되었지만, 실상은 조금 달랐습니다. 헬라어 원문의 단어 뜻은 "고문하는 자들에게"입니다. 즉 악한 종은 빚을 다 갚을 때까지 고문을 당해야 했는데, 이는 그가 진 빚이 얼마나 엄청난지를 보여 줍니다.

> Leader

이 비유는 하나님이 용서하지 않는 사람들을 어떻게 하시는지를 보여 주기 위한 이야기임을 기억하십시오. 이 비유에서 '고문'은 그리스도를 떠난 사람들이 장차 맞이하게 될 영원한 지옥 형벌을 뜻할 수도 있습니다. 그러나 그 이전이라도 마음으로 용서하지 못하는 사람들은 이 세상에서 그에 따른 고문을 당할 수 있습니다. 예를 들어, 건강이 나빠지거나, 화를 다스리지 못해 괴로움에 시달리거나, 외롭게 될 수 있습니다. 이 같은 고문은 오늘날 우리 가운데 실재하는데, 이는 마치 용서하지 않는 자에게 지옥이 실재하는 것과 같습니다. 용서하지 않으면, 하나님은 우리를 고통받게 하시거나 괴롭히는 자들에게 넘겨주십니다. 그들이 멀리 있어도 우리 영혼은 지속적으로 그들로 인해 고통을 당합니다.

타인을 용서함으로써 과거에 저지른 잘못으로 인해 겪는 괴로움에서 해방된다는 것은 아름다운 진리입니다. 상처를 받았던 사람들에게 얽매일 필요가 없습니다. 그들을 용서하지 않는다면, 삶에 더 큰 괴로움과 고통이 찾아올 것입니다.

21세기를 살아가는 그리스도인으로서 우리는 이 비유를 한낱 옛날이야기로 치부해서는 안 됩니다. 35절에서 예수님은 분명한 지적으로 용서에 관한 가르침의 결론을 맺으셨습니다. 용서를 받았으면서도 용서하지 않는 사람들은 악한 종과 같은 처지가 된다는 것입니다. 여기서 예수님은 힘주어 말씀하십니다. "용서하라. 용서하지 아니하면, 하나님의 심판을 받게 되리라!"

> 마태복음에 나오는 지옥과 심판에 관한 예수님의 가르침은 대개 예수님을 따르는 사람들에게 하신 경고로, 예수님의 이름을 부르면서도 그 가르침을 실천하지 않는 사람들은 심판을 받게 된다는 것입니다. 다른 사람들을 용서하지 않으면서, 자신은 용서받을 것이라고 생각하지 마십시오. 용서하지 않으면, 삶에 괴로움이 끊이지 않고 하나님의 형벌로 영원히 고통받는 위험에 처하게 됩니다. 그리스도 안에서 진정으로 용서하면, 실제로 마음에 근본적인 변화가 찾아옵니다. 값없이 탕감받았으니, 값없이 탕감해 주어야 합니다.

Q 용서하되 '마음으로부터' 용서하라는 예수님의 권고에서 어떤 도전을 받습니까?

Q 무자비한 종에 관한 예수님의 비유를 통해 무엇을 깨닫게 되었나요?

> "용서하지 않는 그리스도인이란 존재는 있을 수 없습니다. 그리스도인이라면 용서해야 합니다. 복음의 능력으로 변화되었기에 용서할 수 있습니다."[10]
> _더글러스 션 오도넬

> "이웃을 사랑할 때는 자신이 대접받고 싶은 대로, 나아가 하나님께 은혜받은 대로 사랑해야 합니다. 이것이 바로 기독교 제자도의 핵심입니다."[11]
> _데이비드 웬햄

결론

우리는 창조주 하나님께 엄청난 죄를 지은 사람들입니다. 우리가 하나님께 진 죄는 첫 번째 종이 왕에게 진 빚처럼 도저히 갚을 수 없을 만큼 큽니다. 그러나 은혜롭게도 하나님이 우리에게 예수님을 보내 주셨습니다. 그리하여 예수님을 믿기만 하면, 우리 죄를 도말하시고 허물을 용서해 주십니다. 예수님이 우리 죄를 위해 우리를 대신해 십자가에서 죽으셨기에, 우리는 한량없는 용서를 받았습니다. 그러나 우리는 자기 죄가 얼마나 심각한지를 하나님이 아시는 만큼 알지 못합니다. 상대적으로 덜한 죄란 없습니다. 의롭고 자비로우신 하나님이 우리를 위해 그리스도 안에서 행하신 방식이 아니고서는 도저히 용서받을 수도, 갚을 수도, 바로잡을 수도 없는 것이 우리 죄입니다.

그러나 우리는 종종 성령의 능력으로 행하는 데 실패하고, 다시 악한 행동으로 되돌아가 다른 사람들을 용서하지 않는 쪽을 선택하고 맙니다. 예수님은 하나님 나라에 속한 자들이 그러한 삶을 사는 것을 나무라십니다. 왜냐하면 하나님 나라는 용서로 특징지어지기 때문입니다. 십자가에서 고통으로 가장 어두운 시간을 보낼 때도 예수님은 자신을 죽음으로 내몬 자들을 용서해 달라고 하나님께 간청하셨습니다(눅 23:34).

> 용서의 방법이나 횟수는 우리에게 잘못한 사람과는 무관합니다. 오히려 우리를 용서해 주신 구세주와 관련이 있습니다. 자타가 공인하는 그리스도인이 타인을 용서하는 데 어려움을 겪는다면, 그것은 마음에 무언가 심각한 문제가 있다는 뜻 입니다. 최악의 경우에는 이런 질문을 던져야 합니다. "'그리스도인'이 타인을 용 서하는 데 어려움을 겪는다면, 과연 진짜로 복음을 이해한 것일까?"

베드로의 질문에 예수님이 들려주신 이야기는 우리가 하나님 나라 에서 사는 법에 대해 많은 것을 배워야 한다는 것을 알려줍니다. 우리는 이미 용서받았으므로 용서하는 사람이 되어야 합니다. 용서하지 못한다 는 것은 복음으로 변화되지 않았다는 뜻이며, 그런 사람에게는 가혹한 심 판이 임할 것입니다. 용서하지 못하는 사람들은 주님의 이름으로 선지자 노릇을 했지만, 예수님이 도무지 알지 못한다고 하신 자들과 같습니다(마 7:21~23). 그러나 주님은 주님이 용서하신 사람들을 친밀하게 아시고, 그들 은 예수님의 본을 따라 타인을 용서합니다.

그리스도와의 연결

우리가 하나님께 지은 죗값은 너무도 커서, 어떤 노력으로도 조금도 갚을 수 없습 니다. 예수 그리스도께서 우리 죄를 대신해 십자가에서 죽으셨고, 그 은혜에 힘입어 우리는 용서를 받을 수 있게 되었습니다. 하나님은 아들의 피로 죄인 명부에서 우리 이름을 지워주셨습니다.

하나님의 계획 우리의 사명

선교적 적용 하나님은 우리가 하나님의 용서를 드러내 전하려면, 서로서로 용서하는 모 범을 보여야 한다고 말씀하십니다.

1. 예수님의 복음을 증거하는 데 그리스도인이 베푸는 한량없는 용서는 어떻게 도움이 됩니까?

2. 하나님이 베푸시는 죄 용서를 경험한 적이 있나요? 구체적으로 어떤 상황이었습니까?

3. 아직 용서하지 못한 사람이 있나요? 하나님께 받은 은혜 때문에라도 그 사람에게 마 음에서 우러나는 용서를 보여 줄 수 있겠습니까?

금주의 성경 읽기
**습 1~3장;
왕하 22~23장;
대하 34~35장**

Summary and Goal

이 세션에서는 '선한 사마리아인 비유'를 배우게 될 것입니다. 한 율법 교사가 예수님께 다가와 어떻게 해야 영생을 얻을 수 있는지를 묻고, 율법을 '하나님을 사랑하라'와 '이웃을 사랑하라'는 두 계명으로 요약했습니다. 그가 "내 이웃이 누구입니까?" 하고 질문하자, 예수님은 곤경에 처한 한 사람과 그 사람에게 예상 밖의 자비를 베푼 사마리아인의 이야기를 들려주셨습니다. 그리스도인에게 '선한 사마리아인 비유'는 하나님이 우리에게 베푸신 긍휼 때문에 우리도 우리에게 도움을 청하는 사람들에게 긍휼을 베풀어야 한다는 사실을 일깨워 줍니다.

- **성경 본문**
  누가복음 10:25~37

- **세션 포인트**
  1. 하나님을 사랑하고, 이웃을 사랑하는 것이 율법의 핵심입니다(눅 10:25~28)
  2. 이웃을 사랑하라는 것은 긍휼을 베풀라는 뜻입니다(눅 10:29~35)
  3. 예수님께 받은 긍휼을 다른 사람들에게도 베풀어야 합니다(눅 10:36~37)

- **신학적 주제**
  '이웃 사랑'이란 자기 의가 아닌 긍휼의 마음으로 섬기는 것을 의미합니다.

- **그리스도와의 연결**
  예수님이 들려주신 선한 사마리아인 이야기는 당시 청중에게 충격적이었습니다. 그런데 이보다 더 놀라운 이야기는 하나님이 하나님의 원수로 있던 우리를 구원하시기 위하여 그 아들을 보내어 희생하셨다는 사실입니다. 죄와 허물로 죽은 우리는 마치 강도 맞아 죽게 된 유대인과 같은 자였습니다. 유대인에게 멸시를 받던 사마리아인이 강도 맞은 자를 구원한 것처럼, 우리에게 멸시를 받은 예수님이 우리를 구원하러 오신 것입니다. 이 비유의 사마리아인은 바로 예수님이 행하시는 선한 일을 나타내 보입니다.

- **선교적 적용**
  하나님은 우리에게 도움이 필요한 사람들에게 긍휼을 베풂으로써 우리를 향한 하나님의 긍휼이 얼마나 아름다운지를 드러내라고 말씀하십니다.

선한 사마리아인 비유

3

**Session
Plan**

도입

"질문이 잘못되었습니다"라는 말이 교사로서의 예수님과 어떤 관련이 있는지를 설명해 주십시오.

상황을 다른 각도에서 보기 위해 질문을 바꿔서 생각해 본 적이 있습니까?

질문을 바꾼 후 생각이 어떻게 달라졌습니까?

예수님이 율법 교사로 하여금 질문을 바꾸게 하는 이야기를 들려주셨음을 지적해 주십시오. 그리고 나서 '선한 사마리아인 비유'에 관해 다루는 이 세션의 내용을 요약해 주십시오.

전개

1
**하나님을 사랑하고,
이웃을 사랑하는 것이
율법의 핵심입니다**
(눅 10:25~28)

자원자에게 누가복음 10장 25~28절을 읽게 하십시오. 1세기 상황에서 '영생'을 얻는다는 것이 어떤 의미인지 설명해 주십시오. 그리고 나서 예수님이 율법 교사의 질문에 다른 질문으로 대답해 주셨다는 것을 지적해 주십시오.

예수님은 어떤 뜻에서 율법 교사의 질문에 그렇게 대답하셨을까요?

"네 마음을 다하며 목숨을 다하며 힘을 다하며 뜻을 다하여 주 너의 하나님을 사랑하라"고 하셨는데, 이것은 어떤 의미이며 왜 중요할까요?

부록 1: '신약성경에 나타난 구약성경의 말씀'을 참조해 율법 교사가 얼마나 정확하게 대답했는지, 예수님이 율법을 완전하게 준수해야 할 인간의 필요를 어떻게 확인해 주셨는지 살펴보십시오. 그리고 어떻게 해서 "과연 누가 하나님과 이웃을 그처럼 온전하게 늘 사랑할 수 있겠습니까?"라는 질문이 나오게 되었는지 가르쳐 주십시오.

만약 예수님이 직접 하나님을 사랑하고 다른 사람들을 사랑해야만 영생을 얻을 수 있다고 말씀해 주신다면, 어떻게 반응하겠습니까?

2
**이웃을 사랑하라는 것은
긍휼을 베풀라는 뜻입니다**
(눅 10:29~35)

누가복음 10장 29~35절을 읽으십시오. 율법 교사가 "내 이웃이 누구입니까?"라고 물은 동기가 무엇인지, 제사장과 레위인은 누구이며 어떤 역할을 하는지 설명해 주십시오.

두 종교 지도자가 고난에 처한 사람을 그냥 지나친 이유가 무엇이라고 생각합니까?

인정을 베풀지 않고 '피하여 지나가고' 싶을 때, 우리는 어떤 핑계를 대곤 합니까?

이 비유가 유대 사회에서 분쟁을 불러온 이유를 강조해 주십시오. 그리고 나서 여기서 일어난 몇 가지 질문들을 언급해 주십시오.

상처 입은 사람을 돕기 위해 사마리아인이 보여 준 희생적인 행동에서 무엇을 배울 수 있습니까?

어떻게 하면 도움이 필요한 사람들에게 실제적인 긍휼을 베풀 수 있을까요?

누가복음 10장 36~37절을 읽으십시오. 예수님의 초점은 "네가 누구에게 이웃이 되어 줄 수 있는가?"였습니다. 이것은 말만 하지 말고, 도움이 필요한 사람들에게 실제로 긍휼을 베푸는 사람이 되라는 뜻입니다.

3
예수님께 받은 긍휼을 다른 사람들에게도 베풀어야 합니다
(눅 10:36~37)

자비를 베푸는 행동과 자비로운 사람이 되는 것의 차이는 무엇입니까?

예수님이 곧 "위대하신 사마리아인"이심을 말해 주십시오. 하나님은 예수 그리스도의 죽음과 부활을 통해 우리에게 긍휼을 베풀어 주셨습니다. 그리스도인에게는 도움을 구하는 사람들에게 자비를 베풂으로써 이웃을 사랑해야 할 사명이 있습니다.

긍휼을 베풀지 못한다면, 그리스도인이라고 할 수 있을까요?

우리가 행하는 구제 사역은 우리에게 베푸신 하나님의 자비에 관한 믿음을 어떻게 뒷받침해 줍니까?

결론

'선한 사마리아인 비유'는 우리의 마음과 삶에 관한 새로운 질문을 야기하며, 우리가 하나님께 사랑을 받았듯이 다른 사람들을 사랑하도록 독려한다는 것을 지적해 주십시오. 이 세션에서 배운 진리를 '하나님의 계획, 우리의 사명'에서 적용해 보십시오.

3. 선한 사마리아인 비유

도입

> Leader

토론 과정에서 종종 "질문이 잘못되었습니다"라는 말이 나오곤 합니다. 잘못된 질문은 잘못된 대답을 하는 것과는 다릅니다. 누군가 "당신은 잘못된 질문을 하고 있습니다"라고 말한다면, 대화의 방향을 수정해야 한다는 뜻입니다. 새로운 시각과 상상력이 열려야 합니다.

이런 경우를 상상해 보십시오. 주변 마을보다 교통사고 사망자가 많은 마을이 있습니다. 마을 지도자들이 대책 마련을 위해 모였습니다. 한 지도자가 "어떻게 하면 응급 처치 절차를 개선할 수 있을까요?"라는 질문을 제기합니다. 그러자 응급차가 도착하는 시간을 줄이고, 지역 병원과 연계해 최상의 응급 처치를 신속하게 받게 하자는 의견들이 나옵니다. 모든 대화는 어떻게 하면 응급 처치를 개선할 수 있는가에 초점이 맞추어집니다.

얼마 후 한 지도자가 이렇게 지적합니다.

"우리의 대화는 잘못된 방향으로 나아가고 있습니다. 우리는 응급 처치에 주목할 것이 아니라, 교통사고가 가장 많이 일어나는 교차로에 주목해야 합니다. 어떻게 하면 그곳에서 일어나는 사고를 방지할 수 있을까요?"

그제야 대화가 올바른 방향으로 진행되어 위험한 교차로의 제한 속도를 낮추고, '조심하라'는 경고 표지판을 설치하자는 의견들이 나옵니다. 이처럼 질문이 바뀌면, 대화 내용이 달라지고 새로운 시각과 상상력이 열립니다.

교사로서 예수님은 당시 청중이 전혀 예측하지 못한 방식으로 이야기를 들려주시거나, 질문을 바꿔서 이야기를 전하곤 하셨습니다. 이번 세션에서는 예수님이 이 두 가지를 어떻게 활용하셨지를 살펴볼 것입니다.

Q 상황을 다른 각도에서 보기 위해 질문을 바꿔서 생각해 본 적이 있습니까?

Q 질문을 바꾼 후 생각이 어떻게 달라졌습니까?

Session Summary

이 세션에서는 '선한 사마리아인 비유'를 배우게 될 것입니다. 한 율법 교사가 예수님께 다가와 어떻게 해야 영생을 얻을 수 있는지를 묻고, 율법을 '하나님을 사랑하라'와 '이웃을 사랑하라'는 두 계명으로 요약했습니다. 그가 "내 이웃이 누구입니까?" 하고 질문하자, 예수님은 곤경에 처한 한 사람과 그 사람에게 예상 밖의 자비를 베푼 사마리아인의 이야기를 들려주셨습니다. 그리스도인에게 '선한 사마리아인 비유'는 하나님이 우리에게 베푸신 긍휼 때문에 우리도 우리에게 도움을 청하는 사람들에게 긍휼을 베풀어야 한다는 사실을 일깨워 줍니다.

전개

1. 하나님을 사랑하고, 이웃을 사랑하는 것이 율법의 핵심입니다(눅 10:25~28)

> **Leader** 복음서에서 우리는 예수님을 시험에 빠뜨리기 위해 예수님께 말을 긴네는 사람들을 볼 수 있습니다. 그들은 예수님을 곤경에 빠뜨리거나 자가당착에 빠뜨리려는 의도를 가지고 질문을 합니다. 그럴 때 예수님이 어떻게 대처하셨는지 살펴보겠습니다.

^{25}어떤 율법교사가 일어나 예수를 시험하여 이르되 선생님 내가 무엇을 하여야 영생을 얻으리이까 ^{26}예수께서 이르시되 율법에 무엇이라 기록되었으며 네가 어떻게 읽느냐 ^{27}대답하여 이르되 네 마음을 다하며 목숨을 다하며 힘을 다하며 뜻을 다하여 주 너의 하나님을 사랑하고 또한 네 이웃을 네 자신같이 사랑하라 하였나이다 ^{28}예수께서 이르시되 네 대답이 옳도다 이를 행하라 그러면 살리라 하시니

질문에 질문이 이어지고 있습니다. 누군가 잘난 척하기 위해 질문하는 것을 본 적이 있습니까? 다시 말해서, 정말로 궁금해서 묻는 것이 아니라 자신이 이미 알고 있는 지식을 과시하기 위해 묻는 경우 말입니다. 사람들은 자신을 정당화하거나 남들 앞에서 자신의 능력을 과시하고 싶을 때 질문을 하곤 하는데, 본문의 상황이 바로 그런 경우입니다.

심화주석

한 율법 교사가 예수님을 '시험'했습니다. 그는 무언가를 알고자 함이 아니라 예수님이 어떤 대답을 하시는지 보려고 질문을 던졌습니다. 어쩌면 그는 스스로 뽐낼 기회를 얻고자 예수님이 잘못 대답하시기를 바랐을지도 모릅니다. "내가 무엇을 하여야 영생을 얻으리이까"(눅 10:25)라는 질문은 그가 행위로 구원을 받는다는 생각을 하고 있음을 보여 줍니다. 그는 하나님의 은혜가 무엇인지 전혀 이해하지 못하고 있었던 것입니다. '영생'은 장차 올 세대에 적합한 말입니다. 그것은 생명이 결코 끝나지 않을 것임을 의미하지만, 기독교적 이해에서는 하나님이 선물로 주시는 특정한 형태의 생명을 의미합니다.[2]

_레온 모리스

"'사람됨'이란 다른 사람을 존중함으로써 하나님께 충성하는 것이며, 창조주 하나님을 기리는 세상을 보살피는 데 마음을 기울이는 것입니다."[3]

_빈센트 바코트

> **Leader:** 율법의 전문가인 율법 교사가 예수님이 뭐라고 답하시는지를 시험해 보기 위해 질문을 건넸습니다. "내가 무엇을 해야 영생을 얻겠습니까?" 질문 자체는 평범하고 좋은 질문입니다. 전에도 들었고 앞으로도 들을 수 있는 괜찮은 질문입니다.

어떤 사람은 율법 교사가 죽은 후에 하늘나라에 가는 것에 관해 질문한 것이라고 생각할 수 있습니다. 그러나 1세기의 상황에서 이 질문은 다른 의미를 담고 있었습니다. '영생을 얻는 것'에 관한 질문에는 이런 뜻도 있었습니다. "메시아가 이 땅에 오셔서 통치하실 때, 나도 하나님 나라에 속하게 되리라는 것을 어떻게 하면 확신할 수 있습니까? 하나님이 자기 백성에게 돌아오셔서 모든 것을 바로잡으실 때, 내가 그 안에 속하리라는 것을 어떻게 하면 확신할 수 있습니까?"

예수님이 그에게 어떻게 대답하셨는지 보십시오. "율법에 무엇이라 기록되었으며 네가 어떻게 읽느냐"(눅 10:26). 다시 말해서, "너는 율법 교사이니, 율법이 무엇이라 가르치는지를 말해 보라"고 말씀하신 것입니다. 예수님은 종종 누군가 질문을 하면, 다른 질문으로 되묻곤 하셨습니다. 질문 뒤에 숨은 뜻을 드러내기 위함인데, 바로 여기서 그 방식을 쓰셨습니다.

> **Leader:** 그의 대답에 주목해 보십시오. 그는 율법을 '하나님을 사랑하라'와 '이웃을 사랑하라'는 두 계명으로 요약합니다. 예수님도 율법을 이렇게 요약하신 적이 있습니다(마 22:36~40).

Q 예수님은 어떤 뜻에서 율법 교사의 질문에 그렇게 대답하셨을까요?

Q "네 마음을 다하며 목숨을 다하며 힘을 다하며 뜻을 다하여 주 너의 하나님을 사랑하라"고 하셨는데, 이것은 어떤 의미이며 왜 중요할까요?

예수님은 율법 교사의 대답을 반기셨습니다. 그는 정답을 말했습니다. 예수님이 율법을 요약하신 것과 똑같이 말한 것입니다(마 22:36~40). 그래서 예수님은 그에게 "이를 행하라 그러면 살리라"라고 말씀하셨습니다.

오늘날 그리스도인들은 과연 예수님이 율법의 성취가 곧 영생을 얻는 길이라고 가르치셨는지 궁금해할 것입니다. 정말로 예수님은 하나님을 사랑하고, 이웃을 사랑해야 하나님 나라에 속할 수 있다고 말씀하신 걸까요? 놀랄 수도 있겠지만, 답은 '그렇다'입니다. 하나님의 율법에 온전히 복종해야만, 즉 하나님과 이웃을 사랑하고, 하나님과 이웃에 온전히 헌신하는 것으로 요약할 수 있는 율법에 순복해야만 구원에 이를 수 있습니다. 예수님은 "어떻게 해서든 온전히 행하라. 그러면 살리라"고 말씀하셨습니다.

그러나 우리는 율법 교사의 그다음 질문에서 그의 속마음을 들여다 볼 수 있습니다. "과연 누가 하나님과 이웃을 그처럼 온전하게 늘 사랑할 수 있겠습니까?"

> **Leader**
>
> 여기서 우리는 예수님이 굴하지 않고 양보 없이 묘사하신 희망 사항을 눈여겨볼 필요가 있습니다. 하나님 나라에서의 삶은 하나님과 다른 사람들을 향한 사랑의 삶이라는 것입니다. 하나님과 다른 사람들을 사랑하지 않는 사람은 하나님의 새 세상에 속할 수 없습니다.
>
> 죽은 후에 가는 하늘나라와 마지막 때의 새 하늘과 새 땅에 관한 약속은 우리가 하나님과 그의 백성들과 영원히 함께할 것이라는 약속입니다. 현재의 삶은 미래의 영생을 위한 준비 과정이므로 우리는 긍휼을 베풀며 살아가야 합니다. 예수님은 "이를 행하라. 그러면 진실로 사는 것이다"라고 말씀하셨습니다.

Q 만약 예수님이 직접 하나님을 사랑하고 다른 사람들을 사랑해야만 영생을 얻을 수 있다고 말씀해 주신다면, 어떻게 반응하겠습니까?

2. 이웃을 사랑하라는 것은 긍휼을 베풀라는 뜻입니다(눅 10:29~35)

> **Leader**
>
> "영생을 얻고 싶은가? 그러면 하나님을 사랑하고 이웃을 사랑하라." 이것은 간단한 질문에 대한 간단한 대답입니다. 그러나 이것은 온전한 헌신을 뜻합니다. 하나님과 사람을 온전히 사랑해야 하는, 솔직히 누구도 성취할 수 없는 수준의 헌신입니다. 율법 교사는 율법의 정죄에 마음이 찔렸을 것입니다. 하나님을 사랑하고 이웃을 사랑해야 하는 의무를 지키지 못한 사실을 율법이 고스란히 드러내주기 때문입니다. 그래서 그는 재빨리 자기를 옳게 보이려고 다른 질문을 던졌습니다.

²⁹그 사람이 자기를 옳게 보이려고 예수께 여짜오되 그러면 내 이웃이 누구니이까 ³⁰예수께서 대답하여 이르시되 어떤 사람이 예루살렘에서 여리고로 내려가다가 강도를 만나매 강도들이 그 옷을 벗기고 때려 거의 죽은 것을 버리고 갔더라 ³¹마침 한 제사장

심화주석   여리고 길은 길게 뻗은 암석 지대로 강도의 소굴로 쓰이기에 좋았습니다. 이 길은 예루살렘에서 여리고까지 이르는 29km 노선에서 약 975m 정도 내려간 길이었습니다.

'제사장'은 아론의 자손으로, 예루살렘 성전에서 제사장직을 책임졌습니다. "그를 보고 피하여 지나가고"(눅 10:31)란 이웃을 사랑하지 않겠다는 의지를 분명히 드러낸 것입니다. '레위인'은 레위 지파 사람이지만, 아론의 자손은 아니므로 제사장이 아닙니다. 그들은 제사장을 돕는 일을 했습니다.

'사마리아인'은 유대인을 돕지 않는 것이 상례였습니다(참조, 요 4:9; 8:48). 그러므로 여기서 예수님은 평소에 아는 사이가 아닐지라도 어려움을 당한 사람에게는 긍휼을 베풀고 보살펴야 한다고 이웃 사랑의 범주를 확대하고 계신 것입니다(참조, "너희 원수를 사랑하라", 눅 6:27, 35). 사마리아인은 강도를 만나 부상당해 고통스러워하는 사람을 보살펴 주었습니다. 큰 부상으로 걷지 못하는 그를 "자기 짐승에 태워 주막으로 데리고 가서"(눅 10:34) 돌봐 주었습니다. 그리고 주막 주인에게 "데나리온 둘"(노동자의 이틀 품삯)을 주며 그를 계속 보살펴 달라고 부탁했습니다. 예수님은 사마리아인이 주인에게 그를 돌보는 데 "비용이 더 들면" 돌아올 때 갚겠다고 말한 것을 덧붙이심으로써 사마리아인의 동정 어린 보살핌을 강조하셨습니다.[6]

웨인 그루뎀 & 토마스 R. 슈라이너
ESV Study Bible

90. 사회적 관심

모든 그리스도인은 자기 삶과 인간 사회에서 그리스도의 뜻을 최우선으로 삼아야 할 의무가 있습니다. 사회를 개선하고, 사람들 사이에 의로움을 세우기 위한 수단과 방법들은 예수 그리스도 안에 있는 하나님의 구원의 은혜로 말미암아 거듭난 개인들 안에 뿌리를 박고 있을 때만 진정으로, 그리고 영구적으로 도움이 될 수 있습니다. 그리스도인은 그리스도의 정신에 따라 인종 차별, 탐욕, 이기심, 악덕, 그리고 간음과 동성애와 포르노를 포함한 모든 형태의 성적 부도덕에 저항해야 합니다. 우리는 고아, 노인, 가난한 자, 학대받는 자, 무력한 자, 병든 자들의 필요를 채워 주기 위해 노력해야 합니다. 우리는 태어나지 않은 태아들을 대변해야 하고, 잉태에서 자연적인 죽음에 이르기까지의 모든 인간 생명의 존엄성을 주장해야 합니다. 모든 그리스도인은 의와 진리 그리고 형제애의 원칙을 따라 정부, 기업, 사회가 전체적으로 움직이도록 노력해야 합니다. 이러한 목적을 위해 그리스도인은 그리스도와 그분의 진리를 따르는 데 있어서 타협함이 없이 항상 사랑의 정신으로 정중하게 행동하면서 선한 목적으로 선한 뜻을 가진 모든 사람과 협력할 준비가 되어 있어야 합니다 (미 6:8; 엡 6:5~9; 살전 3:12).

이 그 길로 내려가다가 그를 보고 피하여 지나가고 [32]또 이와 같이 한 레위인도 그곳에 이르러 그를 보고 피하여 지나가되 [33]어떤 사마리아 사람은 여행하는 중 거기 이르러 그를 보고 불쌍히 여겨 [34]가까이 가서 기름과 포도주를 그 상처에 붓고 싸매고 자기 짐승에 태워 주막으로 데리고 가서 돌보아 주니라 [35]그 이튿날 그가 주막 주인에게 데나리온 둘을 내어 주며 이르되 이 사람을 돌보아 주라 비용이 더 들면 내가 돌아올 때에 갚으리라 하였으니

"내 이웃이 누구입니까?"라는 율법 교사의 질문은 의도된 것이었습니다. 그는 예수님 말씀의 위력을 알아차렸고, 언제 어디서든 하나님과 이웃을 사랑해야 하는 책임이 막중함을 느꼈습니다. 그래서 "자기를 옳게 보이려고"(29절) 자기가 사랑해야 할 대상을 제한하고자 재차 질문한 것입니다. "내가 사랑해야 할 사람이 누구인지 말해 주면, 내가 그 사람을 사랑하고 있다는 것을 보여 주겠습니다." 자기가 사랑할 수 있는 범주의 사람들로 사랑할 대상을 제한하려 한 것입니다.

이 질문에 관한 답은 예수님이 들려주신 이야기들 가운데 가장 유명한 것 중 하나가 되었으니, 바로 '선한 사마리아인 비유'입니다. 이 이야기는 시작부터 극적입니다. 예수님은 먼저 유대인일 것 같은 한 사람을 소개하고, 그가 예루살렘에서 여리고로 가는 길에 강도를 만났다고 말씀하십니다. 이어서 상당히 존경받는 두 명의 인물이 등장합니다. 제사장과 레위인입니다. 두 사람 모두 종교 지도자들이며 둘 다 유대인입니다. 고통받는 사람을 도울 것으로 예상되는 사람들입니다. 그러나 그 둘은 죽어 가는 사람을 버려두고 멀찌감치 돌아갔습니다.

Q 두 종교 지도자가 고난에 처한 사람을 그냥 지나친 이유가 무엇이라고 생각합니까?

Q 인정을 베풀지 않고 '피하여 지나가고' 싶을 때, 우리는 어떤 핑계를 대곤 합니까?

놀랍게도 부상당한 유대인을 보살피기 위해 멈춘 사람은 사마리아인이었습니다. 예수님 시대에 유대인들은 종교와 민족적 이유 때문에 사마리아인들을 경멸했습니다. 사마리아인이 그 이야기의 주인공이 되고, 민족과 문화의 경계를 넘는 장본인이 된다는 것은 당시에 물의를 빚을 만한 이야기였습니다. 이 이야기를 오늘날에 적용해 보면, 부상당한 한 그리

스도인이 있었는데 두 명의 그리스도인은 못 본 척 지나갔고, 이슬람교도 가 그를 보살펴 주었다는 것과 같습니다. 또 미국 노예 시대에 남부 중심가 에서 고통스러워하는 한 백인을 지나가던 흑인 노예가 보살펴 준 것과도 같습니다.

이 비유는 도전적으로 들리지만, 새로운 시각과 상상력을 열어 줍니 다. 그리고 많은 질문을 야기합니다. 왜 사람들은, 심지어 종교 지도자들까 지도 마땅히 베풀어야 할 긍휼을 베풀지 못하는가? 긍휼이란 무엇인가? 다른 사람들의 안녕을 위해 우리는 어떻게 긍휼을 베풀고, 얼마나 책임감 을 느껴야 하는가?

> **Leader**
우리는 예수님이 무엇 때문에 그냥 "이웃에게 긍휼을 베풀라"고 직설적으로 말 씀하지 않으시고, 하나의 이야기를 들려주셨는지도 물어야 합니다. 이야기에 진 리를 담아 전하시는 예수님의 방식은 호소력을 갖습니다. 비유는 진리를 직설적 으로 말하지 않고 보여 줌으로써 우리의 마음을 흔듭니다. 이 비유에서도 예수님 은 경계를 넘고 장애를 극복해 긍휼과 이웃 사랑을 실천해야 한다는 진리를 계시 하십니다.

Q 상처 입은 사람을 돕기 위해 사마리아인이 보여 준 희생적인 행동에서 무엇을 배울 수 있습니까?

Q 어떻게 하면 도움이 필요한 사람들에게 실제적인 긍휼을 베풀 수 있을까요?

3. 예수님께 받은 긍휼을 다른 사람들에게도 베풀어야 합니다
(눅 10:36~37)

> **Leader**
예수님은 선한 사마리아인 이야기를 들려주시고 나서 질문하셨습니다. 예수님 의 질문이 율법 교사의 처음 질문과 어떻게 다른지 살펴보십시오.

36 네 생각에는 이 세 사람 중에 누가 강도 만난 자의 이웃이 되겠느냐 37 이르되 자비를 베푼 자니이다 예수께서 이르시되 가서 너도 이와 같이 하라 하시니라

예수님이 질문을 어떻게 바꾸셨는지 눈치챘습니까? 율법 교사는 "내 이웃이 누구입니까?" 하고 물었는데, 이것은 "내가 누구를 내 이웃으로 보 아야 합니까?"라는 말과 같습니다. 예수님의 질문은 달랐습니다. 예수님의

> "우리는 믿는 자로서 이웃을 네 자신같이 사랑하라는 그리스도의 위대하신 명령을 지키며 살아갑니다. … 실제로 예수님은 평소 하시던 대로 이웃의 범주를 확대해 도움이 필요한 사람까지 포함시키셨습니다."[7]
> _브루스 애시퍼드 & 크리스 파팔라도

> **심화 주석** 예수님은 율법 교사의 "누가 내 이웃입니까?"(눅 10:29) 라는 질문에 '선한 사마리아인 비유' 로 답하셨습니다. 예상되는 대답은 '폭행당한 여행자'나 '도움이 필요한 사람'이었을 것입니다. 그런데 예수님 은 다른 질문을 하셨습니다. "이 세 사 람 중에 누가 강도 만난 자의 이웃이 되겠느냐"(36절). 이 질문을 통해 예 수님이 전달하고자 하신 것은 누가 이웃이고 이웃이 아니냐가 중요한 것 이 아니라, 내가 이웃으로 행동하느 냐 하지 않느냐가 더 중요하다는 것 입니다. 율법 교사가 알아야 할 것은 '이웃'에 대한 정의가 아니라, 이웃을 향한 사랑의 실천입니다. 그래서 예 수님은 '이웃'이라는 단어의 관점을 바꾸어, 이웃이란 사랑할 대상이 아 닌 사랑을 베풀어야 하는 주체임을 알려 주셨습니다. 우리는 사랑을 베 푸는 이웃이 되어야 합니다.[8]
> _타카테멘

초점은 "네가 누구에게 이웃이 되어 줄 수 있는가?"였습니다. 예수님은 '이웃'의 범주를 제한하지 않고, 그 한계를 확장하셨습니다.

예수님이 들려주신 이야기에 등장하는 사마리아인을 그다지 언급하고 싶지 않았던 것인지 율법 교사는 이렇게 간단히 대답했습니다. "자비를 베푼 자니이다." 예수님은 그에게 가서 그와 같이 하라고 말씀하셨습니다. 자비를 베푸는 사람이 되라는 뜻입니다. 그것은 소수의 이웃들에게 베풀어 '긍휼'의 양을 채우라는 뜻이 아닙니다. 도움이 필요한 사람들에게 자비를 베푸는 인격을 갖추라는 뜻입니다. 예수님의 이야기의 핵심은 의무를 완수한다는 자세로 행위 목록을 실행하지 말고, 진심에서 우러나는 변화를 가져야 한다는 것이었습니다.

> **Q** 자비를 베푸는 행동과 자비로운 사람이 되는 것의 차이는 무엇입니까?

몇 세기가 지난 뒤에야 성경 독자들은 선한 사마리아인의 이야기가 바로 예수님에 관한 알레고리임을 깨달았습니다.

> 예루살렘에서 여리고로 가는 것에는 영적인 의미가 있습니다. 율법이나 선지자는 영적으로 반쯤 죽은 상태로 길가에 누워 있는 자를 구원할 수 없습니다. 우리에게는 우리를 구하는 사마리아인이 되시는 예수님이 필요합니다. 이야기의 모든 요소는 알레고리적 해석이 가능한데, 심지어 주막은 교회로, 동전은 주의 만찬과 세례로 볼 수 있습니다.

그러나 이 비유를 알레고리로만 읽고 해석하면, 그 문학 형식과 맥락을 무시하는 셈이 됩니다. 누가는 예수님이야말로 우리에게 긍휼을 베풀기 위해 오셔서 막대한 대가를 치르신 분이라는 암시를 이 비유 속에 담았을 가능성이 높습니다. 예수님은 우리가 속수무책으로 쓰러져 있을 때, 우리의 안녕을 위한 대가를 치르시고 긍휼을 베풀어 주신 '위대한 사마리아인' 이셨습니다.

이것은 율법 교사가 배워야 할 교훈 중 하나였습니다. 그는 율법을 두 가지 주요 계명으로 요약하고 자기 이웃의 범주를 제한하면, 자기를 옳게 보일 수 있을 것으로 생각했습니다. 그러나 예수님은 비유를 들려주심으로써 그의 모든 생각을 부수셨습니다. 우리는 구원하시는 하나님의 긍휼과 자비를 신뢰해야 합니다. 그래야만 다른 사람들에게도 긍휼과 자비를 베풀 수 있습니다.

"가서 너도 이와 같이 하라"(눅 10:37).

> *"여기서 예수님이 제기하신 문제는 누가 우리 이웃인가를 정의 또는 제한하는 것이 아닙니다. … 사회가 외면하고 비난하는 사람들에게조차 이웃이 되어 주어야 한다는 것입니다."[9]*
> _스탠 거스리

Leader

이 비유의 끝에 다다르면, 예수님의 가르침이 주는 묵직함을 느낄 수 있습니다. 예수 그리스도의 죽음과 부활을 통해 하나님께 긍휼을 입은 그리스도인에게는 도움이 필요한 사람들에게 자비를 베풀며 이웃을 사랑해야 할 사명이 있습니다.

> 그리스도인이 구제 사역의 최전선에 서 왔던 이유가 바로 여기에 있습니다. 이러한 활동은 그저 할 일 목록에서 '완수'를 표시하기 위해 하는 일이 아닙니다. 도움을 필요로 하는 사람들에게 인애를 베풀 게 아니라, 우리 자신이 인애가 되어야 한다는 뜻입니다. 이 점이 바로 이 비유가 지향하는 가치입니다. 즉 우리는 누가 사랑받아 마땅한 이웃인지를 선별할 게 아니라, 사랑을 베푸는 이웃이 되어야 합니다. 하나님이 우리에게 긍휼을 베푸셨으므로 우리도 다른 사람들에게 긍휼을 베풀어야 합니다.

Q 긍휼을 베풀지 못한다면, 그리스도인이라고 할 수 있을까요?

Q 우리가 행하는 구제 사역은 우리에게 베푸신 하나님의 자비에 관한 믿음을 어떻게 뒷받침해 줍니까?

> *"하나님은 자신의 선하심으로 우리에게 자비를 베푸시고, 우리는 하나님의 선하심으로 서로에게 자비를 베풉니다. 하나님은 우리에게 긍휼을 베풀어 우리가 하나님을 온전히 기뻐하도록 하시며, 우리는 서로에게 긍휼을 베풀어 하나님을 온전히 기뻐합니다."[10]*
> _어거스틴

심화토론
• 우리가 그리스도를 드러내기 위해 사회에서 함께 할 수 있는 일은 무엇일까요?

결론

이 세션의 이야기는 우리로 하여금 질문하도록 돕습니다. 상상의 문을 열고, 생각의 틀을 바꾸게 하기에 사물을 다르게 바라볼 수 있게 됩니다. 지금까지 예수님의 이야기를 읽고, 예수님이 율법 교사의 질문을 어떻게 바꾸셨는지를 살펴봤습니다. 이제 자신의 삶과 마음에 관해 새로운 질문을 던질 차례입니다.

어떻게 하면 교회가 인류를 향한 하나님의 놀랍고도 지속적인 사랑을 드러내는 현장이 될 수 있을까요? 어떻게 하면 누구에게나 자비와 긍휼을 베푸시는 주님을 민족이나 문화적 배경에 상관없이 전할 수 있을까요? 어떻게 하면 자기 정당화를 하지 않고, 자기 의를 자랑하지 않으면서 이웃을 사랑할 수 있을까요? 어떻게 하면 '긍휼한 행동을 하는 사람'에서 '도움이 필요한 사람에게 넘치는 긍휼을 흘려보낼 수밖에 없는 사람'이 될 수 있을까요? 어떻게 하면 도움을 절실히 필요로 하는 사람을 그냥 지나쳐 버리고 핑계를 대는 사람이 되지 않을 수 있을까요?

'선한 사마리아인 비유'가 이 모든 질문에 답을 주는 것은 아닙니다.

그러나 예수님이 들려주신 이야기는 우리 마음과 정신에 불을 지피고 우리의 질문을 바꾸어 우리가 하나님께 받은 사랑을 다른 사람들에게 베풀며 살아가도록 부름받았다는 사실을 일깨워 줍니다.

그리스도와의 연결
예수님이 들려주신 선한 사마리아인 이야기는 당시 청중에게 충격적이었습니다. 그런데 이보다 더 놀라운 이야기는 하나님이 하나님의 원수로 있던 우리를 구원하시기 위하여 그 아들을 보내어 희생하셨다는 사실입니다. 죄와 허물로 죽은 우리는 마치 강도 맞아 죽게 된 유대인과 같은 자였습니다. 유대인에게 멸시를 받던 사마리아인이 강도 맞은 자를 구원한 것처럼, 우리에게 멸시를 받은 예수님이 우리를 구원하러 오신 것입니다. 이 비유의 사마리아인은 바로 예수님이 행하시는 선한 일을 나타내 보입니다.

하나님의 계획 우리의 사명
선교적 적용 하나님은 우리에게 도움이 필요한 사람들에게 긍휼을 베풂으로써 우리를 향한 하나님의 긍휼이 얼마나 아름다운지를 드러내라고 말씀하십니다.

1. 자신과 다른 부류의 사람을 대하는 방식과 관련해 선한 사마리아인 비유는 어떤 도전을 줍니까?

2. 교회/공동체는 어떻게 예수님의 이름으로 지역사회에 긍휼을 나타낼 수 있을까요?

3. 복음을 전할 수 있도록 다른 사람들의 이웃이 되어 자비를 베풀 기회를 주실 것을 하나님께 간구하는 기도문을 써 보십시오.

금주의 성경 읽기
합 1~3장;
욜 1~3장

Summary and Goal

이 세션에서는 예수님이 들려주신 잃어버린 두 아들을 사랑하는 아버지에 관한 비유를 배울 것입니다. 이 이야기에서 우리는 죄악 된 인간의 모습과 은혜가 충만하신 하나님의 모습을 보게 됩니다. 우리는 어떤 죄인이라도 품에 안아 주시는 하나님의 선하심을 기뻐하도록 부름받았음을 기억해야 합니다.

탕자
비유

4

- **성경 본문**
  누가복음 15:11~32

- **세션 포인트**
  1. 우리는 탕자처럼 하나님을 거역하며 하나님이 주신 좋은 선물을 탕진해 왔습니다(눅 15:11~19)
  2. 하나님은 탕자의 아버지처럼 회개하는 죄인들을 반기십니다(눅 15:20~24)
  3. 어떤 사람들은 맏아들처럼 하나님의 은혜에 분개하며 종교적 관습에만 집착합니다(눅 15:25~32)

- **신학적 주제**
  하나님은 죄인이 회개하고 하나님께 돌아오면 언제나 기뻐하십니다.

- **그리스도와의 연결**
  바리새인들과 서기관들은 예수님이 죄인들을 환영하고 그들과 식사를 했다며 비난했습니다. 그들의 비난에 예수님은 이야기로 응수하셨고, 하나님이 회개하고 돌아오는 죄인들을 기뻐하신다고 말씀하셨습니다. 잃어버린 사람들을 찾아 구원하시는 하나님은 구주 예수님이십니다. 예수님은 친히 막대한 희생을 치르시며 죄인을 찾아 구원하시는 사역을 성취하십니다.

- **선교적 적용**
  우리는 하나님이 다른 이들에게 베푸시는 은혜에 분개할 것이 아니라, 회개하고 돌이키는 죄인을 반겨 주시는 하나님 아버지를 송축해야 합니다.

Session Plan

도입

아버지와 작별하는 주인공이 등장하는 영화들을 언급해 주십시오. 그 이야기들이 그 세상에 대한 위대한 이야기의 단면을 어떻게 보여 주는지 설명해 주십시오.

잃어버렸다가 다시 찾은 사람에 관해 다루는 책이나 영화를 본 적이 있습니까?

이런 이야기들이 우리의 심금을 울리는 이유는 무엇일까요?

잃어버린 두 아들에 관해 다루는 이 세션의 내용을 요약해 주십시오.

전개

1
우리는 탕자처럼 하나님을 거역하며 하나님이 주신 좋은 선물을 탕진해 왔습니다
(눅 15:11~19)

부록 3: '하나님 나라 비유'를 참조해 누가복음 15장의 세 가지 비유의 맥락을 알려 주십시오. 그리고 나서 누가복음 15장 11~19절을 읽으십시오. 당시 문화에서 아버지가 돌아가시기 전에 아들이 유산을 미리 달라고 요구하는 것이 어떤 의미였는지 설명해 주십시오. 아버지가 작은아들에게(맏아들에게도) 유산을 상속해 준 것이 매우 이례적인 일이었음을 강조해 주십시오. 이 비유는 잃어버린 사람의 두 가지 유형을 보여 줍니다.

작은아들이 아버지에게 주장하던 것을 우리는 어떤 식으로 하나님께 주장하고 있습니까?

우리는 어떻게 하나님의 복에 따르는 책임은 무시하고 복만 누리고자 합니까?

작은아들이 재산을 탕진하고 죄에 빠지게 된 상황을 설명해 주십시오.

하나님이 주신 좋은 선물들 중에 오늘날 우리가 쉽게 낭비하는 것들은 무엇입니까?

하나님의 선물들을 낭비하면 노예 상태가 되는 이유는 무엇입니까?

2
하나님은 탕자의 아버지처럼 회개하는 죄인들을 반기십니다
(눅 15:20~24)

자원자에게 누가복음 15장 20~24절을 읽게 하십시오. 아버지는 속 썩이는 아들을 사랑하기를 결코 멈추지 않았고, 아들이 돌아오기만을 간절히 바라다가 그가 돌아오는 것을 보자 곧바로 그에게 달려갔음을 알려 주십시오. 조별로 학습자용 교재의 표에 실린 질문에 답하는 시간을 갖게 한 후 전체 모임에서 나누십시오.

예수님의 이야기에서 아버지가 아들을 어떻게 환대해 주었는지 살펴보십시오. 이야기 속 아버지의 모습은 인류를 향해 반갑게 달려오시는 하나님, 즉 그리스도 안에서 우리를 구원하시는 하나님의 모습입니다.

예수님의 이야기에서 아버지는 아들을 어떻게 환대해 주었나요?

하나님은 우리를 어떻게 대해 주시나요?

누가복음 15장 25~32절을 읽으십시오. 두 아들이 각기 다른 방식으로 아버지의 사랑을 받아들이지 못했음을 가르쳐 주십시오. 맏아들은 선한 행동으로, 작은아들은 나쁜 행동으로 아버지의 사랑과 담을 쌓았다는 것을 지적해 주십시오.

'선한 행동'이 어떻게 하나님과의 관계를 멀어지게 할 수 있을까요?

그리스도인으로서 자신의 삶은 종의 고된 삶에 가깝습니까, 아니면 잔칫상을 받은 아들의 삶에 가깝습니까? 그 이유는 무엇입니까?

왜 교회에 나가는 사람들이 맏아들이 저지른 죄를 짓기 쉬운지 설명해 주십시오. 예수님의 이야기를 아버지의 은혜로운 마지막 말로 마치면서, 이것을 하나님이 인류를 향해 베푸시는 은혜와 비교해 주십시오.

하나님을 향한 마음을 닫으면, 하나님의 용서를 발견하고 돌아오는 죄인들을 향한 마음까지 닫게 됩니다. 구체적으로 어떤 경우들이 있을 수 있을까요?

복음은 닫힌 마음을 어떻게 변화시킵니까?

.... **3**

어떤 사람들은 맏아들처럼 하나님의 은혜에 분개하며 종교적 관습에만 집착합니다
(눅 15:25~32)

결론

예수님이 청중에게 "집에 들어오지 않겠느냐?"라는 말씀으로 결단하게 하면서 비유를 마치셨음을 강조해 주십시오. 이 세션에서 배운 진리를 '하나님의 계획, 우리의 사명'에서 적용해 보십시오.

**Session
Content**

4. 탕자 비유

도입 옵션

조별로 아버지와 떨어진 자녀, 또는
자녀를 잃어버린 아버지의 이야기를
다루는 영화의 목록을 적게 하십시
오. 어느 조가 가장 긴 목록을 작성하
는지 경쟁해 승부를 정한 후 도입부
를 진행하십시오.

도입

> Leader

자녀를 잃었다가 다시 찾는 이야기, 열망하던 일을 성취하는 이야기,
유배되었다가 돌아오는 이야기들은 우리의 심금을 울립니다. 왜 그럴까
요? 이런 이야기들은 잃어버렸다가 되찾고 속박되었다가 자유로워지는 죄
인들의 이야기로서 세상살이의 위대한 여정을 반영하기 때문입니다.

- 〈피블의 모험〉(*An American Tail*)은 이민자로 가득한 배에 탄 '피블'이라는 이
  름의 생쥐가 폭풍이 몰아치던 날 배에서 휩쓸려나가 아버지를 찾아다니는 이
  야기입니다.
- 〈니모를 찾아서〉(*Finding Nemo*)는 '말린'이라는 이름의 물고기가 자신의 말을
  거역하고 바다로 나가 잠수부에게 잡혀간 아들 '니모'를 찾아다니는 이야기입
  니다.
- 〈애니〉(*Annie*)는 '애니'라는 고아가 부모를 찾고 싶어 하는 이야기입니다.
- 〈나 홀로 집에〉(*Home Alone*)는 가족이 사라졌으면 좋겠다고 생각했던 '케빈'
  이라는 소년이 가족과 떨어지자 후회하는 이야기입니다.
- 어른을 위한 영화 중에는 리암 니슨 주연의 〈테이큰〉(*Taken*)이 대표적인데, 여
  행을 갔다가 납치된 딸을 찾아다니는 아버지의 이야기입니다.

Q 잃어버렸다가 다시 찾은 사람에 관해 다루는 책이나 영화를 본 적이 있습니까?

Q 이런 이야기들이 우리의 심금을 울리는 이유는 무엇일까요?

Session Summary

이 세션에서는 예수님이 들려주신 잃어버린 두 아들을 사랑하는 아
버지에 관한 비유를 배울 것입니다. 이 이야기에서 우리는 죄악 된 인간의

모습과 은혜가 충만하신 하나님의 모습을 보게 됩니다. 우리는 어떤 죄인이라도 품에 안아 주시는 하나님의 선하심을 기뻐하도록 부름받았음을 기억해야 합니다.

전개

1. 우리는 탕자처럼 하나님을 거역하며 하나님이 주신 좋은 선물을 탕진해 왔습니다(눅 15:11~19)

> **Leader**

누가복음 15장에 등장하는 세 가지 비유, 즉 '잃어버린 양'과 '잃어버린 동전'과 '잃어버린 아들'에 관한 비유는 각각 이야기를 극적으로 드러내기에 적합한 상황에서 소개되었습니다. 종교 지도자들이 예수님이 악명 높은 죄인들을 영접하고 음식을 같이 먹는다며 수군거렸습니다. 그러자 예수님이 아무 설명 없이 이 세 가지 비유를 들려주셨는데, 특히 세 번째 이야기가 의미심장합니다. 이 이야기에서 예수님은 사랑하는 아버지이시며, 예수님께 대적하는 자들은 화난 맏아들이라고 할 수 있습니다. 이야기가 어떻게 시작되는지 살펴보십시오.

¹¹또 이르시되 어떤 사람에게 두 아들이 있는데 ¹²그 둘째가 아버지에게 말하되 아버지여 재산 중에서 내게 돌아올 분깃을 내게 주소서 하는지라 아버지가 그 살림을 각각 나눠 주었더니 ¹³그 후 며칠이 안 되어 둘째 아들이 재물을 다 모아 가지고 먼 나라에 가 거기서 허랑방탕하여 그 재산을 낭비하더니 ¹⁴다 없앤 후 그 나라에 크게 흉년이 들어 그가 비로소 궁핍한지라 ¹⁵가서 그 나라 백성 중 한 사람에게 붙여 사니 그가 그를 들로 보내어 돼지를 치게 하였는데 ¹⁶그가 돼지 먹는 쥐엄 열매로 배를 채우고자 하되 주는 자가 없는지라 ¹⁷이에 스스로 돌이켜 이르되 내 아버지에게는 양식이 풍족한 품꾼이 얼마나 많은가 나는 여기서 주려 죽는구나 ¹⁸내가 일어나 아버지께 가서 이르기를 아버지 내가 하늘과 아버지께 죄를 지었사오니 ¹⁹지금부터는 아버지의 아들이라 일컬음을 감당하지 못하겠나이다 나를 품꾼의 하나로 보소서 하리라 하고

예수님 당시 문화에서는 아버지가 죽으면 대개 그 아들들이 가족의 자산과 부동산을 포함하는 상당한 유산을 물려받았습니다. 그러나 예수님의 비유에서 작은아들은 유산을 너무 일찍 요구합니다. 오늘날로 치면,

"기다리시던 아버지가 기쁨의 잔치를 베푸십니다. 기다림 끝에 달려와 안아 주시고, 잔치를 베풀어 주시며 입을 맞춰 주시는 아버지는 바로 하나님이십니다. 이 비유는 하나님의 선하심과 은혜와 한량없는 자비와 넉넉한 사랑을 묘사합니다."[1]
_폴 존 이삭

심화주석 작은아들은 유산 상속을 받기 위해 아버지가 돌아가실 때까지 기다리고 싶지 않았습니다. 미혼이었던 것으로 보아, 아마도 십 대였을 것입니다. 작은아들의 몫은 형의 반 정도였거나, 부동산이라면 1/3정도밖에는 되지 않았을 것입니다(참조, 신 21:17). 아버지가 "각각 나눠" 주었다(눅 15:12)는 것은 아버지가 작은아들의 요청을 받고, 아들이 원하는 대로 지기 몫을 챙겨 가도록 허락했다는 뜻입니다. "재물을 다 모아 가지고"(13절)란 작은아들이 토지나 소를 포함해 받은 유산 모두를 현금으로 바꾸었다는 뜻입니다. 작은아들은 부주의하게 살면서 바보처럼 현금을 낭비했습니다. 작은아들은 "스스로 돌이켜"(17절) 자신이 이 땅에서의 아버지에게뿐 아니라 깊은 의미에서 "하늘"에, 즉 하나님께 죄를 지었음을 깨달았습니다.[2]
_웨인 그루뎀 & 토마스 R. 슈라이너
ESV Study Bible

"중동 문화권에서는 아버지가 살아 있을 때 아들이 유산 상속을 요구하는 것은 아버지가 죽기를 바란다는 뜻입니다."[3]
_케네스 E. 베일리

그는 일해야 했지만, 기근이 심해서 일거리를 찾기가 쉽지 않았습니다. 바로 이런 상황 때문에 탕자는 그곳에서 "그를 들로 보내어 돼지를 치게"(눅 15:15) 한 사람에게 빌붙어 살아야 했던 것입니다. 유대인에게 이보다 더 꺼림칙한 직업은 없을 것입니다. 랍비 문헌은 이렇게 기록합니다. "화로다, 돼지 치는 사람이여!"(Baba Kamma 82b). 돼지는 부정하므로(레 11:7), 유대인이 정상적인 상황에서 자발적으로 돼지를 치는 일은 없었습니다. 작은아들이 그런 일조차 마다하지 않은 것을 보면, 극심한 곤경에 처해 있었던 것이 분명합니다.[4]

레온 모리스

"누구든지 하나님의 말씀에서 멀어지면 주리게 되고, 보화를 캐지 않고 버려두면 궁핍하게 됩니다. 지혜를 멀리하면 어리석은 자가 되고, 덕을 떠나면 망하게 됩니다. 탕자는 지혜의 보고와 하나님의 지식을 버렸으니, 그가 궁핍해진 것은 당연합니다."[5]

암브로시우스

심화토론

• 방탕한 자녀가 업신여김을 받기 쉬운 이유는 무엇입니까?

• 왜 우리는 그들을 긍휼과 연민의 눈으로 바라봐야 할까요?

십 대 소년이 아버지의 얼굴에 침을 튀기며, "아버지가 죽어 버렸으면 좋겠어!" 하고 소리치는 것과도 같습니다. 아버지가 죽기 전에 유산을 요구한다는 것은 아버지가 죽기까지 기다릴 수 없다는 뜻입니다. 작은아들은 아버지와의 관계가 무너질지라도 아버지가 줄 수 있는 것을 당장 받기를 원했습니다.

더욱 놀라운 것은 아버지가 작은아들의 요구를 들어주었다는 사실입니다. 이 아버지는 두 아들 모두에게 유산을 미리 나누어 주었습니다(12절, "각각 나누어"). 이때 맏아들이 나서서 아버지와 작은아들 사이를 중재했더라면, 아버지는 공개적인 망신을 피할 수 있었을 것입니다. 그러나 맏아들은 가족 관계를 회복하려는 노력은 하지 않은 채, 조용히 자신의 이익만 챙겼습니다. 아버지의 명예를 지키고자 애쓰지도, 동생의 행동을 꾸짖지도 않았습니다. 유산을 챙긴 맏아들은 아무 일도 없었다는 듯 조용히 지냈습니다. 그는 침묵으로 묵묵부답했습니다.

예수님은 잃어버린 사람의 두 가지 유형을 묘사하셨습니다.

첫째 유형은 공개적으로 반항하는 사람으로 '대놓고' 죄짓는 작은아들입니다.

> **Leader** 작은아들의 요구는 인간 죄의 참담한 결과를 단적으로 보여 줍니다. "하나님, 우리에게 주실 수 있는 것은 다 주십시오. 그러나 저는 하나님을 원하지 않습니다!" 하나님이 우리에게 주신 선물들을 생각해 보십시오. 아름다운 피조물, 섭리하시는 사회 질서 등이 있습니다. 그러나 우리는 아버지와의 관계를 희생하면서까지 아버지의 재산만을 원했던 작은아들처럼 하나님의 법에 순종하지 않고 복만 누리고자 할 때가 종종 있습니다. 이는 하나님이 창조하신 세계를 누리면서 창조주를 무시하는 것과 같습니다.

둘째 유형은 죄인인지 아닌지 분간하기 어려운 맏아들입니다. 맏아들은 하나님과 가까운 것처럼 보이지만, 실제로는 먼 사람을 가리킵니다.

> **Leader** 이런 유형의 사람은 교회의 일원으로서 하나님의 축복을 바라면서도 자기 삶에서 하나님의 이름이 높여지거나 하나님을 영화롭게 하는 것에는 관심이 없습니다. 아버지나 형제에게는 관심이 없고, 오로지 자기 자신과 그 상황에서 얻을 것에만 관심이 있습니다.

Q 작은아들이 아버지에게 주장하던 것을 우리는 어떤 식으로 하나님께 주장하고 있습니까?

Q 우리는 어떻게 하나님의 복에 따르는 책임은 무시하고 복만 누리고자 합니까?

예수님의 극적인 비유는 작은아들이 새로 얻은 재산을 현금으로 바꾸는 것으로 이어집니다. 배은망덕한 짓을 한 탕자는 이후 먼 나라로 가서 부주의하게 생활하다가 모든 재산을 날렸습니다. 그는 자기 돈과 인생을 낭비한 결과 비참한 상황에 처하게 되었습니다. 예수님은 탕자가 자기 발로 나가서 스스로 먼 나라 백성의 일꾼이 되었다고 말씀하셨습니다.

> **Leader** 헬라어 원어로는 "자신을 그 나라 사람에게 붙였다" 또는 "넘겼다"라고 쓰였는데, 탕자의 절망을 드러내는 표현이라고 할 수 있습니다.

예수님은 유대 백성들로 하여금 탕자가 하나님을 알지 못하는 이방인들을 위해 일하게 된 상황을 은근히 깨닫게 하셨습니다. 예수님은 탕자가 들에서 돼지를 먹이는 일을 하게 되었다고 말씀하십니다. 작은아들은 이방인을 위해 일할 뿐 아니라, 동물 중에서도 유대인이 제일 더럽게 여기며 멸시하는 돼지를 먹이는 일까지 하게 된 것입니다. 탈무드는 "화로다, 돼지 치는 사람이여!"라고 말합니다. 예수님의 청중 가운데 유대인들은 작은아들이 지은 끔찍한 죄에 틀림없이 기겁했을 것입니다.

> **Leader** 대놓고 거역하는 죄는 허망한 것들의 노예가 될 때까지 인생을 낭비하게 합니다. 사람들은 술, 마약, 카지노, 섹스, 음악, TV, 음란물 등에 자신을 내어줍니다. 우리는 무엇인가에 또는 누군가에게 희망을 걸고 집착하지만, 그런 집착은 우리를 허망한 것들의 노예로 전락하게 할 뿐입니다.

Q 하나님이 주신 좋은 선물들 중에 오늘날 우리가 쉽게 낭비하는 것들은 무엇입니까?

Q 하나님의 선물들을 낭비하면 노예 상태가 되는 이유는 무엇입니까?

2. 하나님은 탕자의 아버지처럼 회개하는 죄인들을 반기십니다(눅 15:20~24)

> **Leader** 예수님 이야기의 압권은 탕자가 고향으로 돌아오는 장면입니다. 예수님은 아직 거리가 먼데도 아버지가 작은아들을 먼저 발견했다고 말씀하십니다. 아마도 그가 고향 마을에 도착해 큰길로 들어서려 할 때였을 것입니다. 마을 사람들이 모여 사는 곳으로 이어지는 큰길 말입니다. 아버지는 이제나저제나 작은아들이 돌아오기를 기다리며 그 길을 지켜봤을 것입니다.

심화주석 '탕자 비유'에서 아버지가 작은아들이 집에 도착할 때까지 기다릴 수가 없어 달려 나가는 대목은 당시 문화를 고려할 때 놀라운 부분입니다. 당시 보통 아버지들은 아들이 다가오기를 기다렸습니다. 그리고 아들이 존경심을 표현해야 비로소 반응하곤 했습니다.

하지만 이 이야기에서 아버지는 아들을 잃었다가 되찾은 기쁨에 차서 아들의 목을 끌어안고, 사랑의 입맞춤을 합니다. 그리고 아들이 용서를 구하기 시작하지만, 아버지는 그의 말을 다 듣기도 전에 부자 관계가 완전히 회복되었음을 선언합니다. 아들은 가족의 품으로 돌아와 마치 아무 일도 없었던 것처럼 모든 명예와 특권을 되돌려 받습니다. 아들은 가장 좋은 옷을 입고, 가문의 반지를 끼고, 신발을 신고, 성대하게 환영받습니다. 아버지는 잔치를 벌여 잃어버린 아들이 돌아왔음을 선포합니다.

죄인이 하나님께 돌아올 때, 하나님이 이렇게 기뻐하십니다(참조, 눅 15:7, 10).[6]

_대럴 L. 보크

"마음속 은밀한 생각을 들으신 분이 달려오십니다. 아무리 멀리 떨어져 있어도 그분이 보시고 달려오십니다. 그분은 우리 마음을 보고 계십니다. 누군가 가로막을지라도 그분은 달려와 우리를 품에 안아 주십니다. 미리 알고 달려오시며, 자비로 품에 안으시고, 아버지의 사랑을 나누어 주십니다."[7]

_암브로시우스

심화주석

'회개'로 번역되는 헬라어 동사 '메타노에오'와 명사 '메타노이아'는 마음의 변화를 의미합니다. '메타'는 '이후' 또는 '변화'를 뜻하며, '누스'는 '마음'을 뜻합니다. 회개는 생각의 지적 변화뿐 아니라 생각하는 방식과 믿음의 태도가 근본적으로 달라져 삶의 방향이 바뀌는 것을 의미합니다. '믿다'라는 뜻의 동사 '피스튜오'는 '메타노에오'보다 더 자주 쓰이는데, 두 동사는 모두 구원의 기초 개념을 나타냅니다(눅 15:7, 10; 마 4:17; 요 3:16). 이런 이유로 '회개하다'와 '믿다'가 동전의 양면과도 같이 이해됩니다. '회개하다'는 죄와 불신앙에 매인 상태에서 돌이킨다는 뜻이며, '믿다'는 자기 신뢰를 그리스도께 둔다는 뜻입니다. 따라서 둘 중 하나를 언급하면 다른 하나가 연상됩니다.[8]

A. 보이드 루터
HCSB Study Bible

핵심교리 99 | **68. 회개**

회개는 하나님의 은혜로운 구원의 부르심에 대한 응답입니다. 자기 죄에 대한 진정한 슬픔(눅 5:1~11), 자기 죄에서 돌이켜 그리스도께로 나아가는 것(행 26:15~20), 지속적인 변화와 변혁을 이루는 삶(시 119:57~60)을 수반합니다. 하나님의 중생 사역에 대응되는 인간 행위, 즉 사람 편에서 일어난 회심입니다.

²⁰이에 일어나서 아버지께로 돌아가니라 아직도 거리가 먼데 아버지가 그를 보고 측은히 여겨 달려가 목을 안고 입을 맞추니 ²¹아들이 이르되 아버지 내가 하늘과 아버지께 죄를 지었사오니 지금부터는 아버지의 아들이라 일컬음을 감당하지 못하겠나이다 하나 ²²아버지는 종들에게 이르되 제일 좋은 옷을 내어다가 입히고 손에 가락지를 끼우고 발에 신을 신기라 ²³그리고 살진 송아지를 끌어다가 잡으라 우리가 먹고 즐기자 ²⁴이 내 아들은 죽었다가 다시 살아났으며 내가 잃었다가 다시 얻었노라 하니 그들이 즐거워하더라

> **Leader**

작은아들은 가족의 이름과 명예를 공개적으로 실추시키고, 값진 유산을 팔아 현금으로 바꾸어 마을을 떠났습니다. 아들은 모든 재산을 낭비하고, 급기야 이교도에게 붙어살다가 돼지 여물이라도 먹을 수 있기를 간절히 바라는 신세가 되었습니다.

작은아들의 어리석은 선택에도 불구하고 아버지는 아들을 향한 사랑을 멈추지 않았습니다. 아들과의 관계가 회복되기만을 소망했습니다. 아들과 다시 이야기를 나누고, 함께 웃고, 함께 시간을 보내기를 꿈꾸었습니다. 작은아들을 다시 보고 싶은 열망으로 아버지는 마을 어귀로 나가고 또 나가 그가 집으로 돌아오지 않을까 기대하며 지켜봤습니다.

> **Leader**

예수님은 마을 어귀에 있던 아버지가 마침내 아들을 발견하고는 예복을 꺼내 들고 그에게 달려갔다고 말씀하셨습니다. 중동 문화권에서는 달리는 것을 부끄러운 일로 여겼습니다. 존경받을 만한 사람이 옷을 걷어 올린 채 달려가는 모습은 오늘날로 치면 이웃들이 지켜보고 있는데 속옷만 입고 달려가는 모습과 같습니다.

점잖은 어른이라면 많은 사람이 보는 앞에서 절대로 껑충거리며 뛰어가서는 안 되었습니다. 그러나 아버지는 다른 사람들이 아들을 보면 그를 때리거나 내쫓거나 가문의 수치라며 공개적으로 비난하리라는 것을 알았습니다. 당시 유대 사회는 그런 망나니 같은 아들을 몹시 싫어했기 때문입니다. 그런 사회에서 점잖은 양반이 사람들이 보는 앞에서 거리 한복판을 허둥지둥 달려갔습니다.

이 이야기에서 아버지가 보인 행동의 특징을 나열해 보십시오.

이 특징들은 어떤 면에서 하나님의 성품을 나타낼까요?	어떻게 하면 이 특징들이 우리의 성품이 될 수 있을까요?

"여기 이 사람은 하나님께 어떠한 주장도 하지 않습니다. 이 사람은 하나님께 붙잡혀 하나님으로 인해 놀랄 수밖에 없습니다. 잃어버린 자를 찾으시는 하나님의 신비한 사랑은 놀랍고 은혜롭습니다. 한 사람이 회개하고 돌아오면 하늘이 기뻐합니다."[9]
_헬무트 틸리케

"기독교의 복음이 우리를 불러 동생의 방탕한 삶에서 벗어나게 함은 누구나 아는 바입니다. 그러나 기독교의 복음이 형의 도덕주의도 단죄한다는 사실을 아는 사람은 별로 없습니다."[10]
_팀 켈러

작은아들은 아버지의 무조건적 사랑에 놀라 준비해 온 말을 꺼내다가 더 이상 말을 잇지 못했습니다. 아들은 하나님과 아버지께 죄를 지었음을 알고, 이제 자신은 아들이라 불릴 자격도 없음을 거듭 인정했습니다.

아들은 가족의 일원이 될 자격도, 가족의 사랑을 받을 자격도 없음을 알았습니다. 자신이 지은 죄의 무게와 깊이를 느꼈고, 그동안 자신 때문에 아버지가 당했을 수치와 고통을 짐작할 수 있었습니다. 아들은 뼈저리게 뉘우쳤습니다. 아들은 자신을 종으로 부려 달라는 말을 차마 할 수 없었습니다. 그는 자신의 문제가 단지 돈 문제만은 아니었음을 깨달았습니다. 진짜 문제는 깨어진 관계였는데, 아버지의 한량없는 사랑 덕분에 이제 그 관계가 회복된 것입니다. 아버지는 그를 불량배나 믿음이 없는 자나 종이 아닌 아들로 받아주었습니다.

예수님의 비유에서 아버지는 아들을 단순히 받아주기만 한 것이 아닙니다. 마을 전체가 이 극적인 장면을 지켜보는 가운데, 아버지는 옷과 신발과 가락지를 가져오게 했습니다.

> 아들은 돼지를 치다 왔으니 분명히 더럽고 고약한 냄새가 났을 것입니다. 아버지는 아들이 험한 꼴로 큰길을 걷게 하고 싶지 않았습니다. 아버지는 자신의 아들임을 인증하는 가락지와 제일 좋은 옷을 가져오게 하여 아들이 수치를 당하지 않게 해 주었습니다. 아버지는 수치를 무릅쓰고 거리 한복판을 달려가 아들을 차려 입힘으로써 그의 명예를 지켜 주었습니다.
하나님의 마음을 보십시오. 아버지는 현관을 서성이며 이제나저제나 집 나간 아들이 돌아오기만을 기다리다가 마침내 아들이 보이자 마을에서 당할 수치를 무

Leader

'탕자 비유'는 기쁨과 축하로 끝나리라는 기대를 저버리고, 맏아들에게 눈길을 돌리게 합니다. 아버지의 긍정적 태도와 달리, 맏아들은 (1) 죄지은 동생이 돌아온 것에 놀랐고, (2) 아버지가 동생을 반기자 화를 내며 질투했고, (3) 아버지의 용서하는 사랑을 노여워하면서, (4) 자기가 의롭다고 스스로 선언했고, (5) 동생이 회개하고 새사람이 되었음에도 불구하고 그의 죄에만 연연했습니다. 예수님은 맏아들처럼 스스로 의롭게 여기는 종교 지도자들을 신랄하게 비판하셨던 것입니다. … 종교 지도자들에 대한 비판은 계속됩니다. 그들은 (1) 하나님과 친밀한 관계에 들어갈 기회도, (2) 하나님의 자비로우신 은혜도, (3) 죄인을 구원하시는 하나님의 기쁨도, (4) 회개로 인한 심오한 변화도 이해하지 못했습니다. 무엇보다도 중요한 것은 죄인도 가족이라는 사실이 "이 네 동생"(눅 15:32)이란 말에 담겨 있다는 사실입니다. 종교 지도자들은 이 이야기의 맏아들처럼 자신들의 유대인 형제를 '죄인'으로 여기고, 그들을 용납하지 않았습니다.[11]

_A. 보이드 루터
HCSB Study Bible_

롭쓰고 달려갔습니다.

이제 예수님을 보십시오. 세상의 왕께서 이스라엘의 수치와 온 세상의 악을 양어깨에 메고 십자가에 못 박히셨습니다. 인류의 증오와 하나님의 진노를 스스로 지고 우리가 당해야 할 수치와 고통을 당하셨습니다.

이것이 바로 구원입니다. 예수님은 양팔을 벌린 채로 인류를 향해 달려와 우리를 끌어안으실 뿐만 아니라, 우리 죄를 대신해 못 박히기까지 하셨습니다.

Q 예수님의 이야기에서 아버지는 아들을 어떻게 환대해 주었나요?

Q 하나님은 우리를 어떻게 대해 주시나요?

3. 어떤 사람들은 맏아들처럼 하나님의 은혜에 분개하며 종교적 관습에만 집착합니다(눅 15:25~32)

> 이제 예수님은 비유의 시작부터 지금까지 전혀 언급하지 않았던 맏아들에게로 시선을 돌리십니다.

^{25}맏아들은 밭에 있다가 돌아와 집에 가까이 왔을 때에 풍악과 춤추는 소리를 듣고 ^{26}한 종을 불러 이 무슨 일인가 물은대 ^{27}대답하되 당신의 동생이 돌아왔으매 당신의 아버지가 건강한 그를 다시 맞아들이게 됨으로 인하여 살진 송아지를 잡았나이다 하니 ^{28}그가 노하여 들어가고자 하지 아니하거늘 아버지가 나와서 권한대 ^{29}아버지께 대답하여 이르되 내가 여러 해 아버지를 섬겨 명을 어김이 없거늘 내게는 염소 새끼라도 주어 나와 내 벗으로 즐기게 하신 일이 없더니 ^{30}아버지의 살림을 창녀들과 함께 삼켜 버린 이 아들이 돌아오매 이를 위하여 살진 송아지를 잡으셨나이다 ^{31}아버지가 이르되 얘 너는 항상 나와 함께 있으니 내 것이 다 네 것이로되 ^{32}이 네 동생은 죽었다가 살아났으며 내가 잃었다가 얻었기로 우리가 즐거워하고 기뻐하는 것이 마땅하다 하니라

예수님은 맏아들이 집에 돌아온 탕자 동생을 위해 잔치가 열린 것을 알게 된 장면을 묘사하셨습니다. 이런 경우 당시 문화에서는 맏아들이 지체 없이 집으로 달려가 잔치에 합류하는 것이 상례였습니다. 그러나 그는 그것을 참석할 가치가 없는 잔치로 여겼기 때문에 집 밖에서 아버지의 불

공평한 행동에 불평하고 있었습니다. 그러자 아버지가 나와 거만하고 오만한 맏아들에게 집에 들어와 동생의 귀환을 축하하자고 설득했습니다.

> 앞서 우리는 아버지가 남루한 차림의 탕자가 마을 어귀에 들어서는 것을 보고 달려간 장면을 봤습니다. 이번에도 아버지는 거만하고 오만한 맏아들에게 먼저 다가가 집에 들어와 동생의 귀환을 축하하자고 설득합니다. 아버지는 손님들을 뒤로하고 다시 한 번 당혹스러울 수 있을 만한 행동을 합니다. 모두가 지켜보는 가운데 부자 관계가 무너졌음을 적나라하게 보여 주고 있는 맏아들에게 다가가 설득하기 시작한 것입니다. 맏아들은 자기 행동이 아버지에게 수치가 되리라는 것을 알면서도 조심하지 않았습니다. 그는 탕자인 동생 못지않게 아버지를 거역했습니다.

Leader

두 아들은 각기 다른 방식으로 아버지의 사랑을 받아들이지 못했습니다. 맏아들은 선한 행동으로, 작은아들은 나쁜 행동으로 아버지의 사랑과 담을 쌓았습니다. 형은 집안에서 자신의 권리를 주장하기 위해 마지못해 행동했을 뿐 진정한 가족이 되지는 못했던 것입니다. 또한 아버지를 잘 모신다고 하면서도 정작 아버지의 마음과는 동떨어진 채 살았던 것입니다. 아버지를 거역했던 작은아들은 회개하고 돌아와 잔칫상을 받았지만, '그토록 착했던' 형은 투덜거리며 밖에 서 있었습니다.

Q '선한 행동'이 어떻게 하나님과의 관계를 멀어지게 할 수 있을까요?

Q 그리스도인으로서 자신의 삶은 종의 고된 삶에 가깝습니까, 아니면 잔칫상을 받은 아들의 삶에 가깝습니까? 그 이유는 무엇입니까?

> 예수님의 비유는 죄의 두 가지 유형을 묘사합니다. 작은아들처럼 대놓고 거역하는 죄와 큰아들처럼 속에서 곪아 있는 죄입니다. 은혜로운 아버지는 두 아들을 모두 사랑으로 존중해 주었습니다. 그러나 울며 회개하고 아버지의 품에 안긴 작은아들과 달리 맏아들은 투덜대며 불평했습니다. 아버지를 잘 모시고 있다고 자부한 맏아들의 교만은 그가 실은 아버지를 복종해야 할 상전쯤으로만 여겨 왔다는 사실과 자신이 부당하게 대우받고 있다고 여기고 있음을 드러내 주었습니다. 맏아들은 작은아들을 '동생'으로 부르지도 않았습니다. 대신 아버지의 다른 아들이라고 불렀습니다. 작은아들이 아버지의 진정한 아들이 되기 위해 회개할 필요가 있었다면, 맏아들은 동생을 동생으로 용납하기 위해 회개할 필요가 있었습니다.

Leader

교인들 가운데 어떤 이들은 범죄자들이 교회에 와서 하나님의 가족이 되는 것을 보고, 악한 과거를 지닌 죄인을 절대로 형제자매로 부를 수 없다며 멸시합니다. 그러나 그들은 자기 삶과 관계들을 점검해 봐야 합니다. 하나님이 인정하셨는데, 어떻게 그들을 형제자매로 인정하지 않는단 말입니까?

예수님은 자비로운 아버지가 맏아들의 불평에 답하는 것으로 비유를 마무리하십니다. 아버지의 마지막 말을 들어보십시오. 맏아들은 '아버지'라는 존칭도 사용하지 않고 화를 내며 대들었지만, 아버지는 그를 "아들아" 하고 자상하게 불렀습니다(31절, 헬라어 원어 성경에는 '테크논' 곧 '아들'로 언급되어 있습니다 - 역주). 그에게 부자 관계를 상기시킨 것입니다. 아버지는 아들이 안으로 들어와 가족이 하나 되기를 진심으로 바랐습니다.

아버지는 소유나 성과나 순종의 문제에서 초점을 돌렸습니다. 아버지는 관계의 회복을 원했습니다. "너는 항상 나와 함께 있지 않느냐"(31절) 맏아들의 성실함이나 작은아들의 무모한 삶이 문제가 아니었습니다. 작은아들에게 스포트라이트가 비치는 것은 그가 했던 일 때문이 아니라 부자지간에 관계가 회복되었기 때문입니다.

아버지가 맏아들을 대하는 태도는 은혜로운 하나님의 전형적인 모습입니다. 하나님은 어디서나 누구나 회개하고 돌아오라고 부르십니다. 우리가 회개하면, 하나님은 우리를 보시며 "아들아!" 하고 불러주십니다. 그러니 우리는 예수님을 우리 주요 구주로 고백함으로써 하나님을 아버지로 모셔야 합니다.

Ⓠ 하나님을 향한 마음을 닫으면, 하나님의 용서를 발견하고 돌아오는 죄인들을 향한 마음까지 닫게 됩니다. 구체적으로 어떤 경우들이 있을 수 있을까요?

Ⓠ 복음은 닫힌 마음을 어떻게 변화시킵니까?

결론

　　예수님은 청중이 이야기의 결론(또는 해결책)을 손꼽아 기다리도록 만드시고는 비유를 마치셨습니다. 맏아들은 안으로 들어가 집안 잔치에 참여했을까요? 답은 우리들의 몫입니다. 우리 역시 이 이야기의 마지막 단계를 몸소 실천해 보라고 초대받은 셈입니다. 하나님의 집으로 들어가 하나님의 가족이 되겠습니까? 아니면 밖에 머물며 겉으로는 하나님과 가까워 보이지만 실은 하나님의 마음에서 멀어진 채로 살겠습니까? 아버지와 진정한 관계를 맺으려는 노력은 하지 않으면서 열심히 일만 하겠습니까? 집 안으로 들어와 잔치의 주인공이 되지 않겠습니까? 이 이야기의 대단원은 우리 손에 달려 있습니다.

그리스도와의 연결

바리새인들과 서기관들은 예수님이 죄인들을 환영하고 그들과 식사를 했다며 비난했습니다. 그들의 비난에 예수님은 이야기로 응수하셨고, 하나님이 회개하고 돌아오는 죄인들을 기뻐하신다고 말씀하셨습니다. 잃어버린 사람들을 찾아 구원하시는 하나님은 구주 예수님이십니다. 예수님은 친히 막대한 희생을 치르시며 죄인을 찾아 구원하시는 사역을 성취하십니다.

하나님의 계획 우리의 사명

선교적 적용 우리는 하나님이 다른 이들에게 베푸시는 은혜에 분개할 것이 아니라, 회개하고 돌이키는 죄인을 반겨 주시는 하나님 아버지를 송축해야 합니다.

1. 죄에 빠졌을 때, 하나님 아버지께 나아가 용서를 구하는 데 탕자 비유는 어떤 도움을 줍니까?

2. 죄인이 회개하고 믿음으로 예수님께 돌아올 때, 교회/공동체는 하나님 아버지와 함께 어떻게 축하해 줄 수 있을까요?

3. 죄인들이 하나님께 돌아오는 데 방해가 되는 불필요한 장벽을 없애기 위해 우리가 할 수 있는 일은 무엇일까요?

Summary and Goal

이 세션에서는 바리새인과 세리에 관한 예수님의 비유를 공부하며, 스스로 의롭게 여기는 것의 위험과 긍휼히 여김 받아야 할 필요와 믿음으로 의롭게 된다는 것이 무엇인지 배우게 될 것입니다. 하나님은 우리를 부르셔서 우리의 죄성을 일깨우시고, 우리에게 하나님의 긍휼이 필요함을 알려 주시고, 자기 자신을 믿는 사람들을 향해 겸손히 은혜의 복음을 선포하라고 말씀하십니다.

바리새인과 세리 비유

- **성경 본문**
  누가복음 18:9~14

- **세션 포인트**
  1. 자신을 의롭게 여기면, 다른 사람을 멸시하게 됩니다(눅 18:9)
  2. 자신을 의롭게 여기면, 감사의 말로 자기 의를 포장하기도 합니다
     (눅 18:10~12)
  3. 자비를 구하는 겸손한 탄원은 하나님의 은혜를 받았다는 표시입니다
     (눅 18:13~14)

- **신학적 주제**
  하나님은 겸손한 자를 높이시고, 높아진 자를 낮추십니다.

- **그리스도와의 연결**
  세리의 눈물은 죄인에게서 하나님의 진노를 거두어 달라는 간청이었습니다. 예수님이 우리를 대신해 죽으심으로써 우리가 받아야 할 하나님의 진노를 거두어 가셨습니다. 그리스도께서 우리를 대신해 하나님의 진노를 거두어가셨으므로 우리도 세리처럼 하나님께 진노를 거두시고 긍휼을 베풀어 달라고 간구할 수 있으며, 또한 믿을 수 있습니다.

- **선교적 적용**
  하나님은 우리에게 다른 사람들을 낮추어 보지 말고, 구원하시는 하나님을 바라보라고 말씀하십니다. 그래야 자기를 의롭게 여기는 자들이 겸손과 은혜를 배우게 될 것입니다.

Session Plan

도입

좋은 교사가 되기 위한 조건들에 관해 토론하는 것으로 시작하십시오. 막연한 지식이 아닌 실질적인 이해를 얻을 수 있을 것입니다.

학창 시절 최고의 선생님과 최악의 선생님은 누구였습니까? 두 선생님에게는 어떤 차이점이 있습니까?

전개

1

자신을 의롭게 여기면, 다른 사람을 멸시하게 됩니다
(눅 18:9)

누가복음 18장 9절을 읽으십시오. 예수님의 비유는 두 가지를 행한 사람들에게 맞추어져 있음을 지적해 주십시오. 첫째, 그들은 자신을 의롭다고 믿었습니다. 둘째, 그들은 다른 사람들을 멸시했습니다. 두 요소가 서로 어떻게 연관되는지 설명해 주십시오.

스스로 의롭게 여길 때, 나타나는 특징은 무엇입니까?

자기 죄를 인식하지 못하면, 스스로 의롭게 여기는 태도를 반복하게 된다는 사실을 알려 주십시오.

어떤 사람이 다른 사람들을 낮추어 본다는 것을 알 수 있는 표시는 무엇입니까?

당신은 언제 그런 덫에 빠지게 됩니까?

2

자신을 의롭게 여기면, 감사의 말로 자기 의를 포장하기도 합니다
(눅 18:10~12)

자원자에게 누가복음 18장 10~12절을 읽게 하십시오. 바리새인의 행동과 말에서 스스로 의롭게 여기고 있음을 보여 주는 단서가 무엇인지 가르쳐 주십시오.

그때 누군가가 바리새인이 스스로 의롭게 여기고 있다고 지적했다면, 그는 어떤 반응을 보였을까요?

우리는 어떤 식으로 자신도 모르게 스스로 의롭게 여길까요?

인간은 자기 자신의 죄보다 남들의 죄를 더 심하게 정죄하면서, 자신을 의롭게 여기는 덫에 빠지기 쉽다는 사실을 지적해 주십시오.

자기 자신을 판단할 때보다 다른 사람을 판단할 때 더 모질어지기 쉬운 이유는 무엇일까요?

자원자에게 누가복음 18장 13~14절을 읽게 하십시오. 조별로 바리새인과 세리를 비교하게 하고, 학습자용 교재의 표에 그 차이점들을 쓰게 하십시오. 그리고 나서 어떤 이야기를 나누었는지 전체 모임에서 발표하게 하고, 필요하면 인도자용 교재의 표에서 부족한 부분을 보충해 설명해 주십시오. 세리가 얼마나 양심의 가책을 받으며 자기 가슴을 쳤는지에 주목하게 해 주십시오.

바리새인과 세리의 각기 다른 기도는 그들의 태도에 관해 무엇을 말해 줍니까?

세리의 기도는 바리새인의 기도와 어떻게 다른가에 주목하게 해 주십시오. 그리고 나서 예수님의 비유에 담긴 충격적인 내용을 설명해 주십시오. 이것을 오직 믿음으로만 의롭게 된다는 놀라운 진리와 연결해 말해 주십시오. (부록 3: '하나님 나라 비유'를 참고해 하나님 나라와 연합한 사람들은 하나님 앞에서 겸손을 보이는 특징이 있음을 말해 주십시오.)

은혜가 필요함을 아는 사람들에게는 어떤 표시가 나타납니까?

그것은 자신을 믿는 사람들에게서 나는 표시와 어떻게 다릅니까?

3

자비를 구하는 겸손한 탄원은 하나님의 은혜를 받았다는 표시입니다

(눅 18:13~14)

결론

이 비유는 '교만'과 '겸손', '행위로 말미암는 의'와 '믿음으로 말미암는 의'를 서로 대조시킨다는 사실을 강조하면서 마무리해 주십시오. 교회들마다 은혜가 두드러져서 바리새인들이 부끄러움을 당하고 세리들이 환영받기를 소망하게 해 주십시오. 이 세션에서 배운 진리를 '하나님의 계획, 우리의 사명'에서 적용해 보십시오.

5. 바리새인과 세리 비유

> "선한 행동과 영적인 언어는 악에 잠식된 인간의 마음을 치유할 수 없습니다. 오직 은혜만이 마음을 치유할 수 있습니다."[1]
> _프레스턴 스프링클

도입

> Leader

양질의 교육에 관한 질문을 받을 때마다, 저는 두 선생님이 떠오릅니다. 한 분은 끔찍했고, 한 분은 멋졌습니다. 끔찍한 선생님은 자기 머리에서 우리 머리로, 교과서의 지식을 그대로 옮기는 데 집중했습니다. 주입식 교육으로 기계적인 답을 하도록 가르쳤습니다. 문제를 제대로 이해하지 못했어도 정답만 쓰면 좋은 성적을 거둘 수 있었습니다.

반면에 멋진 선생님은 문제를 제대로 이해하게 하는 데 집중했습니다. 많은 예를 들어 주었으며, 자기 생각을 실험해 보도록 격려해 주었습니다. 좋은 선생님도 싫은 선생님 못지않게 많은 지식을 전달해 주었습니다. 그러나 두 선생님은 우리가 진리를 피상적으로 파악하지 않고 깊이 이해하도록 하는 데 얼마나 노력했는가 하는 점에서 큰 차이를 보였습니다.

훌륭한 교사는 지식을 전달하는 것 이상의 역할을 합니다. 학생들에게 논의되는 내용을 제대로 이해시키려고 노력합니다. 그래서 많은 예를 들어 주고, 그림을 그려 보여 줍니다. 어떻게 해서든 확실하게 이해시키려고 하는 것입니다. 이를 통해 학생은 시험 문제의 답을 단순히 외우는 것이 아니라, 개념을 제대로 파악하게 됩니다.

Q 학창 시절 최고의 선생님과 최악의 선생님은 누구였습니까? 두 선생님에게는 어떤 차이점이 있습니까?

기독교의 교리 가운데 하나는 "오직 믿음으로 말미암는 의"입니다. 이것은 자신의 노력이 아닌 그리스도와 그분의 사역을 믿음으로써 하나님 앞에서 의롭다고 선포된다는 가르침입니다. 이 교리는 믿음에 필수적입니다.

예수님은 '이신칭의'(Justification by faith)의 교리를 가르쳐 주셨습니다. 예수님은 이 교리를 유비적 방식으로 몸소 실천해 보이심으로써 가르치셨습니다. 교리의 핵심 진리를 이야기로 묘사하신 것입니다.

Session Summary

이 세션에서는 바리새인과 세리에 관한 예수님의 비유를 공부하며, 스스로 의롭게 여기는 것의 위험과 긍휼히 여김 받아야 할 필요와 믿음으로 의롭게 된다는 것이 무엇인지 배우게 될 것입니다. 하나님은 우리를 부르셔서 우리의 죄성을 일깨우시고, 우리에게 하나님의 긍휼이 필요함을 알려 주시고, 자기 자신을 믿는 사람들을 향해 겸손히 은혜의 복음을 선포하라고 말씀하십니다.

> 핵심교리
> **99**
> **72. 이신칭의**
>
> '칭의'란 하나님이 그리스도의 율법 순종을 통한 공로와 죄인을 위한 내 리속죄의 구속적인 죽음이 가져온 의에 기초하여 죄인을 의로운 자로 인정하시는 객관적인 선포를 말합니다(롬 8:33 34). 이러한 선포는 인간의 행위나 노력의 결과가 아니라 그리스도를 믿는 믿음을 통해 일어납니다(엡 2:8-9). 우리는 칭의를 통해 하나님 앞에 바로 서게 되며, 이전에 멀어지고 적대적이었던 관계에서 벗어나 하나님의 권속으로 들어가게 됩니다.

전개

1. 자신을 의롭게 여기면, 다른 사람을 멸시하게 됩니다(눅 18:9)

> **Leader**
>
> 지금까지 우리는 예수님이 무언가를 강조하고자 하실 때, 특정 상황 속의 이야기를 들려주시는 것을 보았습니다.
> - 베드로가 형제를 몇 번이나 용서해야 하는지 질문하자, 예수님은 '무자비한 종 비유'를 들려주셨습니다.
> - 율법 교사가 "누가 내 이웃입니까?" 하고 질문하자, 예수님은 '선한 사마리아인 비유'를 들려주셨습니다.
> - 종교 지도자들이 예수님이 회개한 죄인들을 식탁에 초대한다고 비난하자, 예수님은 '탕자 비유'를 들려주셨습니다.
>
> 예수님은 청중의 마음을 겨냥해 이야기를 들려주셨습니다. 이 세션의 비유 역시 지금까지 우리가 살펴본 다른 비유들과 유사합니다. 예수님은 영적 필요에 관해 설명하고자 이 이야기를 들려주셨습니다.
>
> 예수님의 이야기로 들어가기 전에 누가가 뭐라고 하는지부터 살펴보십시오.

⁹또 자기를 의롭다고 믿고 다른 사람을 멸시하는 자들에게 이 비유로 말씀하시되

누가는 종종 예수님의 비
유가 누구를 겨냥하는지 그
대상에 관한 정보를 적어 놓곤 했습
니다(눅 18:1; 19:11). '바리새인과 세리
비유'가 겨냥하는 사람들은 자신을
의롭다고 생각했습니다. 9절에서 '믿
고'라고 번역된 헬라어 완료분사 '페
포이토타스'는 자신만만한 상태로 어
긋난 사람들을 생각나게 합니다
(눅 11:22; 고후 1:9). 그들은 스스로
무언가를 잘하여 하나님이 받아주
신 거라고 자만합니다. 이 비유에는
바리새인이 나오지만, 도입부는 그와
같은 태도를 가진 다른 사람에게도
이 비유가 확대 적용될 수 있음을 시
사합니다. …
여기서 예수님은 모든 바리새인이 아
닌 그들 중 자신의 공로를 믿는 자들
을 겨냥해서 말씀하신 것입니다(예
컨대, 바리새인 니고데모는 신약
에서 긍정적으로 비칩니다). … 이런
교만은 사람들을 멸시하는('엑수테
네오', 참조, 눅 23:11; 행 4:11; 롬 14:3,
10) 바리새인 같은 태도입니다. 이처
럼 거들먹거리며 우쭐대는 태도로는
다른 사람들을 섬기기 어렵습니다.
다른 사람들에 대한 교만과 멸시는
같은 속성을 가진 한 세트일 수 있는
데, 예수님은 그런 태도를 꾸짖으십
니다.[2]

_대럴 L. 보크

여기서 청중은 누구일까요? 예수님은 다음 두 가지를 행한 사람들을 겨냥해서 말씀하셨습니다. 그들은 첫째, 자기 스스로 의롭다고 믿었고, 둘째, 다른 사람들을 멸시했습니다. 두 행동의 연관성을 간과하지 마십시오. 두 행동은 서로 연결되어 있습니다. 영적 근시안은 영적 교만을 초래합니다. 스스로 의롭다고 믿으면, 다른 사람들을 멸시하게 됩니다. 다른 사람들을 멸시하면, 자신이 다른 사람들보다 낫다고 생각하게 됩니다. 그렇게 악순환이 계속되는 것입니다.

이야기를 다루기에 앞서, 이 두 가지 요소가 서로를 얼마나 강화하는지를 아는 것이 중요합니다.

> 두 요소가 중요한 까닭은 우리가 '스스로 만들어가는 개인'의 가치를 높이 평가하는 세상에 살고 있기 때문입니다. "자기 자신을 신뢰하라. 자신감을 가져라. 스스로 해 봐라." 우리 사회에서 이런 말들은 세상에서 자신만의 길을 계획하며 자립을 추구하라고 독려합니다.

하지만 그러한 마음가짐을 구원에 적용하면 정말로 위험합니다. 영적 무덤을 파는 셈입니다.

"그가 비록 생시에 자기를 축하하며 스스로 좋게 함으로 사람들에게 칭찬을 받을지라도 그들은 그들의 역대 조상들에게로 돌아가리니 영원히 빛을 보지 못하리로다 존귀하나 깨닫지 못하는 사람은 멸망하는 짐승 같도다"(시 33:18~20).
"사람이 교만하면 낮아지게 되겠고 마음이 겸손하면 영예를 얻으리라"(잠 29:23).

이것은 잘못된 믿음에서 비롯된 것입니다. 오늘날에는 자기 힘과 노력으로 하나님께 스스로 나아갈 수 있다는 생각이 숭고하게 여겨지거나 심지어 칭송받을 만한 일로 평가되기도 합니다. 그러나 이러한 생각은 자기 자신을 너무나 모르기 때문에 하는 것입니다. 하나님을 자기 힘으로 기쁘시게 할 수 있다는 생각, 즉 스스로 의로워질 수 있다는 생각은 하나님의 기준을 따라잡을 수 있는 것쯤으로 폄하하거나 하나님과의 단절을 초래한 모든 죄를 간과한 결과로 일어난 것입니다.

Q 스스로 의롭게 여길 때, 나타나는 특징은 무엇입니까?

다음으로 자기 자신을 믿는 사람들은 다른 사람들을 멸시합니다. 당시 예수님의 말씀을 들었던 이들은 뒤틀린 시선으로 주변 사람을 보게끔 하는 잘못된 믿음을 가지고 있었습니다.

그들은 자기 죄를 알지 못하기에 스스로 의롭다고 생각하게 된 것입니다. 이런 일은 하나님의 기준을 사람이 다다를 수 있는 수준으로 끌어내린 결과로 벌어집니다. 일단 그렇게 생각하기 시작하면, 자신을 하나님께 비추어 보는 대신 주변 사람들을 보게 됩니다. 주변 사람들보다 더 잘하고 있다고 생각하는 한 우월감이 자라게 되어 있습니다.

스스로 의롭게 여기는 것이 점차 얼마나 견고해지는지 압니까? 첫째, 스스로 의롭다고 믿으면, 독선적으로 변해 다른 사람들을 멸시하게 됩니다. 둘째, 멸시하던 사람들에게서 죄를 발견하면, 자신을 더욱더 신뢰하게 됩니다. 왜냐하면 자신이 그들보다 더 의롭게 여겨지기 때문입니다. 그래서 다른 사람들을 더 멸시하게 됩니다. 자기 의로 눈이 멀 때까지 이런 일이 걷잡을 수 없이 반복됩니다.

기독교는 그러한 악순환의 고리를 깨뜨리고 깨부숩니다. 복음서에 따르면, 우리는 하나님만이 우리를 구원하신다는 것을 믿어야 하며, 예수 그리스도의 의를 신뢰해야 합니다. "이 몸의 소망 무엔가 우리 주 예수뿐일세"라는 옛 찬송가 가사도 있습니다. 복음은 자기 자신을 믿고 자신을 의롭게 여기려는 경향의 핵심을 찌릅니다. 또한 다른 사람들에 대해 느낄 수 있는 우월감을 깨뜨려 버립니다.

> 구원하시는 하나님을 바라보는 한, 어떤 사람도 멸시할 수 없습니다. 하나님의 긍휼이 얼마나 절실한지를 깨달은 사람이 어떻게 자신처럼 하나님의 긍휼을 구하는 다른 사람을 낮추어 볼 수 있겠습니까?

Leader

"사랑은 여기 있으니 우리가 하나님을 사랑한 것이 아니요 하나님이 우리를 사랑하사 우리 죄를 속하기 위해 화목제물로 그 아들을 보내셨음이라 사랑하는 자들아 하나님이 이같이 우리를 사랑하셨은즉 우리도 서로 사랑하는 것이 마땅하도다"(요일 4:10~11).

Q 어떤 사람이 다른 사람들을 낮추어 본다는 것을 알 수 있는 표시는 무엇입니까?

Q 당신은 언제 그런 덫에 빠지게 됩니까?

> "최악의 쾌락이란 모두 순전히 영적인 것들입니다. 다른 사람의 잘못을 지적하는 재미, 친구를 깔보거나 놀리는 재미, 남을 험담하는 재미, 권력이나 증오가 주는 즐거움 등이 있을 것입니다. … 교회에 꼬박꼬박 다니는 냉담하면서도 독선적인 자칭 도덕군자는 사실 창녀보다도 지옥에 훨씬 더 가까이 있을 것입니다."[3]
> _C. S. 루이스

2. 자신을 의롭게 여기면, 감사의 말로 자기 의를 포장하기도 합니다(눅 18:10~12)

예수님의 비유는 성전에서 기도하는 두 사람을 보여 줍니다. 바리새인과 세리입니다. 바리새인의 기도부터 살펴보겠습니다.

10두 사람이 기도하러 성전에 올라가니 하나는 바리새인이요 하나는 세리라 11바리새인은 서서 따로 기도하여 이르되 하나님이여 나는 다른 사람들 곧 토색, 불의, 간음을 하는 자들과 같지 아니하고 이 세리와도 같지 아니함을 감사하나이다 12나는 이레에 두 번씩 금식하고 또 소득의 십일조를 드리나이다 하고

앞서 우리는 스스로 의롭게 여기는 마음이 자라면, 자기 자신을 신뢰하고, 다른 사람들을 멸시하게 된다는 것을 배웠습니다. 이번에는 자기 의가 어떻게 모습을 드러내는지를 살펴보겠습니다. 자기 의는 때때로 감사의 말 뒤에 숨기도 합니다.

> 바리새인은 가장 나쁜 예들을 보여 주곤 합니다. 그러나 당시 청중은 적어도 처음에는 바리새인을 나쁜 사람으로 여기지 않았을 것입니다. 바리새인을 경건하게 믿음을 실천하는 품위 있고 바른 종교인이요, 모범 시민으로 여겼을 것입니다. 바리새인은 기도하러 성전에 갔습니다. 이것은 좋은 일입니다. 그는 주님을 소망해 왔을 것이며, 기도하는 사람처럼 보였을 것입니다. 그뿐만 아닙니다.

바리새인은 하나님께 자신이 행한 선한 일들에 대한 감사를 드렸습니다. 이것은 좋은 일입니다. 그렇지 않습니까? 바리새인은 자기가 한 선한 일들을 다 자기 덕분이라고 하지 않았습니다. 그는 "하나님, 감사합니다!"라고 말했습니다.

그렇다면 무엇이 문제란 말입니까? 그가 기도하며 했던 말과 행동에서 그가 자신을 스스로 의롭게 여기고 있음을 분명히 알 수 있습니다. 그는 성전에 서 있었는데, 아마도 다른 사람들 앞에 보란 듯이 서 있었을 것입니다. 바리새인은 하나님께 감사를 표했지만, 하나님이 위대하시고 거룩하셔서가 아니라 그 자신이 다른 사람들과 다르다고 여겼기 때문입니다.

바리새인은 죄인들을 "토색하고 불의하고 간음한 자들"로 정의하고, 자신과 성전 공간에 같이 있는 세리에 대해 "이 세리와도 같지 않다"고 말합니다. 그는 자신에 관해서는 잘 모르고, 주변 사람들에 관해서만 확실히 아는 것 같습니다. 그는 기도하면서 하나님을 진심으로 바라지 않고, 주변 사람들을 내려다보고 있었던 것입니다. 그가 진실로 하나님의 엄위하심을 알았다면, 자신도 그 세리처럼 긍휼을 구해야 하는 비열한 죄인에 불과함을 알았을 것입니다.

> **Leader**
  그뿐만 아니라 바리새인은 자신이 금식도 하고 십일조도 드린다고 기도합니다. 그가 기도하는 내내 '나'를 얼마나 반복하는가에 주목하십시오. 바리새인은 하나님을 언급하면서도 자기 기도를 하고 있었던 것입니다.

Q 그때 누군가가 바리새인이 스스로 의롭게 여기고 있다고 지적했다면, 그는 어떤 반응을 보였을까요?

Q 우리는 어떤 식으로 자신도 모르게 스스로 의롭게 여길까요?

> **Leader**
  자기정당화는 여러 모양으로 가장합니다. 자기정당화가 무서운 것은 스스로 알아차리지 못하기 때문입니다. 우리는 종교 행위를 통해 하나님과 좋은 관계를 맺는다고 생각합니다. 그렇게 생각하는 까닭은 우리가 자신이 아닌 하나님을 믿는다고 기도하기 때문입니다. 또한 주변 사람들보다 자신이 더 잘하고 있다고 생각하기 때문입니다. 스스로 의롭게 여기면 냄새가 나기 마련인데, 안타깝게도 그 냄새를 맨 마지막에 맡는 사람이 바로 자신입니다.

이 이야기는 자기정당화의 늪에 빠지기가 얼마나 쉬운지를 보여 줍니다. 하나님과 사람들 앞에 자기 선행을 모조리 진열하면서 그 선행이 자기 위상을 높여 줄 것이라고 생각합니다. 자기를 정당화하려는 마음을 알아차리지 못한 채 선행에 연연하면, 우리는 혐의를 벗고 자기 자신을 정당화하게 됩니다. "내게 선한 마음을 주신 하나님께 감사하는 거야! 나는 누가 봐도 독실한 사람이야! 주변에 나보다 더 잘하는 사람이 있니? 그래도 내가 지키는 종교의식이 중요하지 않다고 말할래?"

하지만 자기 의가 감사의 말로 포장되거나 하나님의 영광을 위한 열정으로 행한 것으로 외견상 드러날 때조차 자기 의는 여전히 자기 합리화일 뿐입니다. 잘못된 판단을 유발하는 것은 잘못된 믿음입니다. "다른 사람들에 대해서는 행동으로 엄밀하게 판단하지만, 자신에 대해서는 의도로 판단한다"는 말이 있습니다. 우리는 자신을 판단할 때보다 주변 사람들을 판단할 때 항상 더 모질게 합니다.

Q 자기 자신을 판단할 때보다 다른 사람을 판단할 때 더 모질어지기 쉬운 이유는 무엇일까요?

> *"일주일에 두 번 금식하는 것을 무지와 허영심으로, 교만하고 거만하고 이기적인 마음으로 한다면, 무슨 유익이 있겠습니까?"*[6]
> _알렉산드리아의 키릴로스

**심화
주석** 바리새인들에게 '죄인'은 매우 넓은 개념이었습니다. 그들은 유대 율법을 자신들처럼 엄격하게 지키지 않으면, 모두 죄인으로 간주했습니다. … 그들에게 '죄인'이란 이방인들뿐 아니라 유대인들 중에서도 성경에 기록된 규정들과 기록되지 않은 불문율의 세세한 것까지 제대로 지키지 않는 사람들을 모두 포함하는 넓은 개념이었습니다(막 7:1~5; 마 15:1~2, 12).

이 종교 지식인들은 '죄인'이란 말을 당시 천대받던 상인들을 묘사할 때도 사용했을 것입니다. 대적들은 예수님을 "세리와 죄인의 친구"로 불렀는데, 이는 예수님이 거리낌 없이 소통하신 사람들을 경멸하듯 표현한 말이었습니다(마 11:19). 무거운 세금 때문에 고통받던 사람들은 누구나 세리를 죄인과 한데 묶어 판단했을 것입니다. 다른 '직업들' 또한 죄인의 범주에 들어갔는데, 마태복음 21장 31절에서는 창녀가 세리와 함께 등장합니다. 상인들은 부도덕하거나 부정직하게 되기 쉬웠으므로 대개 '죄인'으로 여겨졌습니다.[7]

_스티브 부스
Biblical Illustrator

3. 자비를 구하는 겸손한 탄원은 하나님의 은혜를 받았다는 표시입니다(눅 18:13~14)

> Leader

세리는 앞서 살펴본 성전에 서서 자기 자신에 관해 기도했던 바리새인과는 매우 다른 모습으로 기도했습니다.

[13] 세리는 멀리 서서 감히 눈을 들어 하늘을 쳐다보지도 못하고 다만 가슴을 치며 이르되 하나님이여 불쌍히 여기소서 나는 죄인이로소이다 하였느니라 [14] 내가 너희에게 이르노니 이에 저 바리새인이 아니고 이 사람이 의롭다 하심을 받고 그의 집으로 내려갔느니라 무릇 자기를 높이는 자는 낮아지고 자기를 낮추는 자는 높아지리라 하시니라

바리새인과 세리의 차이점을 적어 보십시오.

바리새인	세리
> Leader • 관심의 대상으로 성전에 서 있다. • 주변 모든 사람을 둘러보며 비교한다. • 하나님 앞에서 자신에 관해 기도한다. • 자신을 주변 모든 사람보다 높게 여긴다. • 자신에 관해 기도하면서 '나'라는 말을 거듭 사용한다.	> Leader • 조롱의 대상으로 멀찌감치 서 있다. • 감히 하늘을 향해 눈을 들지 못한다. • 하나님이 긍휼히 여겨 주시기를 기도한다. • 하나님 앞에서 자신을 죄인으로 여기며 낮춘다. • 자신을 나무라며 겸손하게 가슴을 여러 번 친다.

세리가 자기 가슴을 치는 것은 그가 얼마나 깊이 후회하고 있는가를 보여 줍니다. 고대에는 여자들만이 장례 때 가슴을 치며 슬퍼했습니다. 남자가 그런 식으로 가슴을 치는 것은 부끄러운 일이었습니다. 그런데 세리는 자신이 얼마나 수치스럽게 보일지 별 인식이 없습니다. 그는 자신이 얼마나 의로워 보이는가에 대해서는 전혀 신경 쓰지 않았고, 오로지 자신이 얼마나 큰 죄인인가에 대해서만 걱정했습니다.

Q 바리새인과 세리의 각기 다른 기도는 그들의 태도에 관해 무엇을 말해 줍니까?

세리의 기도는 하나님의 심판을 면하게 해 달라는 기도였습니다. 그것은 속죄 기도로, 하나님의 화목 제물을 통해 하나님의 자비가 베풀어지기를 기도한 것입니다. 바리새인은 그가 하나님을 위해 해 왔던 모든 일에 관심을 집중했지만, 세리는 하나님이 그를 위해 자비를 베풀어 주시기를 바라는 것이야말로 유일한 소망임을 알았습니다.

예수님은 비유를 마무리하면서 그 의미를 설명해 주셨습니다. 세리는 의롭게 되어 집으로 돌아갔지만, 바리새인은 그렇지 않았습니다. 당시 청중은 이 이야기의 결말에 충격을 받았을 것입니다. "종교인인 바리새인이 구원을 받지 못하고, 저 혐오스럽고 경멸스러운 세리가 의롭게 여김을 받는다니!" 하고 말입니다.

당시 청중이 이 이야기의 결말에 흠칫 놀랐던 데는 사회적인 이유가 있습니다. 예수님 시대에 세리는 가장 미움받고 경멸받는 이들이었습니다. 그들은 로마 제국에 부역했고, 동족을 속여서 돈을 빼앗아 착복했으며, 이를 통해 부자가 되었습니다.

우리 시대에 가장 혐오스럽고 경멸스러운 범죄자들을 생각해 보십시오. 연쇄살인범이나 아동성폭력범 등이 있을 것입니다. 이 이야기가 기독교 사회복지사와 연쇄살인범이나 아동성폭력범에 관한 이야기라고 상상해 보십시오. 사회복지사가 아닌 회개한 연쇄살인범이나 아동성폭력범이 의롭다고 여김을 받고 떠난다면, 여러분은 정의감으로 분노가 끓어오를 것입니다. 의분을 느낄 것입니다. 그러면 이 이야기가 던진 충격이 얼마나 엄청났을지 이해할 수 있게 될 것입니다. 이렇게 예측할 수 있는 이유는 이 이야기가 오직 믿음으로 말미암는 의에 관한 충격적인 진리를 담고 있기 때문입니다. 즉 구원은 우리의 선행이 아닌 하나님의 은혜로 말미암은 것입니다(엡 2:8~9). 이 이야기가 충격적으로 다가오지 않는다면, 이 교리가 얼마나 혁명적인지에 관한 감을 잃은 탓입니다.

> 레리 킹은 수십 년간 CNN에서 저녁 토크쇼를 진행했습니다. 그는 종종 기독교 설교자들을 초청해 기독교의 가르침과 관련된 문제에 관해 토론해 줄 것을 요청했습니다.
>
> 그가 주로 제기한 첫 번째 쟁점은 '예수님이 하나님께로 가는 유일한 길인가?' 하는 것이었습니다. 그런데 미국 같은 다원론 사회에서 설교하는 목사가 오직 예수님만이 유일한 길이라고 방송에서 말할 수 있었겠습니까? 아무리 선한 사람이라

Leader

심화 주석 그 대단한 바리새인이 경건한 모양으로 자기 의로움을 확신하며 성전을 성큼성큼 걸어 나가는 모습은 영적으로 무가치한 세리와 극적인 대조를 이루었습니다. 그는 자신이 위대하다고 느꼈습니다. 그러나 자기 공로에 의지한 바리새인은 하나님께 의롭다는 인정을 받지 못하고, 하나님의 진노 아래 머문 채 성전을 떠났습니다. 반면 세리는 자기 직위를 악용해 동족의 세금을 뒤로 빼돌려 착복한 매국노였으나, 겸손하게 자신을 내던져 하나님의 긍휼을 구하며 회개해 하나님께 의롭다는 인정을 받고 성전을 떠났습니다. 그렇게 세리의 죄가 사라졌습니다. 순식간에 하나님의 진노가 돌이켜졌습니다. 세리는 곧 새 삶을 얻었습니다. 예수님의 이런 가르침이 바로 바울의 위대한 이신칭의 교리의 근거로, 바울의 동역자 누가가 우리에게 전해 주고자 했던 내용입니다. 바울이 말했듯이 이 교리는 예수님으로 말미암은 것입니다. "이제는 율법 외에 하나님의 한 의가 나타났으니 율법과 선지자들에게 증거를 받은 것이라 곧 예수 그리스도를 믿음으로 말미암아 모든 믿는 자에게 미치는 하나님의 의니"(롬 3:21, 22a).[9]

_R. 켄트 휴스

"바리새인은 자신을 높이며 하나님의 판단을 기다리지 않고 스스로 의롭다고 선포했기 때문에 겸손한 사람과 죄인보다 못하다는 평가를 받았습니다. 자신을 다른 사람보다 높이지 마십시오. 그 사람이 대단한 죄인일지라도 말입니다."[10]
_바실리우스

도 종교가 다르면 저주를 받을 것이라고 방송에서 말할 수 있었겠습니까?

두 번째 쟁점은 '살인자가 임종할 때 기독교로 개종하면 어떻게 되느냐?' 하는 것이었습니다. 래리 킹이 "살인자라도 진정으로 회개하면 용서를 받습니까?"라고 질문했을 때, 설교자가 "예, 하나님은 회개하는 죄인을 의롭다고 하십니다"라고 대답하면 그는 언제나 혼란스러워했습니다.

두 가지 쟁점에서 래리 킹을 혼란에 빠뜨린 것은 하나님의 심판이 아닌 하나님의 은혜였습니다. 그는 믿지 않으면 '착한 사람도' 하나님의 진노에 직면하게 되고, 회개만 하면 '살인자도' 하나님의 영원한 축복을 받게 된다는 것을 받아들일 수 없었던 것입니다.

"하나님, 나를 불쌍히 여기소서. 나는 죄인입니다. 주님, 내게서 진노를 거두어 주십시오. 내 소망은 오직 주님께 있습니다."

바리새인은 하나님의 은혜의 선물에 이의를 제기한 것입니다. 우리는 회개하는 심령은 사랑의 선물을 누리며 그 사랑으로 변화됨을 기억해야 합니다.

> Leader

"베드로가 이르되 너희가 회개하여 각각 예수 그리스도의 이름으로 세례를 받고 죄 사함을 받으라 그리하면 성령의 선물을 받으리니 이 약속은 너희와 너희 자녀와 모든 먼 데 사람 곧 주 우리 하나님이 얼마든지 부르시는 자들에게 하신 것이라 하고"(행 2:38~39).

"그러므로 너희가 회개하고 돌이켜 너희 죄 없이 함을 받으라 이같이 하면 새롭게 되는 날이 주 앞으로부터 이를 것이요"(행 3:19).

Q 은혜가 필요함을 아는 사람들에게는 어떤 표시가 나타납니까?

Q 그것은 자신을 믿는 사람들에게서 나는 표시와 어떻게 다릅니까?

결론

'바리새인과 세리 비유'는 '교만'과 '겸손', '행위로 말미암는 의'와 '믿음으로 말미암는 의'를 생생하고 선명하게 대조합니다. 대럴 L. 보크는 이렇게 말합니다.

"교만은 장점을 부각하고, 겸손은 긍휼에 호소합니다. 교만은 동등한 입장에서 협상하려고 하지만, 겸손은 도움이 필요한 상태에서 다가갑니다. 교만은 다른 사람을 깎아내림으로써 자신을 구별하지만, 겸손은 누구나 도움이 필요하다는 것을 알기에 다른 사람과 자신을 동일시합니다. 교만은 사람들에게서 스스로 멀어짐으로써 파괴되지만, 겸손은 함께 몸부림치면서 공감하는 힘으로 사람들의 마음 문을 엽니다. 교만은 하나님의 은혜를 외면하지만, 겸손은 하나님을 반기며 하나님께 두 손을 듭니다."[11]

자기 의에서는 악취가 나지만, 회개와 겸손에서는 향기가 납니다. 모쪼록 바리새인에게 분개하고, 세리를 기꺼이 맞아들이는 우리가 되기를 바랍니다.

> "사람의 마음의 교만은 멸망의 선봉이요 겸손은 존귀의 길잡이니라"(잠 18:12).

"사람이 교만하면 낮아지게 되겠고 마음이 겸손하면 영예를 얻으리라"(잠 29:23).

"대저 만군의 여호와의 날이 모든 교만한 자와 거만한 자와 자고한 자에게 임하리니 그들이 낮아지리라"(사 2:12).

"그러나 더욱 큰 은혜를 주시나니 그러므로 일렀으되 하나님이 교만한 자를 물리치시고 겸손한 자에게 은혜를 주신다 하였느니라"(약 4:6).

"사람이 의롭게 되는 것은 율법의 행위로 말미암음이 아니요 오직 예수 그리스도를 믿음으로 말미암는 줄 앎으로 우리도 그리스도 예수를 믿나니 이는 우리가 율법의 행위로써가 아니고 그리스도를 믿음으로써 의롭다 함을 얻으려 함이라 율법의 행위로써는 의롭다 함을 얻을 육체가 없느니라"(갈 2:16).

그리스도와의 연결

세리의 눈물은 죄인에게서 하나님의 진노를 거두어 달라는 간청이었습니다. 예수님이 우리를 대신해 죽으심으로써 우리가 받아야 할 하나님의 진노를 거두어 가셨습니다. 그리스도께서 우리를 대신해 하나님의 진노를 거두어가셨으므로 우리도 세리처럼 하나님께 진노를 거두시고 긍휼을 베풀어 달라고 간구할 수 있으며, 또한 믿을 수 있습니다.

하나님의 계획 우리의 사명

선교적 적용 하나님은 우리에게 다른 사람들을 낮추어 보지 말고, 구원하시는 하나님을 바라보라고 말씀하십니다. 그래야 자기를 의롭게 여기는 자들이 겸손과 은혜를 배우게 될 것입니다.

1. 어떻게 하면 그리스도인들이 하나님 앞에서 자기 의를 드러내는 대신 오직 예수님만을 신뢰하도록 서로 도울 수 있을까요?

2. 어떻게 해야 자기 의가 풍기는 악취를 자각할 수 있을까요?

3. 어떻게 하면 가족이나 동료나 다른 사람들에게 자기 자신이 아닌 그리스도를 바라보도록 초청하며 그리스도의 겸손을 보여 줄 수 있을까요?

Summary and Goal

이 세션에서는 심판에 관한 예수님의 비유 가운데 가장 유명한 것 중 하나인 '악한 농부 비유'를 살펴볼 것입니다. 이 비유를 통해 우리는 하나님의 부르심을 받은 자로서 특권과 책임을 다해야 함을 깨닫게 됩니다. 그리고 은혜로운 하나님은 죄인들에게 경고도 하시고, 하나님의 아들을 배척하는 사람들을 응징하기 위해 심판도 하신다는 것을 알게 됩니다. 이 비유의 삭막한 이미지는 우리가 하나님의 백성으로서 회개와 선교의 열매를 맺음으로써 사명을 다하도록 부르심을 받았다는 사실을 상기시켜 줍니다.

악한 농부 비유

- **성경 본문**
  마태복음 21:33~46

- **세션 포인트**
  1. 악한 농부들은 청지기로서의 책임을 다하지 않았습니다(마 21:33~35)
  2. 악한 농부들은 하나님의 경고와 하나님의 아들을 거부했습니다
     (마 21:36~41)
  3. 악한 농부들은 자신의 악한 계획 때문에 하나님께 거절당합니다
     (마 21:42~46)

- **신학적 주제**
  하나님의 계명과 경고와 하나님의 아들을 거부하는 자들에게는 심판이 임합니다.

- **그리스도와의 연결**
  예수님의 '악한 농부 비유'는 당시 종교 지도자들을 가장 신랄하게 비판했던 비유 중 하나입니다. 이 이야기에서 하나님은 포도원의 주인이시고, 예수님은 주인의 아들이시며, 종교 지도자들은 하나님의 말씀을 거부한 사람들입니다. 예수님은 시편 118편을 자신에게 적용해 자기 역할을 하나님의 심판과 구원을 가져오는 모퉁잇돌로 이해하셨습니다.

- **선교적 적용**
  하나님은 우리에게 하나님의 백성으로서 사명을 다해 회개와 선교의 열매를 맺으라고 말씀하십니다.

씨 뿌리는 자와 땅	무자비한 종	선한 사마리아인	잃어버린 두 아들	바리새인과 세리	**악한 종**

Session Plan

도입

'신약의 예수님'과 '구약의 하나님'이 확연히 다르다고 생각하는 사람들이 있음을 언급해 주십시오. 그런 다음 복음서들이 그런 견해가 잘못된 것임을 어떻게 밝혀 주는지 가르쳐 주십시오.

왜 많은 사람이 예수님을 '선하고 좋은 선생님'으로만 이해하고, 심판에 관한 예수님의 가르침은 간과할까요?

예수님의 비유 중에는 하나님의 심판에 관한 내용이 많다는 것을 지적해 주십시오. 그리고 나서 '악한 농부 비유'에 관해 다루는 이 세션의 내용을 요약해 주십시오.

전개

1
악한 농부들은 청지기로서의 책임을 다하지 않았습니다
(마 21:33~35)

예수님이 하나님의 심판에 관한 내용을 상징적인 비유로 들려주어 사람들을 당혹스럽게 하셨다는 사실을 강조해 주십시오. 그리고 나서 마태복음 21장 33~35절을 읽으십시오. 당시 청중이 포도원 이야기를 듣고, 이사야서 5장을 어떻게 떠올렸을지 생각해 보게 하십시오.

이사야서 5장을 배경으로 한 예수님의 비유에서 포도원은 무엇을 의미하며, 포도원의 주인은 누구입니까?

신약을 읽다가 관련된 구약 본문이 떠올라 비교해 보고 큰 깨달음을 얻은 적이 있습니까?

이 비유는 하나님과 그의 백성에 관한 것임을 가르쳐 주십시오. 하나님(주인)은 이스라엘(포도원)을 보살피라고 종교 지도자들(농부들)을 부르셨으나, 종교 지도자들은 실패했습니다. 이 비유가 예수님 시대의 종교 지도자들에게 어떤 도전을 주었고, 하나님의 백성이 된 우리에게 어떤 도전을 주는지 알려 주십시오.

하나님의 백성이라는 특권에는 어떤 책임이 따릅니까?

그리스도인은 어떤 열매를 맺어야 합니까?

2
악한 농부들은 하나님의 경고와 하나님의 아들을 거부했습니다
(마 21:36~41)

자원자에게 마태복음 21장 36~41절을 읽게 하십시오. 포도원 주인의 인내를 언급한 후 농부와 이스라엘 지도자, 종과 구약의 선지자를 연결해서 이야기해 주십시오.

심판에 관한 경고에 대해 어떻게 생각합니까? 하나님의 경고가 우리에게 은혜의 표시가 된다면 그 이유는 무엇일까요?

포도원 주인의 아들 이야기는 당시 종교 지도자들이 예수님을 어떻게 대했는지를 보여 줍니다(부록 6: '예수님의 사역 지도'를 참고해 예수님이 이 비유를 십자가에 달리시기 한 주 전에 예루살렘에서 들려주셨음을 알려 주십시오). 이 비유는 그 아들을 거절하고 하나님의 경고를 무시하는 사람들에게 경고하기 위한 것임을 강조해 주십시오. 조별로 학습자용 교재의 표에 실린 질문에 답하게 한 후 전체 모임에서 나누십시오.

3
악한 농부들은
자신의 악한 계획 때문에
하나님께 거절당합니다
(마 21:42~46)

마태복음 21장 42~46절을 읽으십시오. 이 비유를 다음과 같이 잘못 해석할 가능성이 있음을 알려 주십시오. 첫째, 하나님은 하나님의 선지자들과 아들이 당한 일에 놀라셨다. 둘째, 하나님은 이스라엘을 완전히 버리셨다. 이 비유를 오늘날 우리에게 적용하며, 예수님과 선지자들을 거부한 사람들의 종교적 속성에 주목하게 하십시오. 그들과 달리 우리는 열매를 맺어야 합니다.

열매 맺지 못하는 것을 감추기 위해 우리는 어떤 식으로 종교적 헌신을 하곤 합니까?

이 이야기가 던지는 경고는 오늘날 우리에게 어떻게 적용됩니까?

이 이야기에 우리 자신을 대입해 보면, 우리는 악한 농부에 가까울지도 모른다는 것을 알게 해 주십시오. 이 비유의 목적은 우리로 하여금 회개하고 그 아들을 믿게 하려는 데 있습니다. 부록 3: '하나님 나라 비유'를 참고해 아들을 거절하면, 곧 하나님 나라를 거절하는 것이라는 사실을 강조해 주십시오.

하나님의 사랑을 전하고 보여 주어야 할 사명에서 '열매 맺기'는 어떤 역할을 할까요?

결론

우리는 은혜롭고 정의로운 구세주를 섬기며, 주님의 축복을 받은 청지기임을 기억해야 한다고 강조하면서 마무리하십시오. 이 세션에서 배운 진리를 '하나님의 계획, 우리의 사명'에서 적용해 보십시오.

Session Content

6. 악한 농부 비유

> "'심판'이란 주제가 내게 유쾌하지 않듯이 당신에게도 그럴 것입니다. 그러나 내게는 당신이 죄에 머물러 있으면 무서운 결과를 맞게 되리라는 것을 알릴 의무가 있습니다. 노련한 의사가 부상자를 찾아내 고쳐 주듯이 나도 그런 역할을 수행할 뿐입니다."[1]
>
> _조지 화이트필드

도입

성경에 관해 얄팍한 지식을 가진 사람들은 신약성경의 예수님과 구약성경의 하나님이 확연히 다르다고 생각하곤 합니다. 예수님은 착하고 온순하고 은혜로우신 분이지만, 구약의 하나님은 대적들을 심판하고 심지어 하나님의 백성까지도 죄를 지으면 벌하시는 분으로 예수님과는 다르다고 주장합니다. 그리고 "비판을 받지 아니하려거든 비판하지 말라"(마 7:1)는 예수님의 명령을 다른 모든 가르침보다 우월하게 생각합니다.

그러나 복음서를 조금만 살펴봐도 예수님이 조용하고 온건하게 평범한 지혜를 실천하신 것만은 아니었음을 금세 알 수 있습니다. 예수님은 성전에서 상을 뒤엎고, 위선적인 종교 지도자들을 맹비난하고, 세상 나라들에 도전하다가 마침내 위험인물로 지목되어 처형당하신 분입니다. 예수님을 선하고 좋은 선생님으로만 보는 것은 예수님을 폄하해 1차원적인 인물로 만드는 것입니다.

Q 왜 많은 사람이 예수님을 '선하고 좋은 선생님'으로만 이해하고, 심판에 관한 예수님의 가르침은 간과할까요?

> 예수님의 많은 비유가 은혜를 강조합니다. '탕자 비유'와 '선한 사마리아인 비유'는 다른 많은 비유와 더불어 하나님의 은혜와 이웃 사랑을 선명하게 묘사합니다. 그러나 예수님의 비유들을 더 공정하게 읽으려면, 예수님의 많은 비유가 하나님의 심판을 가리키고 있음도 알아야 합니다. 몇 가지 예를 들어 보겠습니다.
>
> • '어리석은 부자 비유'에서 부자는 하나님을 의식하지 못한 채, 차고 넘치도록 거둔 곡식을 저장하기 위해 더 큰 곳간을 지으려다가 죽음을 맞이합니다(눅 12:16~21).

Leader

- '나사로와 부자 비유'에서 부자는 자기 집 문턱에서 구걸하는 거지 나사로를 무시하다가 지옥에 떨어져 고통을 당합니다(눅 16:19~31).
- '혼인 잔치 비유'는 충격적이고 파괴적인 장면으로 마무리됩니다(마 22:1~14).

'악한 농부 비유'는 가장 강력하고 가장 의도적인 예수님의 비유들 중 하나입니다. '탕자 비유'나 '선한 사마리아인 비유'보다는 덜 유명하지만, 사복음서 가운데 세 복음서가 '악한 농부 비유'를 싣고 있습니다. '씨 뿌리는 자 비유'와 더불어 이 이야기는 비유를 공부할 때 꼭 살펴봐야 할 이야기입니다. 예수님은 사역을 시작하실 무렵에 '씨 뿌리는 자 비유'를 들려주셨는데, 십자가에 달리시고 부활하시기 한 주 전에는 '악한 농부 비유'를 들려주셨습니다.

Session Summary

이 세션에서는 심판에 관한 예수님의 비유 가운데 가장 유명한 것 중 하나인 '악한 농부 비유'를 살펴볼 것입니다. 이 비유를 통해 우리는 하나님의 부르심을 받은 자로서 특권과 책임을 다해야 함을 깨닫게 됩니다. 그리고 은혜로운 하나님은 죄인들에게 경고도 하시고, 하나님의 아들을 배척하는 사람들을 응징하기 위해 심판도 하신다는 것을 알게 됩니다. 이 비유의 삭막한 이미지는 우리가 하나님의 백성으로서 회개와 선교의 열매를 맺음으로써 사명을 다하도록 부르심을 받았다는 사실을 상기시켜 줍니다.

전개

1. 악한 농부들은 청지기로서의 책임을 다하지 않았습니다

(마 21:33~35)

> 사람들은 예수님이 가르침을 더 쉽게 이해시키기 위해 비유로 말씀하신 것이라고 생각하곤 합니다. 그러나 예수님은 믿음의 귀와 눈을 가진 사람들만 알아듣게 하기 위해 비유로 말씀하신 것입니다(마 13:10~15). 예수님은 하나님의 심판이 있을 것이라는 진리를 사역 후반부에 여러 비유에 담아 점점 더 강한 어조로 점점 더 선명하게 선포하셨습니다. 예수님이 선포하신 마지막 비유들 가운데 하나인 '악한 농부 비유'가 어떻게 시작되는지 살펴보겠습니다.

Leader

심화 주석 '악한 농부 비유'에서 "주인"은 아들을 둔 아버지라기보다는 농부들을 거느린 땅 주인에 가깝게 묘사되었습니다. 두 관계 모두 하나님과 하나님이 택하신 백성을 묘사하기에 적절한 표현입니다.

"산울타리"와 "즙 짜는 틀"과 "망대"는 하나님이 이스라엘이라는 포도원을 넉넉하게 섭리하고 보살피셨음을 강조하는 표현에 불과하므로, 그것들의 의미를 풀이할 필요는 없습니다.

"농부들"은 하나님이 이스라엘 민족을 믿고 맡기신 사람들을 가리킨다고 보는 것이 자연스럽습니다. 주인이 떠났다는 것은 대개 땅 주인이 가까이 살지 않던 1세기 팔레스타인의 관행을 반영하며, 하나님이 이스라엘을 선택하신 후에 하나님의 뜻을 이루기 위해 그 백성을 떠나신 상황과도 일치합니다. 추수 때가 다가오자 주인은 마땅히 받을 것을 받으려고 합니다.

"열매"는 이야기 전체에서 열쇠가 되는 중요한 단어입니다. 이 단어는 마태복음의 다른 곳에서도 중요한 역할을 합니다(마태복음 3장 8절에서 쓰인 "회개에 합당한 열매"를 시작으로 다음 본문들을 참조하십시오. 마 3:10; 7:16~20; 12:33; 13:8, 26; 21:19). "열매"라는 단어는 시편 1편 3절을 암시하는 것 같습니다.[2]

_크렉 L. 블롬버그

"비유를 들은 사람은 그 비유가 누구를 겨냥한 것인지를 분명하게 압니다."[3]
_아프리카 격언

"예수님은 … 종교 지도자들의 마음속에 있는 것을 끄집어내기 위해 이 비유를 들려주셨습니다."[4]
_데이비드 플랫

[33]다른 한 비유를 들으라 한 집주인이 포도원을 만들어 산울타리로 두르고 거기에 즙 짜는 틀을 만들고 망대를 짓고 농부들에게 세로 주고 타국에 갔더니 [34]열매 거둘 때가 가까우매 그 열매를 받으려고 자기 종들을 농부들에게 보내니 [35]농부들이 종들을 잡아 하나는 심히 때리고 하나는 죽이고 하나는 돌로 쳤거늘

코끼리와 당나귀가 싸우는 그림을 미국 신문 만평에서 봤다면, 누구라도 그것이 단순한 동물 이야기가 아니라는 것을 눈치챌 것입니다. 미국에서는 서로 치고받는 코끼리와 당나귀가 공화당과 민주당을 상징하기 때문입니다. 그러니 그 만평은 곧 미국 정치에 관한 이야기임을 알 것입니다.

이처럼 이 이야기의 시작도 무언가를 연상하게 하는데, 우리가 그것을 모르는 이유는 그 맥락을 잘 모르기 때문입니다. 우리와 달리 당시 청중은 이 이야기를 듣자마자 이사야서 5장의 포도원의 노래를 떠올렸을 것입니다.

"나는 내가 사랑하는 자를 위하여 노래하되 내가 사랑하는 자의 포도원을 노래하리라 내가 사랑하는 자에게 포도원이 있음이여 심히 기름진 산에로다 땅을 파서 돌을 제하고 극상품 포도나무를 심었도다 그중에 망대를 세웠고 또 그 안에 술틀을 팠도다 좋은 포도 맺기를 바랐더니 들포도를 맺었도다 예루살렘 주민과 유다 사람들아 구하노니 이제 나와 내 포도원 사이에서 사리를 판단하라 내가 내 포도원을 위하여 행한 것 외에 무엇을 더할 것이 있으랴 내가 좋은 포도 맺기를 기다렸거늘 들포도를 맺음은 어찌 됨인고 이제 내가 내 포도원에 어떻게 행할지를 너희에게 이르리라 내가 그 울타리를 걷어 먹힘을 당하게 하며 그 담을 헐어 짓밟히게 할 것이요 내가 그것을 황폐하게 하리니 다시는 가지를 자름이나 북을 돋우지 못하여 찔레와 가시가 날 것이며 내가 또 구름에게 명하여 그 위에 비를 내리지 못하게 하리라 하셨으니 무릇 만군의 여호와의 포도원은 이스라엘 족속이요 그가 기뻐하시는 나무는 유다 사람이라 그들에게 정의를 바라셨더니 도리어 포학이요 그들에게 공의를 바라셨더니 도리어 부르짖음이었도다"(사 5:1~7).

Q 이사야서 5장을 배경으로 한 예수님의 비유에서 포도원은 무엇을 의미하며, 포도원의 주인은 누구입니까?

Q 신약을 읽다가 관련된 구약 본문이 떠올라 비교해 보고 큰 깨달음을 얻은 적이 있습니까?

이 비유는 하나님과 그분의 백성에 관한 것입니다. 예수님은 이사야서 5장의 포도원 이야기를 가져와 하나님(주인)이 이스라엘(포도원)을 잘 보살피라고 종교 지도자들(농부들)을 부르셨지만, 그들이 실패했음을 분명히 하셨습니다. 이스라엘 백성은 하나님께 선택되는 엄청난 특권을 받았습니다. 그러나 그들은 그 축복에 합당한 책임을 다하며 살아내는 데 실패했습니다. 하나님은 자기 백성에게서, 특별히 종교 지도자들에게서 열매를 찾으셨으나 얻지 못하셨습니다.

포도원 농부들은 열매가 없는 것을 사과하기는커녕 주인을 끔찍하게 대했습니다. 그들은 주인이 종들을 보내자 간섭한다고 분개했습니다. 농부들의 문제는 아무 열매도 맺지 못한 데 있는 것이 아니라, 나쁜 열매를 맺었다는 데 있습니다. 실패를 회개하고 그에 합당한 선한 열매를 맺어야 하건만, 농부들은 반역이라는 나쁜 열매를 맺고 말았습니다.

이 비유는 예수님 시대의 종교 지도자들에게 어떤 도전을 주었고, 하나님의 백성이 된 우리에게는 어떤 도전을 줄까요? 사도 바울은 예수님을 믿는 신자들은 이스라엘에 접붙임을 받은 것이라고 주장했습니다. 그렇게 하나님의 백성이 된 우리는 하나님의 포도원에서 하나님의 백성에게 주어진 특권을 누리는 동시에 삶에서 하나님의 부르심에 따르는 막중한 책임을 다해야 합니다. 하나님의 청지기임을 알 때, 비로소 부르심을 받은 것이 무엇을 뜻하는지를 알게 될 것입니다.

Q 하나님의 백성이라는 특권에는 어떤 책임이 따릅니까?

Q 그리스도인은 어떤 열매를 맺어야 합니까?

2. 악한 농부들은 하나님의 경고와 하나님의 아들을 거부했습니다 (마 21:36~41)

> 앞서 언급했듯이, '악한 농부 비유'는 심판에 관한 것입니다. 그러나 심판이 내려지기까지는 오랜 시간이 걸립니다. 이 이야기에서 우리는 포도원 주인이 엄청나게 인내하고 절제하는 것을 보게 됩니다. 주인은 종들을 보내고 또 보내며 마땅히 얻어야 할 것을 요구합니다.

Leader

³⁶다시 다른 종들을 처음보다 많이 보내니 그들에게도 그렇게 하였는지라 ³⁷후

심화토론

• '악한 농부 비유'에서 농부들이 주인이 보낸 종을 대한 방식에 관해 어떻게 생각합니까?

 심화주석

이 비유는 하나님이 백성들에게 선지자들을 먼저 보내시고 그다음에 예수님을 보내시어 사명을 다할 것을 명하셨지만, 이를 백성들이 거부했고 그 절정이 예수님의 죽음임을 예수님이 아셨다는 사실을 분명히 합니다. 그러나 그들이 '아들'을 거부한 것은 단지 이기적인 불순종의 행동이 아니었습니다. '아버지'에 대한 전례 없는 반역 행위인 것입니다. 이 비유를 통해 우리는 예수님이 자신의 사명을 어떻게 보셨는가를 짐작할 수 있습니다. 예수님은 자신을 하나님이 그 백성에게 보내신 결정적인 사자로 이해하셨습니다. 하나님은 여러 선지자를 통해 이스라엘 백성에게 하나님을 섬기라는 말씀을 전하셨는데, 예수님은 자신이 그 선지자들에 이어 보내심을 받았을 뿐 아니라 그들과 달리 단순한 종의 신분이 아닌 하나님의 사랑받는 아들이자 포도원 주인의 상속자라는 것을 아셨습니다.[5]

_데이비드 웬함

에 자기 아들을 보내며 이르되 그들이 내 아들은 존대하리라 하였더니 [38]농부들이 그 아들을 보고 서로 말하되 이는 상속자니 자 죽이고 그의 유산을 차지하자 하고 [39]이에 잡아 포도원 밖에 내쫓아 죽였느니라 [40]그러면 포도원 주인이 올 때에 그 농부들을 어떻게 하겠느냐 [41]그들이 말하되 그 악한 자들을 진멸하고 포도원은 제때에 열매를 바칠 만한 다른 농부들에게 세로 줄지니이다

　　이 이야기의 핵심은 하나님의 심판에 있지만, 포도원 주인이 놀라운 인내심을 발휘하고 있다는 사실을 간과해서는 안 됩니다. 주인은 농부들에게 자기 종들을 계속해서 보내지만, 농부들은 그들을 홀대합니다.

> **Leader**

　　예수님 시대에 사람들은 구약의 선지자들을 종들로 표현하기도 했습니다. 선지자들은 "이처럼 주께서 말씀하십니다" 또는 "이것은 주님의 명령입니다"라고 하나님의 말씀을 전달했습니다. 선지자들은 하나님을 대신해 하나님의 백성에게 사명을 일깨우고, 이스라엘 지도자들에게 순종할 것을 권고했습니다. 선지자들은 백성에게 죄에 대한 책임을 지고, 하나님을 향해 회개할 것을 촉구했습니다.

　　악한 농부들이 포도원 주인의 사자인 종들을 홀대한 것처럼, 이스라엘의 종교 지도자들과 정치 지도자들도 하나님의 사자인 선지자들을 홀대했습니다. 하나님의 선지자들 중 한 명이라도 홀대당한다면, 하나님이 곧바로 벌을 내리실 것 같지 않습니까? 그런데 하나님은 백성들의 죄가 가져올 결과에 관해서만 거듭 경고하실 뿐이었습니다. 하나님은 선지자들이 심하게 홀대당해도 그들을 보내고, 보내고, 또 보내셨습니다.

　　이것은 전혀 논리적이지 않습니다. 종들을 계속 보내도 홀대만 당하고, 얻어맞고, 살해당하는데, 대체 포도원 주인은 얼마나 더 많은 종을 보내야 농부들을 징벌할 필요를 느낄까요? 하나님은 자기 백성에게 경고하기 위해 얼마나 더 많은 선지자를 보내시고 나서야 결정적인 행동을 취하실까요? 여기서 중요한 것은 이유나 논리가 아닌 하나님의 은혜와 인내입니다. 하나님을 움직이는 것은 논리가 아닌 사랑이기 때문입니다.

Q 심판에 관한 경고에 대해 어떻게 생각합니까? 하나님의 경고가 우리에게 은혜의 표시가 된다면 그 이유는 무엇일까요?

심지어 포도원 주인은 자기 아들까지 보냅니다. 예수님의 이야기를 배우고 있는 우리에게 이 비유는 불을 보듯 훤합니다. 하나님의 백성이 하나님이 보내신 사랑의 경고를 거부했듯이, 그들도 주인이 사랑으로 보낸 아들을 거부했습니다. 악한 농부들은 주인의 아들을 보고 그의 유산을 탐냈습니다. 농부들은 그를 정중하게 맞이하는 대신 포도원 밖으로 내쫓아 죽였습니다. 예수님이 이 비유를 말씀하셨을 때 종교 지도자들은 예수님을 예루살렘 밖으로 내쫓아 마을 어귀에서 십자가에 매달 공모를 했을 것입니다. 이 비유는 하나님의 아들을 거부하는 것이 얼마나 심각한 일인지를 보여 줍니다.

> 여기 중요한 특징이 하나 더 있습니다. 아들이신 예수님은 종들과 다르십니다. 아들은 많은 종이 다녀간 뒤에 맨 마지막으로 오는데, 아들의 도래가 이야기의 전환점이 됩니다. 이와 비슷하게 예수님은 많은 선지자가 다녀간 뒤에 오셨는데, 예수님은 자신과 하나님 아버지와의 관계가 그 이전에 왔던 선지자들과는 완전히 다르다는 것을 아셨습니다. 이 비유는 하나님의 아들을 거부하는 것이 얼마나 심각한 일인지를 보여 줍니다.

Leader

이 이야기에서 우리는 어느 편에 가깝습니까? 한편으로 이 비유는 하나님의 아들을 거부한 모든 사람에게 던지는 경고이기도 합니다. 예수님을 거절하는 순간, 하나님의 심판을 부르는 것입니다. 다른 한편으로 이 비유는 스스로 하나님의 백성이라고 생각하면서도 하나님의 경고들을 계속해서 무시하는 사람들에게 던지는 경고이기도 합니다. 진정으로 하나님께 속한 사람은 하나님께 순종하고, 하나님의 경고에 귀를 기울이고, 하나님의 아들을 영접함으로써 자신을 나타냅니다. 하나님의 경고에 주의하지 않으면, 선지자들과 맞서고 예수님과도 맞서게 됩니다.

포도원 주인이 악한 농부들을 심판하지 않기로 했다면, 그를 어떤 말로 묘사하겠습니까?

농부들이 벌을 받는 것이 합당하다고 생각되는 이유는 무엇입니까?	이 이야기는 하나님의 심판을 보는 시각에 어떤 영향을 끼칩니까?

핵심교리 99

98. 지옥

성경은 죽음의 순간에 그리스도 안에 있지 않은 사람들 위에 하나님의 진노가 있으며(요 3:36), 그들은 이 땅에서 행한 대로 심판을 받게 될 것이라고 말합니다(히 9:27). 불신자들을 기다리는 지옥의 형벌은 결코 끝나지 않을 영원한 고통이며, 무한하신 하나님을 대적해 저지른 죄의 결과입니다(마 25:41, 46). 지옥에서 죄인들은 하나님과 영원히 분리됩니다.

3. 악한 농부들은 자신의 악한 계획 때문에 하나님께 거절당합니다(마 21:42~46)

> 예수님은 시편을 인용하면서 심판의 비유를 마무리하십니다. 이 비유는 다음과 같이 현실 속으로 들어옵니다. (1) 예수님이 열매 맺지 못하는 백성들에게 내려질 강력한 심판이심이 분명해졌으며, (2) 종교 지도자들은 이 비유가 자기들을 겨냥한 것임을 알아차렸습니다.

[42]예수께서 이르시되 너희가 성경에 건축자들이 버린 돌이 모퉁이의 머릿돌이 되었나니 이것은 주로 말미암아 된 것이요 우리 눈에 기이하도다 함을 읽어 본 일이 없느냐 [43]그러므로 내가 너희에게 이르노니 하나님의 나라를 너희는 빼앗기고 그 나라의 열매 맺는 백성이 받으리라 [44]이 돌 위에 떨어지는 자는 깨지겠고 이 돌이 사람 위에 떨어지면 그를 가루로 만들어 흩으리라 하시니 [45]대제사장들과 바리새인들이 예수의 비유를 듣고 자기들을 가리켜 말씀하심인 줄 알고 [46]잡고자 하나 무리를 무서워하니 이는 그들이 예수를 선지자로 앎이었더라

예수님의 이 비유는 두 가지 면에서 잘못 해석되기 쉽습니다.

첫째, 포도원 주인이 자기 아들을 악한 농부들에게 보냈을 때 어떤 일이 일어날지 알지 못한 것처럼 보이는데, 이로 인해 하나님이 나중에 선지자들과 아들이 당한 일을 보시고 그제야 놀라셨을 것으로 생각하기 쉽습니다. 그러나 하나님은 자기 아들이 죽게 될 것을 알고 계셨기에 아들을 "세상 죄를 지고 가는 하나님의 어린양"(요 1:29)으로 보내신 것입니다.

둘째, 포도원을 빼앗아 다른 사람들에게 넘긴다는 예수님의 말씀을 마치 하나님이 이스라엘을 완전히 버리신다는 뜻으로 생각하기 쉽습니다. 그러나 맥락이 뜻하는 내용은 하나님이 이스라엘을 버리셨다는 것이 아니라, 이스라엘을 하나님의 아들 메시아를 통해 다시 세우시겠다는 것입니다. 예수님은 하나님의 새 백성을 위한 모퉁잇돌이십니다.

> 크렉 블롬버그는 이 비유의 가르침을 이렇게 요약합니다.

"첫째, 하나님은 그 백성이 반복적이며 노골적으로 하나님을 거역할지라도 그들이 하나님이 원하시는 열매를 맺을 때까지 인내하며 오래 참으십니다. 둘째, 하나님의 인내가 다하고 그를 버린 사람들이 멸망하게 될 날이 다가옵니다. 셋째, 그럼에도 하나님은 처음 농부들이 열매를 맺지 못하면 새로운 지도자를 세워 열매를 맺게 하십니다."[9]

이 비유를 오늘날 우리에게 적용한다면, 예수님과 선지자들을 거부한 일이 얼마나 종교적인 일이었던가에 주목해야 합니다. 때때로 우리는 사람들을 종교인과 비종교인으로 나누고, 전자를 좋게 후자를 나쁘게 생각하는 경향이 있습니다. 그러나 이 이야기에서 하나님으로부터 가장 큰 저주를 받은 사람들은 종교 지도자들과 열매 맺지 못한 사람들이었습니다. 그들은 종교적이었으나 열매를 맺지 못했습니다.

Q 열매 맺지 못하는 것을 감추기 위해 우리는 어떤 식으로 종교적 헌신을 하곤 합니까?

Q 이 이야기가 던지는 경고는 오늘날 우리에게 어떻게 적용됩니까?

만일 자기 마음과 삶을 제대로 살피지 못한다면, 이 비유를 제대로 적용할 수 없을 것입니다. 자신의 종교적 헌신이나 신실함을 의지하면, 하나님의 진노를 피할 수 없습니다. 우리는 우리를 하나님의 백성으로 삼으시는 믿음의 모퉁잇돌 되시는 예수님을 의지해야 합니다. 예수님 시대나 지금이나 하나님의 백성에 속하게 되면, 특권과 함께 책임도 다해야 합니다.

이 이야기에 우리 자신을 대입해 보면, 우리는 악한 농부에 가까울지도 모릅니다.

> 우리도 종교 지도자들과 함께 십자가를 외쳤을지도 모릅니다. "그를 십자가에 못 박으소서! 십자가에 못 박으소서!" 예수님을 십자가에 못 박은 것은 이스라엘의 죄일 뿐 아니라 온 세상의 죄였습니다. 로마 제국(이방인들)과 이스라엘(유대인들)이 역사적으로 결탁한 모습을 보였던 것입니다.

Leader

우리는 하나님을 거부하고 하나님의 경고들을 무시한 사람들입니다. 우리는 하나님의 독생자를 공격한 사람들입니다. 이제 이런 질문이 남습니다. "하나님이 맹렬히 심판하실 때, 우리는 어디쯤에서 발견될 것인가?" 심판에서 구원받을 수 있는 유일한 방법은 성자 하나님을 영접하고, 겸손히 그분을 믿는 것입니다. 그러면 예수님은 심판 때 우리를 깨부수는 모퉁잇돌이 아닌, 예수님 안에서 새 삶을 찾은 우리의 모퉁잇돌이 되어 주실 것입니다. 악한 농부들 이야기는 심판에 관한 비유지만, 이 비유의 목적은 우리로 하여금 회개하고 하나님의 아들을 믿게 하려는 데 있습니다.

Q 하나님의 사랑을 전하고 보여 주어야 할 사명에서 '열매 맺기'는 어떤 역할을 할까요?

심화주석 당시 유대교의 두 권력층을 대변하는 사람들은 '제사장들'(주로 사두개인)과 '바리새인들'(마 21:45)이었습니다. … 그들은 예수님의 말씀을 듣고, 자기들을 가리켜 하신 말씀임을 알았습니다. 마태복음 21장 44절은 많은 사본에 삽입되어 있습니다. 그러므로 이 말씀은 분명 주님이 하신 말씀일 것이고, 누가복음 20장 18절과도 유사합니다. '머릿돌'이 너무 낮으면 부주의한 사람은 발이 걸려 넘어지기 쉽고, 제대로 고정하지 않으면 누군가 기대었다가 돌이 빠져나와 떨어져 지나가는 사람을 다치게 할 수 있습니다(마 21:44). 이는 이사야서 8장 14절과 다니엘서 2장 35절을 염두에 두고 쓴 것 같습니다. 하나님은 그 버린 돌(마 21:42)을 택해 귀한 자리에 올려 놓으셨는데, 그 자리는 위험한 자리이기도 했습니다.

이 이야기는 웅장하면서도 슬픈 역설로 끝이 납니다(마 21:46). 종교 지도자들이 예수님을 거부한다고 말한 것입니다. 그들은 경고를 받았음에도 불구하고, 예수님을 체포할 방법을 모색했고, 예수님을 선지자로 여기는 사람들을 두려워하면서(11절) 절대로 하지 말라고 경고하신 것을 하려고 했습니다. … 하나님은 이런 상황을 성경에서 미리 경고하셨으나, 종교 지도자들은 미움에 사로잡혀 끝내 그렇게 행동하고 말았습니다.[10]

_D. A. 카슨

"예수님의 가르침에서 심판은
두드러지는 주제로서 주목할 만한
특징으로 시작합니다. 예수님은
심판주가 되실 것입니다."[11]
_스캇 맥나이트

"대제사장과 바리새인들은 완고한
마음을 가졌을 뿐만 아니라
자신들의 불신앙과 사악함 때문에
하나님의 아들을 제대로 이해할
수 없었습니다. 그러나 예수님이
직설적으로 말씀하시자, 그들은
그것을 부인할 수 없었고 주님의
모든 심판이 자신들을 향하고
있음을 알아차렸습니다."[12]
_히에로니무스

결론

은혜에 관해서만 말씀하시고, 심판에 관해서는 말 한마디 안 하시는 온화한 예수님의 초상은 상상 속 허구일 뿐입니다. 우리가 섬기는 구세주는 추문이 날 정도로 은혜를 베풀기도 하셨지만, 맹렬한 소리로 심판을 선포하기도 하셨습니다. 이 이야기에서 우리는 하나님이 인내하실 뿐 아니라, 신속하게 벌하시는 모습을 보게 됩니다. 예수님이 들려주신 이야기에 경각심을 느끼고 하나님의 축복을 얻는 청지기로 살아가기를 바랍니다.

그리스도와의 연결

예수님의 '악한 농부 비유'는 당시 종교 지도자들을 가장 신랄하게 비판했던 비유 중 하나입니다. 이 이야기에서 하나님은 포도원의 주인이시고, 예수님은 주인의 아들이시며, 종교 지도자들은 하나님의 말씀을 거부한 사람들입니다. 예수님은 시편 118편을 자신에게 적용해 자기 역할을 하나님의 심판과 구원을 가져오는 모퉁잇돌로 이해하셨습니다.

하나님의 계획 우리의 사명

선교적 적용 하나님은 우리에게 하나님의 백성으로서 사명을 다해 회개와 선교의 열매를 맺으라고 말씀하십니다.

1. 그리스도인이 하나님의 은사와 자원의 청지기로서 세상에서 하나님을 영화롭게 하기 위해 실천해야 할 것들은 무엇입니까?

2. 용서를 구하고 회개를 드려야 할 하나님의 아들을 우리는 어떤 식으로 높여 드리지 못합니까?

3. 다른 사람들을 예수님께 인도할 때, 우리는 예수님에 관해 어떻게 이야기해야 할까요?

금주의 성경 읽기
렘 17~24장

Summary and Goal

요한은 예수님이 물로 포도주를 만드신 이야기를 오락거리로 쓰지 않았습니다. 요한은 성령의 영감을 받아 하나님 아버지를 계시하시는 예수님의 기적의 진리를 기록한 것입니다. 이 기적의 이야기에서 우리는 우리의 필요를 아시는 예수님과 예수님의 정체를 엿볼 수 있으며, 오로지 하나님을 드러내기 위해 행동하시는 능력의 예수님을 발견할 수 있습니다.

물로
포도주를
만드시다

7

- 성경 본문
  요한복음 2:1~12

- 세션 포인트
  1. 예수님의 기적은 인간의 필요에 대한 응답입니다(요 2:1~5)
  2. 예수님의 기적은 예수님이 누구이신지를 드러냅니다(요 2:6~10)
  3. 예수님의 기적들은 영광을 드러내고 믿음을 굳게 합니다(요 2:11~12)

- 신학적 주제
  예수님의 기적은 하나님 아버지를 영화롭게 하려는 목적으로 베풀어집니다.

- 그리스도와의 연결
  죄는 하나님과의 관계를 파괴하고, 인생을 영적 황폐와 슬픔으로 몰아갑니다. 그리스도의 기적들은 우리가 예수님의 영광스러운 삶과 죽음과 부활을 믿을 때 하나님과의 기쁜 화해가 가능함을 알려 줍니다.

- 선교적 적용
  하나님은 우리에게 예수님이 하라고 명하신 일들을 하고, 다른 사람들을 믿음으로 인도해 하나님의 영광을 드러내라고 말씀하십니다.

Session Plan

도입

비록 본래 목적에서 벗어나 달리 사용되는 경우가 있을지라도, 모든 사물은 저마다 만들어진 목적이 있습니다. 그 목적을 생각하면서 이 단원을 시작하십시오.

어떤 물건을 본래 용도와 다른 용도로 사용한 적이 있습니까? 결과가 어떠했습니까?

인간의 존재 목적은 무엇입니까? 그리스도를 믿는 신자들의 존재 목적은 무엇입니까?

우리는 자신의 존재 목적을 잘 알지 못하지만, 예수님은 그렇지 않으셨음을 설명해 주십시오. 그리고 나서 물로 포도주를 만드신 예수님에 관해 다루는 이 세션의 내용을 요약해 주십시오.

전개

1
예수님의 기적은 인간의 필요에 대한 응답입니다
(요 2:1~5)

요한복음 2장 1~5절을 읽으십시오. 예수님의 어머니 마리아가 가나의 혼인 잔치에서 일어난 기적에 어떻게 관여했는지, 잔치에서 포도주가 떨어진 사건이 얼마나 심각한 문제였는지 설명해 주십시오. 또한 마리아가 예수님께 청했던 이유와 예수님이 보인 반응을 가르쳐 주십시오. (부록 6: '예수님의 사역 지도'에서 가나의 위치를 짚어 주십시오.)

하나님을 향한 확신은 기도 생활에 어떻게 드러납니까?

마리아와 하객들의 필요가 예수님의 마음을 움직였다는 것을 강조해 주십시오. 예수님에 대한 '마리아의 믿음'과 '염려가 있을 때 하나님을 신뢰해야 하는 방식'을 연결시켜 설명해 주십시오.

하나님께 인간적인 필요를 구하기가 어렵습니까? 그 이유는 무엇입니까?

2
예수님의 기적은 예수님이 누구이신지를 드러냅니다
(요 2:6~10)

예수님은 다른 복음서에서 사람은 그 열매로 안다고 가르치셨습니다(마 7:17~18). 예수님이 행하신 기적은 예수님이 맺으신 좋은 열매의 예입니다. 자원자에게 요한복음 2장 6~10절을 읽게 하십시오. 기적의 놀라운 결과를 간략하게 언급하고, 왜 하인들과 제자들만 기적을 목격했는지 그 의미에 집중하게 해 주십시오.

예수님의 겸손한 모습에서 위로를 받습니까? 아니면 염려가 됩니까? 그 이유는 무엇입니까?

예수님의 종 되심과 거룩하심을 어떻게 균형 있게 이해할 수 있을까요?

부록 4: '예수님의 기적'을 참고해 이 기적은 손재주의 결과가 아니라, 하나님의 아들이신 예수님의 영광을 드러내는 것이었음을 강조해 주십시오. 그리고 나서 요한복음 2장 11~12절을 읽으십시오. '영광'과 '거룩'의 개념을 연결해 두 개념이 기적의 완성으로 어떻게 구체화되는지 설명해 주십시오.

하나님이 하신 일이 틀림없다고 증언할 만한 일을 체험한 적이 있습니까? 그 체험은 어떤 영향을 미쳤습니까?

예수님의 기적은 떠벌려지듯 알려지지 않았고 그의 "때"가 아직 오지 않았으나, 제자들은 그 기적을 보고 이전보다 더 예수님을 믿게 되었습니다. 우리에게 남은 유일한 질문은 이것입니다. "당신은 예수님을 믿습니까?"

교회 울타리 밖에서 하나님의 영광이 드러나는 것을 본 적이 있습니까? 그것을 본 사람들은 어떻게 변화되었습니까?

예수님의 복음을 선포하는 사역은 교회 밖에서 하나님의 영광을 어떻게 드러냅니까?

3

예수님의 기적은 그분의 영광을 드러내고 믿음을 굳게 합니다
(요 2:11~12)

결론

우리를 죄에서 구원하시는 예수님을 믿으면, 우리 자신이 예수님의 기적이 됩니다. 이 진리를 선포하면서 이 세션을 마무리하십시오. 그의 "때"가 차면 이루어질 예수님의 목적은 이미 성취되었습니다. 그래서 우리는 그리스도를 선포하고 다른 사람들을 그리스도께로 인도할 목적으로 살아가는 것입니다. 이 세션에서 배운 진리를 '하나님의 계획, 우리의 사명'에서 적용해 보십시오.

Session Content

7. 물로 포도주를 만드시다

도입

> Leader

영화 〈인어공주〉에서 아리엘이 생소한 물건들, 즉 인간이 만든 물건들을 발견하는 장면을 재미있게 보았습니다. 아리엘은 그것들을 척척박사 갈매기 친구 스커틀에게 가져가 무엇에 쓰는 물건인지 묻습니다. 스커틀은 그것들의 이름이나 용도를 알지도 못하면서 아는 체하며 대답합니다. 예를 들면, 포크를 들여다보더니 사람들이 머리카락을 곧게 펼 때 쓰는 도구라고 대답하는 식입니다.

무엇이 만들어진 목적을 아는 것은 유익합니다. 아마 어떤 물건을 본래 용도가 아닌 다른 용도로 사용한 적이 있을 것입니다. 사무용 집게로 흘러내리는 머리를 고정하거나, 물컵에 과자를 담아 먹기도 하고, 수건을 스트레칭 도구로 사용하곤 합니다. 이처럼 물건은 본래 용도에서 벗어나 임시방편으로 사용될 수 있으나, 그렇다고 해서 그 물건의 본래 목적이 바뀌는 것은 아닙니다.

Q 어떤 물건을 본래 용도와 다른 용도로 사용한 적이 있습니까? 결과가 어떠했습니까?

Q 인간의 존재 목적은 무엇입니까? 그리스도를 믿는 신자들의 존재 목적은 무엇입니까?

우리는 너무나 자주 본래 목적을 혼동합니다.

> Leader

사람들이 가장 자주 하는 질문 중 하나가 "우리는 왜 존재하는가?" 아니면 "나는 왜 존재하는가?"입니다. 우리는 이 문제와 씨름을 벌이곤 합니다.

그러나 예수님은 그러지 않으셨습니다. 예수님은 자신의 존재 목적이 하나님 아버지를 영화롭게 하기 위한 것임을 아셨습니다. 예수님이 기적을 행하신 목적도 하나님 아버지를 영광스럽게 하기 위함이었습니다.

'기적'은 하나님이 행하시는 놀라운 일들을 말하는 것으로 헬라어로는 '세메이온' 입니다. 우리말 성경은 대부분 이 단어를 '표적'으로 번역했고, 일부에서는 '이적' (막 13:22; 눅 23:8; 계 12:1) 또는 '징조'(마 24:3, 30; 눅 21:7; 행 2:19)로 번역했습니다(역주).

예수님의 첫 번째 기적을 자세히 살펴보면, 예수님이 기적을 행하신 목적이 관심을 끌기 위함도(종종 관심을 끌긴 하셨지만), 좀 더 편하게 살기 위함도(편하게 사실 수도 있었겠지만), 제자들을 감동시키기 위함도(제자들이 감동한 것은 사실이지만) 아니었음을 알게 됩니다. 모든 기적의 목적은 하나님의 아들이요 세상의 구세주이신 예수님의 정체를 계시하기 위한 것이었습니다.

Session Summary

요한은 예수님이 물로 포도주를 만드신 이야기를 오락거리로 쓰지 않았습니다. 요한은 성령의 영감을 받아 하나님 아버지를 계시하시는 예수님의 기적의 진리를 기록한 것입니다. 이 기적의 이야기에서 우리는 우리의 필요를 아시는 예수님과 예수님의 정체를 엿볼 수 있으며, 오로지 하나님을 드러내기 위해 행동하시는 능력의 예수님을 발견할 수 있습니다.

전개

1. 예수님의 기적은 인간의 필요에 대한 응답입니다(요 2:1~5)

요한복음 1장에서 세례 요한은 예수님의 정체를 하나님의 어린양으로 선언하고, 안드레는 메시아로 증언했습니다(요 1:40~41). 예수님이 나다나엘이 어떤 사람이고 어디에 있었는지를 알고 계셨음을 드러내시자, 나다나엘은 예수님을 "하나님의 아들 … 이스라엘의 임금"(요 1:49)이시라고 고백했습니다. 이들은 예수님을 제대로 알아봤고, 예수님의 본질을 다른 사람들에게 전했으며, 돌이켜 예수님을 따르기 시작했습니다.

요한복음 1장에서 많은 사람이 예수님을 다양한 호칭으로 부르지만, 그 증거들이 구체화되는 것은 2장에서입니다.

사흘째 되던 날 갈릴리 가나에 혼례가 있어 예수의 어머니도 거기 계시고 예수

**심화
주석** "사흘째 되던 날"(요 2:1)이
란 예수님이 나다나엘을
만나신 지 이틀이 지난 때였고(요
1:43~51), 세례 요한이 증언한 날로부
터 일곱째 되는 날이었습니다(참조,
요 1:29, 35, 43). …
혼인 잔치에서 "포도주가 떨어졌다"
는 것은 1세기 유대교의 영적 고갈을
상징합니다. 구약에서 포도주가 하
나님의 축복과 기쁨을 상징한다는
점을 생각하면, 포도주의 고갈은 구
약 체제에 대한 비판이라고 할 수 있
습니다(시 104:15; 잠 3:10. 참조, 마
26:29).
예수님이 자기 어머니에게 "여자여"
하고 질문한 것은 예를 갖추어 물은
것입니다. 예수님이 "내 때가 아직 이
르지 아니하였나이다"라고 말씀하
셨는데, 요한복음에서 예수님의 "때"
는 십자가의 때요, 대속의 죽음으로
구원 사역을 완수하시는 때입니다
(참조, 요 7:30; 8:20; 12:23, 27; 13:1;
17:1). 당시 유대인들은 오실 메시아
에 관해 오해하고 있었기에 예수님은
(비록 메시아이심을 암시하는 여러
'기적'을 보이셨지만) 이스라엘에게
자신을 드러내지 않으셨습니다. 가나
에서의 기적도 조용히 행하셨습니다.
요한복음은 다른 복음서들과 달리
예수님의 공적 사역보다 특정 개인
들에게 행하신 사적 사역을 더 강조
하는 편입니다. [3]
_안드레아스 J. 쾨스텐버거
ESV Study Bible_

와 그 제자들도 혼례에 청함을 받았더니 [3]포도주가 떨어진지라 예수의 어머니
가 예수에게 이르되 저들에게 포도주가 없다 하니 [4]예수께서 이르시되 여자여
나와 무슨 상관이 있나이까 내 때가 아직 이르지 아니하였나이다 [5]그의 어머니
가 하인들에게 이르되 너희에게 무슨 말씀을 하시든지 그대로 하라 하니라

> **Leader** 차츰 살펴보겠지만, 이번 이야기의 주변 상황을 보면 예수님이 공생애 초기 시점
에 어떤 사람들과 관계를 맺으셨는지 알 수 있습니다. 처음에 예수님은 어머니가
살던 나사렛 근처에 머무셨습니다. 가나의 정확한 지리적 위치는 알 수 없으나,
가나와 나사렛이 서로 가까웠으리라고는 짐작할 수 있습니다. 또한 예수님은 제
자들과 동역하기 시작하셨던 듯합니다. 그래서 제자들과 함께 혼인 잔치에 초대
받으셨습니다.

예수님의 어머니 마리아는 이 혼인집에서 단순한 하객이 아니었음이
분명합니다. 마리아는 적어도 그 가족이 신뢰하는 사람이었거나, 가까운
친구로 혼인 잔치를 준비하고 거드는 일을 했을 것입니다. 결혼식 날 아침
에 와서 "뭘 도와주면 좋을까?" 하고 묻는 사촌이나 이모 정도 되었을 것
입니다. 하객이라면 포도주가 떨어졌다는 사실을 알 수 없었을 텐데, 마리
아가 알았던 것으로 보아 혼인하는 가정과 친밀한 사이였을 것입니다.

> **Leader** 팔레스타인은 포도가 많아서 포도주도 흔했습니다. 포도주는 음료였을 뿐만 아
니라 약품이나 방부제로도 쓰였습니다. 성경은 술 취하는 것을 경계하지만, 포도
주는 유대인들이 목을 축이는 음료로 혼인 잔치 때도 제공되었습니다. [2] 포도주
가 떨어졌다는 것은 잔치 준비가 부실했거나, 예상보다 많은 하객이 왔다는 뜻입
니다.

포도주가 부족해지자, 마리아가 예수님께 "저들에게 포도주가 없다"
(3절) 하고 담담히 말했습니다.

> **Leader** 마리아는 예수님께 무엇을 기대했을까요? 확실히 알 수는 없지만, 예수님의 대답
은 그녀가 예수님의 초자연적 능력을 이미 알고 있었음을 암시합니다.

"여자여, 나와 무슨 상관이 있나이까? 내 때가 아직 이르지 아니하였
나이다"(4절)라는 예수님의 대답은 21세기를 사는 우리에게는 귀에 거슬리
게 들릴 수도 있지만, 1세기 유대인들에게는 무시하는 말로 들리지 않았습
니다. 예수님의 말씀은 무례한 것이 아니라 솔직한 것이었습니다. 이 말씀
은 '아직은 하나님 아들이라는 정체를 드러낼 때가 아니다'라는 뜻이었습
니다.

예수님이 여자에게서 태어나셨을 뿐만 아니라 하나님의 아들이심을

확실히 아는 사람이 있다면, 예수님의 어머니인 마리아일 것입니다. 예수님의 권능과 사명을 아는 사람이 있다면, 그것도 마리아일 것입니다. 혼인 잔치에서 포도주가 부족해졌을 때 도움을 줄 수 있는 유일한 분이 누구인지 아는 사람이 있다면, 그 역시 마리아일 것입니다. 마리아는 예수님이야말로 부족함을 즉시 채워 주실 수 있는 오직 한 분임을 알았습니다.

Q 하나님을 향한 확신은 기도 생활에 어떻게 드러납니까?

> **Leader**

예수님의 어머니인 마리아는 믿음이 충만한 성숙한 여성이었지만, 마치 어린아이처럼 예수님께 청했습니다. 어린아이는 필요한 것이 있을 때, 부모가 채워 줄 것을 확신하며 부모에게 청하는 법입니다. 많은 부모가 고장 난 인형을 가져와 고쳐 달라고 떼쓰는 아이 때문에 당황한 경험이 있을 것입니다. 부모라면 아이가 아프기만 해도 부랴부랴 달려가 안심시켜 줄 것입니다. 아이들은 필요한 것이 있을 때, 부모에게 가서 간단히 필요한 것만 말해도 됩니다. 아마도 이것은 마태복음에서 예수님이 말씀하신 진리에 해당할 것입니다. "이르시되 진실로 너희에게 이르노니 너희가 돌이켜 어린아이들과 같이 되지 아니하면 결단코 천국에 들어가지 못하리라 그러므로 누구든지 이 어린아이와 같이 자기를 낮추는 사람이 천국에서 큰 자니라"(마 18:3~4). 이 혼인 잔치 이야기의 역설은 어머니가 아들에게 왔다는 것이며, 어머니가 아들의 신적 능력과 권세를 알아보았다는 것입니다.

마리아는 예수님께 무엇이 부족한지 말하고 처분을 맡겼습니다. 마리아는 아들에게 포도주를 좀 더 사 오라고 돈을 주지 않았고, 해법을 제시하지도 않았습니다. 그저 마음속의 염려를 말하고, 주변에 있던 하인들에게 예수님이 무엇을 말씀하시든지 그대로 하라고 지시했을 뿐입니다.

> **Leader**

이 본문을 읽으면서 어떤 사람들은 마태복음 8장 5~13절에 등장하는 로마 군대의 백부장을 떠올릴 것입니다. 그는 상관의 말 한마디로도 그 명령이 실행된다고 했습니다. 마리아는 예수님께 즉각적인 상황 해결 능력뿐 아니라, 모든 피조물을 다스리는 능력이 있음을 알았습니다(골 1:16).

포도주가 부족하다는 사실이 예수님의 정체나 능력이나 사명에 영향을 끼칠 일은 없었으나, 마리아와 하객들의 필요가 예수님의 마음을 움직였습니다. 예수님이 사랑하시는 이가 예수님께 필요한 것을 청했기 때문입니다.

마리아처럼 우리도 스스로 해결할 수 없는 문제들로 어려움에 처할 때가 있습니다. 그럴 때 마리아가 그랬던 것처럼 예수님께 나아가 자신의

"주님은 혼인 잔치에 초대되어 오셨습니다. 혼인 잔치에 오셨던 분이 사실은 세상의 혼인 잔치를 위해 오셨다는 사실이 놀랍지 않습니까? … 여기 그분의 신부가 있습니다. 주님이 자기 피로 구속하셨으며, 성령을 약속으로 주신 신부 말입니다."[4]
_어거스틴

 심화주석 혼인 잔치 날은 명절 분위기였습니다. 젊은 남자들은 놀이를 하고, 젊은 여자들은 춤을 추었습니다. 친지들은 신랑과 신부에게 선물을 가져왔습니다. 저녁 무렵에는 모든 사람이 구운 쇠고기와 살진 송아지를 비롯해 많은 음식을 나누었습니다. 모두가 즐겁게 먹고 마셨습니다. 주인은 모든 필요를 채워 주어야 했습니다. 잔치에 포노수가 떨어지는 것은 큰 결례요, 몹시 당황스러운 일이었습니다. … 일반적으로 유대인의 혼인 잔치는 이레 동안이나 지속되었으므로 가산을 탕진하기도 했습니다. 가난한 사람들은 낮에 일하러 갔다가 저녁에는 밥 먹으러 혼인집으로 왔습니다. … 유대인의 혼인 잔치는 기쁨과 친교와 축하로 가득했습니다. 신약은 장래 메시아의 성찬을 혼인 잔치에 빗대어 예수님이 장차 영원한 하나님 나라에서 신자들과 더불어 기쁨과 친교와 축하의 잔치를 여실 것이라고 묘사합니다.[5]
_샤론 H. 그리츠
Biblical Illustrator

필요를 말씀드립니까? 아니면 문제를 어떻게 풀어야 할지 예수님께 말씀드리고 나서 그대로 해 주지 않으신다고 섭섭해합니까? 담대하게 하나님 앞에 나아가 필요를 말씀드리십시오. 히브리서 기자는 이렇게 우리를 격려합니다.

"그러므로 우리는 긍휼하심을 받고 때를 따라 돕는 은혜를 얻기 위하여 은혜의 보좌 앞에 담대히 나아갈 것이니라"(히 4:16).

확신을 가지고 하나님의 보좌로 나아가는 것은 우리가 그럴 만한 사람이거나 착한 행실 때문이 아니라, 하나님이 자비로우시며 은혜로우시며 돕기에 능한 분이시기 때문입니다.

> **Leader** 이 시점부터 마리아가 이야기에서 자취를 감추기 때문에 그녀에 관한 이야기를 더는 알 수 없습니다. 마리아는 예수님이 하시는 일을 쫓아다니거나 점검하지 않았습니다. 이처럼 우리도 하나님께 예수님의 이름으로 자기의 필요를 고한 다음 그것을 예수님의 발아래 내려놓고, 예수님이 행하실 일을 기대하며 온전한 믿음으로 지켜봐야 합니다.

Q 하나님께 인간적인 필요를 구하기가 어렵습니까? 그 이유는 무엇입니까?

2. 예수님의 기적은 예수님이 누구이신지를 드러냅니다

(요 2:6~10)

이후에 사역 현장에서 예수님은 이런 말씀을 하셨습니다.

"이와 같이 좋은 나무마다 아름다운 열매를 맺고 못된 나무가 나쁜 열매를 맺나니 좋은 나무가 나쁜 열매를 맺을 수 없고 못된 나무가 아름다운 열매를 맺을 수 없느니라"(마 7:17~18).

본질적으로 이 말씀은 우리가 맺는 열매로 우리 자신이 누구인가를 알 수 있다는 뜻입니다.

> **Leader** 몇 년 전에 한 지방 행사에 갔다가 닭장과 토끼우리가 있는 농장에서 아주 우스운 장면을 목격했습니다. 어느 자원봉사자가 토끼우리에 갓 낳은 달걀을 넣어 두었습니다. 아이들은 예쁜 토끼들의 부드러운 털을 만지다가 우리 안에 있는 달걀을 발견했습니다. 거의 모든 아이들이 "이 토끼가 저 달걀을 낳은 거예요?" 하고 물었습니다. 지혜로운 자원봉사는 이렇게 되물었습니다. "토끼가 알을 낳아?" 부모들이 뒤에서 숨죽여 웃는 동안 아이들이 갸우뚱거리며 골똘히 생각하는 모

습을 볼 수 있었습니다. 머리로는 토끼가 알을 낳을 리 없다는 걸 아는데, 눈으로는 다른 상황을 보고 있었기 때문입니다.

예수님은 유대 지도자들이 아주 오랫동안 하나님의 백성에게 영향을 미쳐 온 신화를 척결하러 오셨습니다. 예수님은 겉으로 드러나는 의가 하나님의 의와는 아무 상관없다는 진리를 가르쳐 주셨습니다. 당시 유대 지도자들은 의로운 행위로 말미암아 자신들이 하나님께 가까이 나아가고 거룩하게 되었다고 설파했습니다. 어떤 이의 인생을 힐끗 보는 것만으로는 그 열매를 정확히 알 수 없지만, 시간이 지나면 그 실체가 드러나기 마련입니다. 예수님은 지극히 높으신 분의 아들로서 진실로 의로운 분이셨습니다. 예수님은 기적들을 통해 자신의 고귀한 정체를 드러내셨는데, 그 기적들은 유대 지도자들이 낳은 나쁜 열매와는 극명하게 달랐습니다.

> 이 진리에 관해 베드로는 사도행전에서 이렇게 말했습니다.
> "하나님께서 나사렛 예수로 큰 권능과 기사와 표적을 너희 가운데서 베푸사 너희 앞에서 그를 증언하셨느니라"(행 2:22).
> 하나님은 예수님께 기적들을 통해 자기 정체를 스스로 드러낼 수 있도록 능력을 부어 주셨습니다. 다음 장면이 펼쳐질 때, 예수님의 제자로 그 자리에 참석해 지켜봤다고 상상해 보십시오.

Leader

⁶거기에 유대인의 정결 예식을 따라 두세 통 드는 돌항아리 여섯이 놓였는지라 ⁷예수께서 그들에게 이르시되 항아리에 물을 채우라 하신즉 아귀까지 채우니 ⁸이제는 떠서 연회장에게 갖다 주라 하시매 갖다 주었더니 ⁹연회장은 물로 된 포도주를 맛보고도 어디서 났는지 알지 못하되 물 떠온 하인들은 알더라 연회장이 신랑을 불러 ¹⁰말하되 사람마다 먼저 좋은 포도주를 내고 취한 후에 낮은 것을 내거늘 그대는 지금까지 좋은 포도주를 두었도다 하니라

> 먼저 눈에 들어오는 것은 "유대인의 정결 예식"에 따라 놓인 여섯 개의 돌항아리입니다. 성경에서 일곱은 완전함이나 온전함을 나타내는 숫자인데, 여섯은 일곱에 미치지 못하는 불완전함을 상징합니다.⁷
> 정결 예식에 쓰이는 물은 민수기에서 몇 차례 언급된 바 있습니다(민 8:7; 9:19; 31:23). 이 돌항아리들이 정결 예식을 위한 것이었는지, 단순히 물을 채우기 위한 것이었는지는 확실하지 않지만, 항아리들은 거룩한 일을 위해 따로 구별되어 있었습니다. 이 커다란 항아리들은 예수님이 쓰실 때까지는 사용되지 않은 채 비어 있었습니다.

Leader

심화 주석 요한은 이 기적이 언제 어떻게 일어났는지 알려 주지 않습니다. 그는 다만 "물로 된 포도주"(요 2:9)라고만 말합니다. 어느 정도의 물이 포도주가 되었는지도 알려 주지 않습니다. … 연회장은 자기가 맛본 포도주가 어디서 났는지 알지 못했으나, 그 품질은 인정했습니다. 연회장은 연회의 책임을 맡은 신랑을 불러 관례를 뛰어넘는 대접이라고 말해 주었습니다. 연회를 시작할 때는 대체로 사람들의 입맛이 예민하기 때문에 좋은 포도주를 내는 것이 관례였습니다. 하객들이 "취한 후에" 품질이 떨어지는 포도주를 내는 것이 관례였던 것입니다. 그런데 이 신랑은 좋은 포도주를 마지막까지 간직했습니다. 그러므로 포도주의 품질은 의심할 여지없이 기적의 결과였음을 알 수 있습니다.⁸

레온 모리스

"예수 그리스도께서는 '나는 잔치의 주인이다. 종국에 나는 기쁨을 가져다주느니라. 이런 이유에서 내 행위의 흔적, 나의 첫 기적은 모든 사람의 웃음을 위해 준비된 것이니라'라고 말씀하셨습니다."⁹

_팀 켈러_

> "물이 그 본질을 벗어나 다른 것으로 변형되었다는 사실은 창조주께서 강력하게 임하셨다는 증거입니다. 무(無)에서 물을 창조하신 분만이 그것을 전혀 다른 용도의 것으로 변화시키실 수 있습니다. 물로 포도주를 만드신 분은 처음부터 물을 눈으로 뭉치기도 하시고, 얼음으로 굳게도 하신 바로 그분이 틀림없습니다. 그분은 애굽 백성을 위해서는 물이 변해 피가 되게 하셨고, 목마른 히브리인들을 위해서는 바위에서 물이 솟게 하신 분입니다. 그 바위는 샘이 되어 마치 어머니의 젖가슴처럼 무수한 사람을 소생시켰습니다."[10]
> _토리노의 막시무스_

핵심교리 99 | **30. 기적**

'기적'이란 하나님이 영광을 드러내시거나 말씀을 확증해 주시기 위해 만물의 자연 질서에 예외를 허락하시거나 자연법칙과 어긋나는 현상을 일으키시는 사건을 말합니다. 성경 전반에 걸쳐 기적들이 기록되어 있습니다. 선지자나 사도가 하나님의 말씀을 백성에게 전할 때, 종종 이적과 기사가 나타났습니다. 하나님은 전능하시며 세상일에 친히 관여하신다고 믿기에, 우리는 하나님이 기적을 행하실 수 있을 뿐만 아니라 또한 행하신다고 믿습니다.

예수님은 주문을 외우지도, 항아리들을 만지지도 않으셨습니다. 그냥 항아리들을 물로 채우라고 하신 다음, 채운 물을 떠서 연회장에게 가져다주라고 지시하셨습니다. 물을 채우고 맛보는 사이에 물이 포도주로 변한 것입니다. 직업상 좋은 포도주와 나쁜 포도주를 분별할 수 있었을 연회장은 그것이 그냥 포도주가 아니라 "좋은 포도주"였다고 말했습니다.

그러나 본문의 초점은 예수님이 좋은 포도주를 만드신 데 있지 않습니다. 우리는 모든 것이 예수님으로 말미암아, 예수님을 통해, 예수님을 향해 창조되었으며(골 1:16), 모든 피조물이 아버지가 보시기에 "좋다"는 것을 압니다(창 1장). 예수님이 포도주를 만드신 기적보다 첫 기적을 누가 알아보았는지에 주목하십시오. 예수님의 첫 기적을 알아본 사람은 신랑도, 연회장도 아니었습니다(그들은 사건의 전모를 의아해하고 있을 뿐입니다). 그들은 바로 하인들이었습니다.

> **Leader**
>
> 어떤 식으로든 아랫사람이 되어 본 적이 있다면, 아랫사람이 어떤 대우를 받는지 알 것입니다. 그들은 자신들이 영예의 대상이 아니라 웃으면서 참아야 하는 하인들임을 알았습니다. 혼인 잔치의 하객들은 예우를 받았지만, 하인들은 하찮게 여겨졌을 뿐입니다.

주님이 하나님의 아들로서 자기 정체를 처음으로 계시하신 대상이 하인들이었다는 것은 참으로 적절했습니다. 이런 사상은 예수님의 말씀에도 묻어납니다.

"인자가 온 것은 섬김을 받으려 함이 아니라 도리어 섬기려 하고 자기 목숨을 많은 사람의 대속물로 주려 함이니라"(막 10:45).

바울은 빌립보서에서 이렇게 강조했습니다.

"오히려 자기를 비워 종의 형체를 가지사 사람들과 같이 되셨고 사람의 모양으로 나타나사 자기를 낮추시고 죽기까지 복종하셨으니 곧 십자가에 죽으심이라"(빌 2:7~8).

예수님은 예나 지금이나 하늘에서는 높임을 받는 하나님이시며, 영광의 대상이요, 하나님의 사랑하시는 아들이십니다. 그러나 땅에서는 고난받는 종이요(사 53장), 겸손하고 온유한 분이셨습니다.

예수님은 자기 정체를 알아봐야 하는 자를 스스로 결정하셨습니다. 실제로도 그분은 이렇게 말씀하셨습니다.

"내 아버지께서 모든 것을 내게 주셨으니 아버지 외에는 아들이 누구인지 아는 자가 없고 아들과 또 아들의 소원대로 계시를 받는 자 외에는 아버지가 누구인지 아는 자가 없나이다"(눅 10:22).

지상 사역 중에 첫 기적을 행하셨을 때 오로지 하인들과 제자들만이 그 기적을 알았는데, 이제는 우리도 그 기적을 압니다.

 예수님의 겸손한 모습에서 위로를 받습니까? 아니면 염려가 됩니까? 그 이유는 무엇입니까?

 예수님의 종 되심과 거룩하심을 어떻게 균형 있게 이해할 수 있을까요?

3. 예수님의 기적들은 영광을 드러내고 믿음을 굳게 합니다
(요 2:11~12)

그 기적은 물로 포도주를 만든 것 이상의 의미가 있었습니다. 마술사와 마법사들을 본 적이 있을 것입니다. TV나 어느 행사장에서 봤을 것입니다. 여성이 들어간 상자가 톱질되어 반으로 나뉘거나 잘린 밧줄이 기적적으로 다시 이어진 것을 봤을 것입니다. 그 속임수의 전 과정을 일일이 눈으로 확인하지 않더라도 우리는 그들이 교묘하게 속임수를 쓴다는 사실을 압니다.

그러나 예수님은 그렇지 않으셨습니다. 거기에는 교묘한 손놀림도, 특별한 조명 효과도 없었습니다. 포도주 맛이 나는 어떤 것을 실수로 항아리에 쏟은 것도 아니었습니다.

혼인 잔칫집의 포도주가 떨어지자, 예수님이 물을 항아리에 부으라고 명령하셨습니다. 그러자 물이 변해 포도주가 되었고, 이로써 예수님의 영광이 드러났습니다.

[11]예수께서 이 첫 표적을 갈릴리 가나에서 행하여 그의 영광을 나타내시매 제자들이 그를 믿으니라 [12]그 후에 예수께서 그 어머니와 형제들과 제자들과 함께 가버나움으로 내려가셨으나 거기에 여러 날 계시지는 아니하시니라

하나님의 영광은 거룩하심과 연관이 있습니다. 하나님은 거룩하셔서 우리 이해를 초월해 존재하십니다. 그리고 하나님께 속한 모든 사물과 모든 사람에게 거룩하기를 요청하십니다. 우리는 자기 힘으로 그 거룩하심에 이를 수 없지만, 주님이 거룩하신 것같이 우리도 거룩하도록 부름받았습니다(벧전 1:15~16). 거룩하게 구별된 빛이 하나님의 영광을 위해 온 인류에 비

심화 주석 요한에게 기적들은 '예수님은 누구이신가'라는 물음에 관한 대답입니다. 기적들은 요한복음 서두(1:1~18)에서 예수님께 주어졌던 칭호들을 하나둘 확인해 가는 역할을 합니다. 물로 포도주를 만드신 이 첫 기적에서는 예수님에 관해 무엇이 계시되었습니까? 만물이 그리스도를 통해 창조되었고, 그리스도는 물질세계를 통치하십니다.

예수님은 누구이십니까?

(1) 그분은 때가 차면 오신다던 메시아이십니다. 그 고대하던 메시아 시대에는 최고급 포도주(복의 열매와 공급하심을 상징함)가 풍요롭게 흘러넘쳐 산을 적시고, 하나님의 백성은 기쁨으로 충만합니다(욜 3:18; 암 9:13~14; 렘 31:12).

(2) 그분은 정결 예식이 본래 의미하는 바요, 그것을 통해 복 주시는 분입니다. 이를 위해 예수님은 유대인들이 일상에서 거행하던 정결 예식을 완전한 생명력으로 바꾸십니다(참조, 요 2:6~7; 히 9:12; 10:10).

(3) 그분은 결혼식에서 단순한 하객이 아닌 대종말의 신랑으로서 자기 생명을 바쳐 우리를 신부로 맞이하시는 분입니다(엡 5:22~33). 예수님은 그 의로우심으로 우리에게 옷을 입히시고(사 61:10), 어린양의 위대한 혼인 잔치에 참여하게 준비시키십니다(계 19:6~10).

(4) 그분은 자신을 믿고 신뢰하라고 우리를 부르시는 영광의 주님이십니다.[11]

_스코티 스미스
Gospel Transformation Bible

> **Leader**

칩니다(마 5:16).

> 성경 전체에 하나님의 영광이 여러 방식으로 독특하게 표현되어 있습니다. 모세는 불타는 떨기나무에서 하나님의 영광을 보았는데, 노련한 목자라서 그것이 단순히 나무에 붙은 불이 아님을 알아차렸습니다(출 3장). 주님의 영광이 시내산에 구름처럼 임했을 때, 그것을 일상적인 뭉게구름으로 오해한 사람은 없었습니다(출 24:16~17). 벨사살은 벽에 손글씨가 쓰이는 것을 보았지만, 그는 그 의미를 알지 못했습니다(단 5:5~9). 하나님이 예수님의 탄생을 미천한 목자들에게 선포하셨고, 그때 천사의 무리로 하여금 그 자리를 빛내게 하셨습니다.

> "첫 기적으로 예수님이 자기 영광을 드러내셨습니다. '아버지의 독생자의 영광이요 은혜와 진리가 충만하더라'(요 1:14). 예수님의 영광이 가장 극명하게 드러난 것은 십자가와 부활과 승귀에서였으나, 예수님 사역의 모든 과정 하나하나가 그 영광을 향하고 있었습니다."[12]
> _D. A. 카슨

예수님이 물로 포도주를 만드신 사건 역시 하나님의 기적을 통한 다른 계시들처럼 거룩하게 구별되었고, 영광으로 가득했습니다. 성경은 포도주의 양과 품질을 기록하는 일을 놓치지 않았습니다. 요한은 연회장이 378리터 이상의 양을 최고 품질의 포도주로 품평한 사실을 확실히 알려 주었습니다(요 2:6, 10). 하나님의 온전하신 영광과 거룩하심이 완벽한 포도주를 통해 계시된 것입니다.

Q 하나님이 하신 일이 틀림없다고 증언할 만한 일을 체험한 적이 있습니까? 그 체험은 어떤 영향을 미쳤습니까?

포도주는 완벽했습니다. 그런데 그 비밀이 새어나가지 않은 사실이 흥미롭지 않습니까? 연회장은 신랑에게 포도주의 품질을 칭찬하면서도 그것이 어디서 왔는지를 알려고 하지 않았습니다. 신랑 또한 그런 기적에 관해서는 아는 바가 없었을 것입니다. 오로지 종들과 제자들만이 이야기의 전모를 아는 특권을 누렸습니다. 예수님은 자기 "때"가 아직 차지 않았음에도 불구하고, 사랑하는 사람의 필요를 채워 주셨습니다. 어떤 권력이나 영향력도 이보다 대단하지 못했을 것입니다. 종들과 제자들은 기적에 놀랐지만, 지붕 위에 올라가서 선포하지는 않았습니다.

> **Leader**

> 어머니 마리아가 도움을 청했을 때, 예수님의 가장 큰 관심은 십자가에서 사명을 다하실 "때"에 관한 것이었습니다. 예수님은 아직 자기의 영광과 목적을 사람들에게 알릴 준비가 되어 있지 않으셨습니다. 그 기적은 워낙 믿기 어려운 것이었기 때문에 특종 기삿거리가 되지 못했습니다. 바리새인들이 문제 삼으러 오지도 않았습니다. 소수의 하인들과 제자들만 아는 경이로운 비밀이 되었습니다. 그들은 예수님이 하신 일을 보았고, 그래서 예수님을 믿게 되었습니다. 그런데 이 이야기를 읽은 우리는 과연 예수님을 믿고 있습니까?

예수님의 기적을 체험한 사람이 예수님이 누구이신지를 알고 믿게 되는 이야기는 이뿐만이 아닙니다. 예수님은 사람들의 필요를 채워 주셨고, 병을 고쳐 주기도 하셨습니다. 사람들을 어루만져 주시고 사랑하며 도우셨습니다. 그런데 이 모든 기적은 오로지 한 가지 목적을 향해 있습니다. 그것은 하나님 아버지께 영광을 돌리는 것입니다. 기적을 목격한 하인들은 예수님이 누구이신지 알지 못했고, 사람들이 왜 예수님을 따르는지도 알지 못했으나, 기적을 체험함으로써 영원히 변화되었습니다. 제자들은 예수님을 알고 예수님을 따르기로 결심했던 사람들이지만, 그 기적을 통해 예수님이야말로 말씀하신 그대로의 분임을 더욱 확신하게 되었습니다.

Q 교회 울타리 밖에서 하나님의 영광이 드러나는 것을 본 적이 있습니까? 그것을 본 사람들은 어떻게 변화되었습니까?

Q 예수님의 복음을 선포하는 사역은 교회 밖에서 하나님의 영광을 어떻게 드러냅니까?

심화토론

• 하나님이 일상에서 내려주시는 일반 은총(햇빛, 비, 먹을 것, 입을 것 등)과 기적의 차이는 무엇입니까?
• '기적'이란 용어를 너무 자주 쓸 경우, 그 가치를 어떻게 떨어뜨리게 됩니까?

결론

"그래서 이 이야기가 나와 대체 무슨 상관이란 말입니까? 예수님은 이제 세상에 계시지 않으니 기적을 볼 수도 없잖아요"라고 말할 수도 있습니다. 맞습니다. 하지만 당신이야말로 하나님을 드러내는 예수님의 기적입니다.

"내가요? 난 은혜로 구원받은 죄인일 뿐인 걸요"라고 말할 수도 있습니다. 맞습니다. 하지만 '예수님이 내 마음에 어떻게 들어오셨고, 내 이름을 어떻게 부르셨으며, 나를 근본적으로 어떻게 변화시키셨는지'를 다른 사람들에게 말하는 순간, 당신은 믿지 않는 사람들에게 물이 포도주로 변한 것과 같은 신기하고도 놀라운 기적이 되는 것입니다.

예수님이 기적을 행하시기 전에 자신의 사명을 먼저 생각하신 것처럼, 우리도 누군가와 대화를 나눌 때나 점심을 함께할 때나 이런저런 활동을 할 때마다 우리의 사명을 먼저 생각해야 합니다. '과연 나는 그리스도를 드러내고 있는가? 다른 사람들에게 그리스도를 증거하고 있는가? 말과 행동으로 예수님이 만왕의 왕이요, 만주의 주요, 세상 죄를 지고 가는 하나님의 어린양이심을 증거하고 있는가?'

그리스도와의 연결

죄는 하나님과의 관계를 파괴하고, 인생을 영적 황폐와 슬픔으로 몰아갑니다. 그리스도의 기적들은 우리가 예수님의 영광스러운 삶과 죽음과 부활을 믿을 때 하나님과의 기쁜 화해가 가능함을 알려 줍니다.

하나님의 계획 우리의 사명

선교적 적용 하나님은 우리에게 예수님이 하라고 명하신 일들을 하고, 다른 사람들을 믿음으로 인도해 하나님의 영광을 드러내라고 말씀하십니다.

1. 사람이 자기 사명을 감당할 때, 예수님이 그의 간구에 응답하신다는 사실에서 어떤 용기를 얻습니까?

2. 하나님의 아들이신 예수님에게서 받은 복음을 위한 소명은 무엇입니까?

3. 교회/공동체가 신실하게 예수님을 바라보며 주님의 영광과 권세를 믿고 확신할 수 있도록 서로 격려하는 방법에는 어떤 것들이 있을까요?

Summary and Goal

이 세션에서는 예수님이 육적인 필요뿐 아니라, 영적인 필요도 채워 주시는 분임을 살펴볼 것입니다. 예수님은 따르는 무리를 불쌍히 여기셨습니다. 그 자리에서 구할 수 있는 것으로 놀라운 기적을 일으켜 무리를 먹이셨으며, 그 복을 제자들을 통해 무리에게 전달하셨습니다. 5천 명을 먹이신 기적은 "생명의 떡"이신 예수님이 무리에게 떡을 주시는 하나님이심을 입증한 사건입니다(요 6:35).

하늘의 떡을 주시다

- **성경 본문**
  마태복음 14:13~21

- **세션 포인트**
  1. 예수님은 무리를 불쌍히 여기셨습니다(마 14:13~14)
  2. 예수님은 우리가 가진 것으로 불가능한 일을 해내십니다(마 14:15~18)
  3. 예수님은 따르는 이들을 통해 사람들의 필요를 채워 주십니다(마 14:19~21)

8

- **신학적 주제**
  예수님은 하늘에서 내려오는 떡을 주시는 하나님의 아들이십니다.

- **그리스도와의 연결**
  이스라엘 백성이 광야에서 굶주렸을 때, 하나님은 모세를 통해 하늘의 만나를 내려 주셨습니다. 모세보다 위대하신 예수님은 하늘에서 내려오는 떡을 주실 뿐만 아니라, 자신을 생명의 떡으로 세상에 주신다고 말씀하십니다.

- **선교적 적용**
  하나님은 예수님이 사람들의 필요를 채워 주실 때, 주님의 손과 발이 되라고 우리를 부르셨습니다.

Session Plan

도입

사람들은 누군가 영향력과 책임이 큰 사람의 뒤를 이어 그 사람의 자리를 이어가는 것을 꺼린다는 사실을 이야기해 주십시오.

누군가를 대신해 그 사람의 역할이나 책임을 감당하는 것이 꺼려지는 경우가 있었습니까? 그 이유는 무엇이었습니까?

구약에서 가장 큰 책임을 감당했던 사람은 모세였다는 것을 언급한 후, 모세의 사역이 기적이나 만나와 어떤 상관이 있는지 설명해 주십시오. 그리고 나서 예수님에 관해 다루는 이 세션의 내용을 요약하면서, 예수님이 5천 명을 먹이신 사건은 모세의 위용을 능가하는 사건이었음을 이야기해 주십시오. (부록 4: '예수님의 기적'을 참조해 예수님이 선지자로서 모세보다 얼마나 우월하셨는지를 설명해 주십시오. 이 비유는 예수님이 자기 영광을 드러내기 위해 행하신 요한복음의 일곱 가지 기적 가운데 하나입니다.)

전개

1
예수님은 무리를 불쌍히 여기셨습니다
(마 14:13~14)

본문의 배경(세례 요한의 참수)을 소개하고, 예수님이 왜 무리에서 떨어져 계셨는지를 설명해 주십시오. 그리고 나서 마태복음 14장 13~14절을 읽으십시오. 예수님은 슬픔에 잠겨 계시면서도 자신을 따르는 무리를 불쌍히 여기셨습니다.

다른 사람들에게 온정을 베풀지 않는 이유는 무엇입니까?

예수님이 그러셨던 것처럼, 우리도 다른 사람들에게 긍휼을 베풀어야 한다는 것을 가르쳐 주십시오. 우리는 긍휼을 느끼기만 하는 것이 아니라 예수님처럼 긍휼히 여기는 사람이 되도록 부름받았음을 기억해야 합니다.

최근에 긍휼을 베푼 적이 있습니까?

내가 베푼 긍휼로 다른 사람의 삶, 그리고 내 삶이 어떻게 달라졌습니까?

2
예수님은 우리가 가진 것으로 불가능한 일을 해내십니다
(마 14:15~18)

하나님을 신뢰하고, 하나님께 통제권을 드리는 데 겪는 어려움을 언급해 주십시오. 그뿐만 아니라 우리는 이스라엘 백성처럼 광야에서 주리게 되면 하나님을 너무나도 쉽게 원망한다는 사실도 말해 주십시오.

사람들은 어떨 때 하나님을 원망합니까?

하나님을 원망하는 사람들은 하나님을 어떻게 생각하고 있는 걸까요?

자원자에게 마태복음 14장 15~18절을 읽게 하십시오. 우리는 예수님이 우리의 일상적인 필요를 처리해 주실 것을 믿지 못하고 변명하곤 합니다. 이런 우리의 모습과 무리를 보내자고 했던 제자들의 모습을 비교해 주십시오. 예수님은 굶주린 무리에게 희망이 보이지 않는 상황에서도 주변에 무엇이 있는지 살핌으로써 상황을 변화시키셨는데, 오늘날 우리를 위해서도 그렇게 하십니다.

현재 내게 불가능해 보이는 상황은 무엇입니까? 나의 상황을 주님께 온전히 맡겨 드린다는 것은 어떤 의미입니까?

마태복음 14장 19~21절을 읽으십시오. 예수님이 기적을 행하실 때, 제자들이 무리에게 음식을 나누어 주게 하셨다는 사실을 강조해 주십시오. 떡은 차고 넘쳤으며, 남은 떡으로 제자 한 사람당 한 바구니씩 모두 열두 바구니를 채웠다는 사실을 지적해 주십시오. 우리도 제자들처럼 예수님의 기적이 일어나는 통로 역할을 할 수 있으며, 그럴 때 하나님은 우리를 통해 하나님의 영광을 세상에 드러내십니다.

하나님은 어떤 사람을 어떻게 사용해 나에게 하나님을 드러내 주셨습니까?

하나님이 나를 어떻게 사용해 하나님의 이름으로 누구를 사랑하거나 인도하게 하셨습니까?

3
예수님은
따르는 이들을 통해
사람들의 필요를
채워 주십니다
(마 14:19~21)

결론

모세의 만나와 "생명의 떡"이신 예수님을 비교하는 것으로 마무리하고, 부록 1: '신약성경에 나타난 구약성경의 말씀'을 참고해 주십시오. 5천 명 가운데 한 사람으로서(믿음), 제자들 가운데 한 사람으로서(사명) 예수님께 어떻게 반응해야 하는지를 분명히 밝혀 주십시오. 이 세션에서 배운 진리를 '하나님의 계획, 우리의 사명'에서 적용해 보십시오.

Session Content

8. 하늘의 떡을 주시다

도입

대부분의 사람이 영향력과 책임이 아주 컸던 사람의 자리를 이어가는 데 큰 부담을 느낍니다. 예컨대, 팀을 연승으로 이끈 감독이 은퇴한 후 그 감독 자리를 제의받는다면 당신은 어떤 마음이 들까요? 교회 청년부 모임을 놀랍게 성장시킨 회장이 임기를 다한 후 당신이 그 청년부의 회장 후보로 지명을 받는다면 기꺼이 헌신해 섬기겠습니까?

Q 누군가를 대신해 그 사람의 역할이나 책임을 감당하는 것이 꺼려지는 경우가 있었습니까? 그 이유는 무엇이었습니까?

구약에서 가장 큰 책임을 맡았던 사람은 바로 모세였습니다. 모세는 아기였을 때 하나님의 손길로 구원을 받았고(출 2장), 불타는 떨기나무에서 나타나신 하나님으로부터 자기 백성을 구하라는 소명을 받았습니다(출 3장). 그리고 모세는 그것들을 잘 해냈습니다. 모세를 통해 하나님이 베풀어 주신 기적들은 일종의 전설이 되었습니다.

모세의 지팡이는 뱀이 되었다가 다시 지팡이가 되었고, 손에는 문둥병이 생겼다가 곧 없어졌습니다(출 4장). 그러고는 나일강이 피로 변했고, 개구리·이·파리 등의 재앙이 임했고, 가축의 전염병이 돌았고, 동물뿐 아니라 사람에게도 악성 종기가 번졌고, 우박과 메뚜기와 어둠이 차례로 몰려와 애굽을 심판했습니다. 이것들 가운데 가장 극심한 재앙(장자의 죽음)을 모세가 불러왔을 때, 애굽의 바로는 비로소 하나님이 자기 백성을 보내라고 하신 말씀에 귀를 기울였습니다(출 7~12장). 그러나 기적은 거기서 멈추지 않고, 더 커졌습니다.

> 모세가 지팡이를 들자 홍해가 갈라졌고, 이스라엘 백성이 마른 땅을 지나자마자 파도가 밀려와 뒤쫓던 애굽 군사들을 모조리 수장시켜 버렸습니다 (출 14장). 그럼에도 하나님의 백성은 하나님을 믿고 순종하지 않았으므로 광야에서 40년 동안이나 방황해야 했지만, 광야에서 방황하는 동안에도 하나님은 두 번이나 바위에서 물을 내어 주시고 아침마다 이슬 같은 만나를 내려 주셨습니다.

만나란 "이게 뭐지?"라는 뜻입니다. 이스라엘 백성은 그것이 무엇인지 알지 못해 그것을 그렇게 불렀다고 합니다. 그들이 굶어 죽을 것만 같아서 애굽의 노예 생활로 돌아가는 편이 낫겠다고 불평하자, 하나님은 모세에게 "하늘에서 떡을 비처럼" 내려주겠다고 하셨습니다 (출 16:4). 하나님은 그들의 배를 채울 뿐만 아니라, 여호와께서 채워 주신다는 진리로 그들의 영혼을 채우고자 하셨습니다 (출 16:12). 하나님은 만나를 항아리에 담아 언약궤에 보존하게 함으로써, 하나님이 백성을 부양하신 것을 기념하게 하셨습니다 (출 16:32~34).

'모세. 기적들. 만나.' 정말이지 이어가기에 큰 책임이었으나, 한 분이 그 책임을 감당했습니다. 모세가 위대한 사람이었어도 그가 한 일은 오직 언젠가 자기 뒤에 오실 그 한 분의 길을 예비하는 것이었습니다.

Session Summary

이 세션에서는 예수님이 육적인 필요뿐 아니라, 영적인 필요도 채워 주시는 분임을 살펴볼 것입니다. 예수님은 따르는 무리를 불쌍히 여기셨습니다. 그 자리에서 구할 수 있는 것으로 놀라운 기적을 일으켜 무리를 먹이셨으며, 그 복을 제자들을 통해 무리에게 전달하셨습니다. 5천 명을 먹이신 기적은 "생명의 떡"이신 예수님이 무리에게 떡을 주시는 하나님이심을 입증한 사건입니다 (요 6:35).

심화주석 이 기적은 주님의 신적 능력에 대한 반박할 수 없는 증거입니다. 5천 명이 넘는 굶주린 사람들을 오병이어로 배불리 먹게 하신 일은 그것들을 초자연적으로 불어나게 하지 않고서는 불가능한 일이었을 것입니다. 그것은 마술사나 마법사나 거짓 선지자들이 시도한 적이 없는 일이었습니다. 그런 사람들은 고작해야 환자 한 사람을 치료하는 척하거나, 시체가 일어나는 척하는 속임수와 요술로 연약한 사람들의 마음을 빼앗습니다. 그들은 여기에 기록된 것 같은 위대한 일은 시도조차 하지 못합니다. 그들은 만 명이나 되는 굶주린 남자와 여자와 어린이들을 배불리 먹인 것처럼 속이는 일은 불가능하다는 것을 잘 알 것입니다. 그런 일을 시도했다가는 현장에서 모리배요, 사기꾼임이 들통 나고 말 것입니다.[1]

_J. C. 라일_

전개

1. 예수님은 무리를 불쌍히 여기셨습니다(마 14:13~14)

누구에게나 절망과 비탄에 빠져 아무도 만나고 싶지 않을 때가 있기 마련입니다.

> Leader
>
> 저희 교회에 남다른 음악적 재능으로 전문 음악인이 되었을 뿐만 아니라 찬양도 하고, 연주도 하는 놀라운 예배자가 있습니다. 그런데 1년 전쯤, 그가 암 진단을 받았습니다. 씩씩하게 치료를 받는 듯 보였으나, 병이 재발해 극심한 통증을 남기고 이 땅에서의 시간을 재촉하고 있습니다.
>
> 그의 부인과 자녀들은 교회 식구들이 방문하고 위로하는 것을 고마워했지만, 최근에는 정중히 방문을 사절하고 있습니다. 우리는 그것이 무슨 뜻인지 압니다. 고통이 극심할 때는 홀로 비탄에 잠겨 기도할 시간이 필요한 법입니다.

예수님도 비슷한 일을 겪으셨습니다. 세례 요한은 예수님의 사촌이요, 선지자요, 선구자요, 엘리야 같았습니다. 세례 요한은 하나님의 명령을 용감하게 나누고자 했습니다. 그래서 자기 잘못을 인정하지 않고 비극적인 실수를 한 통치자의 손에 참수를 당하고 말았습니다. 세례 요한의 제자들은 스승의 사망 소식을 접하고 예를 갖추어 장례를 치른 후 그 사실을 알리러 예수님을 찾아갔습니다(마 14:1~12). 여기서부터 이야기가 시작됩니다.

13예수께서 들으시고 배를 타고 떠나사 따로 빈 들에 가시니 무리가 듣고 여러 고을로부터 걸어서 따라간지라 14예수께서 나오사 큰 무리를 보시고 불쌍히 여기사 그중에 있는 병자를 고쳐 주시니라

"무리가 듣고"(13절)란 예수님이 배를 타고 다른 곳으로 가신다는 소식을 무리가 들었다는 뜻입니다. 예수님은 아마도 세례 요한이 비명에 갔다는 소식을 들으시고 고통과 비탄에 잠긴 채 배를 타셨을 것입니다. 이는 하나님의 아들이 모든 면에서 우리 인간과 같으신 분이었다는 것을 보여 줍니다. 예수님은 그렇게 인간으로 오셔서 우리를 대신해 형벌을 받으셨습니다(히 2:17). 예수님이 배에서 내리셨을 때, 무리가 예수님을 기다리고 있었습니다.

> Leader
>
> 저는 애도하는 마음으로 무리를 향해 이렇게 소리치고 싶어집니다.
>
> "예수님께 무슨 일이 일어났는지 모릅니까? 볼에 난 눈물자국이 보이지 않습니

까? 울고 계시잖아요! 죽음은 영원한 소망을 가진 이들에게조차 힘든 일이라고요! 그냥 예수님께 시간을 좀 드립시다. 크게 우실 시간을 말이에요!"

그들에게는 예수님이 필요했습니다. 예수님만이 그들의 겉과 속을 치유해 주실 수 있기 때문입니다. 예수님만이 영생의 말씀을 가지고 계시기 때문입니다. 그들은 단순한 오락거리를 찾아온 것이 아닙니다. 그들은 오래 전부터 들어왔던 기적을 예수님이 베풀어 주시길 기대했습니다. 그들은 부모에게서 모세와 재앙 이야기를 들었고, 홍해가 갈라지고 바위에서 물이 솟고 하늘에서 만나가 내려온 이야기를 들었습니다. 그들이 보기에 예수님은 모세처럼 여호와의 능력을 받은 분 같았습니다. 예수님은 비록 피곤하고 지치고 감정적으로 어려우셨음에도 무리를 불쌍히 여기셨습니다.

Q 다른 사람들에게 온정을 베풀지 않는 이유는 무엇입니까?

>
Leader

여기서 "불쌍히 여기사"(14절)로 번역된 헬라어는 '내장 깊숙한 곳이 흔들린다'는 뜻입니다.[3] 물론 끔찍한 표현이지만, 몸이 느낄 정도로 깊은 연민에 빠질 때가 있습니다. 자연재해의 위험에서 구출되는 어린이들의 사진을 보거나, 사랑하는 사람이 의사에게서 중병 진단을 받았다는 소식을 접할 때, 이처럼 몸이 흔들릴 것입니다.

예수님은 같은 단어를 다른 곳에서도 쓰셨는데, 선한 사마리아인이 느낀 불쌍한 감정을 표현할 때 쓰셨습니다(눅 10:33). 누가는 이 단어를 독자를 잃은 과부를 위로하는 예수님께 사용함으로써, 예수님의 슬픈 감정을 표현했습니다(눅 7:13). 이 동사는 빌립보서의 "긍휼"이라는 명사와 어원이 같습니다.

"그러므로 그리스도 안에 무슨 권면이나 사랑의 무슨 위로나 성령의 무슨 교제나 긍휼이나 자비가 있거든 마음을 같이하여 같은 사랑을 가지고 뜻을 합하며 한마음을 품어"(빌 2:1~2).

예수님이 그러셨던 것처럼, 우리도 다른 사람들에게 긍휼을 베풀어야 합니다. 절망하고, 상처받고, 슬퍼하고, 비탄에 휩싸인 사람들을 볼 때마다 우리에게는 해답이 있다는 것을 기억해야 합니다. 우리는 기적을 행하시는 분을 압니다. 그분은 죄와 슬픔을 제압하는 권세를 가지고 계셨습니다.

다른 사람들을 긍휼히 여기면, 먹을 것이나 돈을 나누게 됩니다. 평화와 위로와 소망의 말을 건네게 됩니다. 긍휼한 마음은 지치거나 슬프거나 괴로울 때도 굳어지지 않습니다. 예수님은 이렇게 말씀하셨습니다.

"예수님은 일상적 소통과 한적함 속에 살기를 원하셨습니다. 자신의 신적 영광을 고스란히 드러낼 때가 아직 오지 않았기 때문입니다. … 그래서 예수님은 물러나 계셨습니다. 그러나 무리는 예수님을 떠나지 않았습니다. 그들은 예수님께 꼭 붙어서 떨어질 줄을 몰랐습니다. 세례 요한이 비극적 최후를 맞이했어도 무리는 개의치 않았습니다. 소원이 너무 간절하면, 모든 위험을 무릅쓰고라도 매달리기 마련입니다."[4]

_요한 크리소스톰

핵심교리 99   **46. 예수님의 신성**

예수 그리스도의 위격 안에는 두 가지 본성, 즉 신성과 인성이 있습니다. 성경은 예수 그리스도께서 온전한 하나님이시며 온전한 사람이시라고 가르칩니다. 예수님의 신성은 그분을 하나님과 동등하신 분으로 묘사하는 성경 구절들에 드러나 있습니다(요 1:1~18; 빌 2:5~11; 골 1:15~20; 히 1:1~3). 신약성경은 하나님의 고유한 속성들을 예수님도 가지고 계심을 보여 주고(미 5:2; 요1:4), 하나님만이 행하시는 일들을 예수님도 행하심을 보여 주며(막 2:5~12; 요 10:28; 17:2), 예수님이 스스로 하나님의 아들임을 말씀하신 것을 보여 줌으로써(마 26:63~64; 요 8:58; 10:30; 17:5) 예수님의 신성을 말해 주고 있습니다.

"아버지께서 나를 사랑하신 것같이 나도 너희를 사랑하였으니 나의 사랑 안에 거하라"(요 15:9).

하나님 아버지는 독생자를 보내심으로써 자신의 사랑을 입증하셨습니다(요 3:16). 아버지와 아들과 성령의 긍휼히 여기심은 감정에만 머물지 않고 행동으로 옮겨졌습니다. 그와 같이 그리스도를 따르는 우리도 긍휼히 여기는 사람이 되어야 합니다.

예수님은 무리에게 먹을 것을 주시기 전에 그보다 훨씬 더 값진 것을 주셨습니다. 그것은 바로 예수님 자신입니다. 출애굽기에서는 하늘에서 떡이 내려와 하나님의 백성을 먹였으나, 생명의 떡은 영원한 만족을 줄 것입니다(요 6:35~38). 예수님이 긍휼한 마음으로 병자들을 고쳐 주셨습니다.

Q 최근에 긍휼을 베푼 적이 있습니까?

Q 내가 베푼 긍휼로 다른 사람의 삶, 그리고 내 삶이 어떻게 달라졌습니까?

2. 예수님은 우리가 가진 것으로 불가능한 일을 해내십니다

(마 14:15~18)

> 2016년 리우데자네이루 올림픽에 출전했던 수영선수 케이티 레데키를 기억하십니까? 당시 19세였던 그녀는 경쟁자들을 물리치고 기록을 경신하며 금메달 4개와 은메달 1개를 땄습니다. 감독에 따르면, 그녀는 수영선수로서 신체 조건이 그다지 좋지 않았다고 합니다.
>
> 네이션스 캐피탈 수영 클럽의 브루스 겜멜은 이렇게 말했습니다.
>
> "그녀의 신체 조건은 국제대회 기준에는 턱없이 부족합니다. 마이클 펠프스 같은 긴 몸통과 짧은 다리가 아니에요. 손은 작고 발은 평균치입니다. … 엘리트 선수들의 건강 지수를 알아보기 위해 그들이 어떻게 점프하며, 어떻게 움직이는지를 측정했습니다. 레데키에 관한 60쪽에 달하는 보고서를 받았는데, 두 번째 문장이 바로 '특별히 눈에 띌 만한 장점이 발견되지 않는다'였습니다."[5]
>
> 그럼에도 불구하고 케이티는 운동선수였을 뿐만 아니라, 음악가이자 미술가이자 학생(이게 중요합니다)으로 활약하며 자신이 할 수 있으리라고 '생각되는' 것보다 더 대단한 것들을 해냈습니다. 우리도 그런 사람일지 모릅니다. 선생님에게서 "너는 이 시험을 절대로 통과하지 못할 거야"라는 말을 듣고, 농구부 감독에게 "너는 농구 선수로는 적합하지 않아"라는 말을 들었을지 모르지만, 결국은 그들

Leader

의 예상을 뒤엎고 그것을 해낼 수 있지 않을까요?

때때로 우리는 부정적 시각으로 예수님을 폄하하기도 합니다. 우리는 예수님이 누구이시며 어떤 일을 하실 수 있는지 다 안다고 생각하지만, 실제로는 그분이 전지전능하시며 영생하시는 분이라는 사실을 제대로 알지 못하는 것 같습니다. 그래서 다리가 부러진 친구를 위해서는 기도하면서도 마음에 상처를 입은 자기 자신을 위해서는 기도하지 않는 것인지도 모릅니다. 그래서 자녀를 위한 기도를 하긴 하지만, 부모로서 통제력을 상실했을 때만 기도하는지도 모릅니다. 그렇게 우리는 마지못해 하나님께 맡겨 드리곤 하는데, 막상 하나님이 일하시는 것을 보면 놀랄 때가 있습니다.

불행히도 우리는 통제권을 하나님께 드리지도 않으면서, 하나님이 하셔야 한다고 생각하는 일들을 하나님이 하지 않으신다고 원망하는 경향이 있습니다. 이스라엘 백성은 모세와 아론에게 "너희가 이 광야로 우리를 인도해 내어 이 온 회중이 주려 죽게 하는도다"(출 16:3) 하고 불평했습니다. 그들은 음식을 달라고 하나님께 구하지도 않으면서, 주리게 되었다고 하나님을 원망했습니다. 그들은 하나님께 아무것도 고하지 않았으면서, 하나님께 실망감을 표현했습니다. 하나님은 그들이 구하기까지 기다리신 것입니다. 이스라엘 백성은 믿음이 부족했고 원망도 했지만, 하나님은 신실하게 그들의 요구를 들어주셨습니다.

Q 사람들은 어떨 때 하나님을 원망합니까?

Q 하나님을 원망하는 사람들은 하나님을 어떻게 생각하고 있는 걸까요?

> 예수님은 하루 종일 무리를 치유해 주셨습니다. 저녁이 되자 제자들이 이스라엘 백성들이 모세에게 그랬던 것처럼 예수님께 다가와 말했습니다. 이스라엘 백성들보다는 한결 부드러운 말투이긴 했지만, 믿음 없는 말로 말입니다.

Leader

[15]저녁이 되매 제자들이 나아와 이르되 이곳은 빈 들이요 때도 이미 저물었으니 무리를 보내어 마을에 들어가 먹을 것을 사 먹게 하소서 [16]예수께서 이르시되 갈 것 없다 너희가 먹을 것을 주라 [17]제자들이 이르되 여기 우리에게 있는 것은 떡 다섯 개와 물고기 두 마리뿐이니이다 [18]이르시되 그것을 내게 가져오라 하시고

 심화 주석 저녁이 되어 해가 지기 시작하자, 제자들은 무리를 돌려보내 먹을 것을 구하게 하자고 제안했습니다(마 14:15). 그들은 인적이 드문 먼 곳에 있었기에 양식을 구할 수 없을 것 같았고, 무리가 다 먹을 만큼의 양식을 구하려면 비용이 얼마나 들지 가늠조차 할 수 없었습니다. … 예수님은 그들이 자신의 부족함을 깨달을 뿐만 아니라, 적어도 두 가지 면에서 주님의 충분하심을 알아차리길 바라셨습니다. …

첫째, 예수님은 우리 안의 필요를 채우시는 분입니다. 삶의 가장 깊은 곳의 필요를 채우시는 예수님의 충분하심이야말로 이 이야기의 핵심입니다. 요한복음은 그런 면을 더욱 분명하게 표현해 예수님이 이 기적을 행하신 까닭을 무리에게 자신이 생명의 떡임을 가르치시기 위한 것이라고 기록합니다(요 6:35). 예수님은 필요한 것을 공급하실 뿐만 아니라, 그분 자신이 필요 그 자체이십니다. …

둘째, 예수님은 우리 안의 필요를 채우실 뿐만 아니라, 우리를 통해 사람들의 필요를 채우십니다. 만약 이 이야기가 단순히 예수님의 충만하심을 보여 주기 위한 것이었다면, 아마도 예수님은 하늘에서 사람들에게 떡이 내려오도록 명하셨을 것입니다. 그렇게 하셨다면 사람들은 예수님을 새로운 모세로 생각했을 것입니다. 그러나 예수님은 기도로 하나님의 복을 구하는 한편, 제자들에게 손수 음식을 나누어 주라고 말씀하셨습니다. … 예수님의 제자들은 그리스도의 자비와 기적의 능력을 확장하는 통로인 것입니다.[8]

_데이비드 플랫

> Leader ....

제자들은 이렇게 소곤거렸을 것입니다.

"예수님은 지금 시간이 얼마나 늦었는지 모르시나 봐. 주님이나 40일간 금식하실 수 있지, 다른 사람들은 그럴 수가 없잖아. 먹을 것을 가져온 사람들이 있는지 알아보자."

제자들은 이렇게 생각했을 것입니다.

- "이곳은 빈 들"이므로, 필요한 것을 구할 수 없다.
- "때도 이미 저물었으니" 이제 사람들은 돌아가 밥을 먹고, 잠을 자야 한다.
- "무리를 보내어 마을에 들어가 먹을 것을 사 먹게" 해야 한다.

제자들은 문제를 논리적으로만 풀려고 했습니다. 그들은 날이 저물자 음식을 구할 수 없는 빈 들의 사역은 끝났다고 판단했습니다. 참으로 인간적인 생각입니다. 예수님께 영적인 것들을 구하면서도 일상적인 상처를 치유할 소망은 갖지 않는 우리의 모습 같지 않습니까? 오늘날 우리도 비슷한 핑계를 대곤 합니다.

- 우리는 스스로 자신의 삶을 주장하거나 광야 한복판에 있으려고 합니다. "우리 교회에는, 우리 가정에는, 우리 직장에는 더 이상 소망이 없어." "나는 우리 교회에서 제대로 공급받지 못하고 있어." "내 결혼생활은 이미 오래전에 끝났어."
- 우리는 영적 문제들에 관해 자의적으로 시간을 제한합니다. "나이가 너무 많으니 아무런 영향력을 행사할 수 없어." "그 사람은 변화되기에는 너무 늦었어." "하나님이 20년 전에 불러주셨더라면 좋았을걸."
- 우리는 다른 사람들의 필요를 채워줄 능력이 없다고 스스로 결정합니다. "자신이 준비되어 있지 않으면, 아무것도 도와줄 수 없어." "내 말을 통 듣질 않으니 그냥 포기해야겠어." "헛수고만 했네. 이제 끝이야."

그곳은 빈 들이었고, 때는 저물었으며, 사람들은 굶주렸습니다. 먹을 것이라곤 가난한 소년이 가져온 것이 전부였습니다(요 6:9). 제자들은 누군가 가져온 음식이 있는지 신속하게 알아봤고, 한 소년이 음식을 가지고 있는 것을 알게 되었습니다. 절망적인 상황 아닙니까? 그런데 예수님은 "그것을 내게 가져오라"고 말씀하셨습니다. 예수님은 오늘날 우리에게도 똑같이 말씀하십니다.

"예수님이 물로 포도주를 만드신 이야기의 아름다움을 간파한 시인 알렉산더 포프는 이렇게 말했습니다. '살아 있는 물이 주인을 만나 얼굴이 붉어졌다네.' 이 절묘한 표현은 예수님의 다른 기적에도 적용해 볼 수 있습니다. 깨어진 몸이 그 창조주의 명령으로 고쳐지는 것이 이상한 일일까요? 무에서 유를 창조하신 창조주께서 떡을 몇 갑절로 늘려 무리를 먹이시는 것이 과장된 일일까요? 모든 분자를 불러 존재케 하신 이가 그것들로 창조주의 발걸음을 지탱하게 하실 능력이 없으셨을까요?"[9]
_라비 재커라이어스

심화토론
- 예수님의 함께하심과 능력 없이 제자들이 음식 문제를 해결할 수 있었을까요? 그렇다면 또는 그렇지 않다면, 그 이유는 무엇입니까?
- 이러한 사실은 세상에 예수님을 전해야 하는 우리의 사명을 어떻게 이해하게 합니까?

> Leader

예수님은 오늘날 우리에게 이렇게 말씀하십니다.

"나이를 막론하고, 모든 문제를 다 내게 가져오라. 네 스트레스와 통장과 사랑 없는 결혼생활도 내게 가져오라. 네 모자란 인내심과 넘치는 고통도 내게 가져오라. 모두 내게 가져오라. 나를 믿고 모두 맡겨라. 아무것도 감추지 말고, 네 힘으로 해결하려고 하지 마라. 내가 곧 유일한 해결책이요 약속이며 소망이니, 모두 내게 가져오라."

그러나 이스라엘 백성들은 예수님의 말씀대로 하지 않았습니다. 그들은 투덜댔고 불평했으며 원망했습니다. 그들은 모세에게 소리치면서 애굽으로 돌아가자고 했습니다. 그들은 스스로 소망이 없다고 인간적으로 판단하고, 노예 생활로 돌아가는 것이 해답이라고 생각했습니다. 그러나 하나님이 통치하시면, 믿는 자들에게 능치 못함이 없습니다(막 9:23). 오로지 예수님만이 우리가 가진 것으로 할 수 없는 일을 하실 수 있으십니다. 그러려면 예수님께 그 문제를 가지고 가야 합니다. 그러면 됩니다.

Q 현재 내게 불가능해 보이는 상황은 무엇입니까? 나의 상황을 주님께 온전히 맡겨 드린다는 것은 어떤 의미입니까?

3. 예수님은 따르는 이들을 통해 사람들의 필요를 채워 주십니다(마 14:19~21)

^{19}무리를 명하여 잔디 위에 앉히시고 떡 다섯 개와 물고기 두 마리를 가지사 하늘을 우러러 축사하시고 떡을 떼어 제자들에게 주시매 제자들이 무리에게 주니 ^{20}다 배불리 먹고 남은 조각을 열두 바구니에 차게 거두었으며 ^{21}먹은 사람은 여자와 어린이 외에 오천 명이나 되었더라

> Leader

제자들이 예수님께 다가와 무리를 마을로 보내 각자 음식을 사 먹게 하자고 제안하자, 예수님은 그들에게 무리를 보내지 말고 먹을 것을 나눠 주라고 말씀하셨습니다. 예수님은 무리가 몹시 굶주렸다는 것을 아셨습니다. 그러나 예수님은 영적

심화 주석 마태는 기적의 규모에 추호의 의심도 남기지 않았습니다. '모두' 배불리 먹었습니다. 각자 먹을 만큼 충분히 먹었음에도, 먹기 시작할 때보다 더 많은 음식이 남았습니다. 각자가 오늘날 대부분의 성만찬에서처럼 작은 떡 한 조각만 받았으리라는 생각은 비현실적일 뿐 아니라, 마태의 기록으로 아예 배제됩니다. 남은 음식을 거두었다는 것은 먹고 남은 것을 지저분하게 두거나 버리지 않았다는 것을 강조하기 위함이 아니라, 음식이 얼마나 넉넉하게 주어졌는가를 강조하기 위함이었을 것입니다. 그런 의미로 마태복음 16장 9~10절은 무리를 먹인 두 가지 기적을 언급합니다. …

무리를 먹이신 기적을 담은 복음서의 여섯 가지 이야기는 모두 숫자를 강조합니다. 사복음서의 기자들은 숫자 5천만을 강조하지 않고, 일반적인 사람보다는 성인 남자를 가리키는 헬라어 단어 '안드레스'를 써서 5천 명을 묘사했습니다(이 구분이 늘 적용되는 것은 아닙니다만). … 구약에서 이런 식으로 쓰인 숫자는 대개 전체 인구보다는 성인 남자를 뜻합니다. 별다른 설명이 없더라도 말입니다. 마태가 구약의 관례를 따랐다면, 그리고 남자들만 모였다고 가정할 다른 이유가 없다면, 실제로 음식을 먹은 무리는 5천 명을 훨씬 웃돌았을 것입니다.[10]

_R. T. 프란스

굶주림이 더 심각하다는 사실도 아셨습니다. 무리를 마을로 보낸다면, 육체적 굶주림만 해결할 것입니다. 예수님은 제자들로 하여금 그들의 육체적 굶주림을 해결하게 하시고, 자신은 그들의 영적 굶주림을 해결하심으로써 모든 사람을 축복해 주셨습니다.

능력과 기적은 모두 예수님에게서 나왔으나, 사람들의 손과 제자들의 발을 통해 실행되었습니다. 예수님은 먼저 음식을 축사하신 후, 그 하늘 양식을 시간도 늦었고 음식도 없다고 불평하면서도 계속 예수님 주변에 앉아 있던 사람들에게 나누어 주셨습니다(마 14:15, 17). 그들이 지켜보는 가운데 떡과 물고기는 5천 명이 먹기에 충분한 양식이 되었습니다. 각 사람이 간식처럼 조금만 먹은 것이 아니라, 배가 부를 정도로 넉넉히 먹었습니다.

자기 문제를 풀 때는 인간적 논리를 앞세우던 사람들이 떡과 물고기가 기적처럼 불어나는 것을 목격했습니다. 그들은 예수님의 기적을 소상하게 알아차리지는 못했지만, 남은 음식이 열두 바구니를 채운 것은 확실히 봤습니다. 제자마다 채 먹지 못한 하늘의 떡을 바구니에 한가득 채웠습니다. 만나는 낮의 햇볕에 녹아 사라졌지만, 이 떡은 바구니에 담겨 하나님이 풍요롭게 공급하시는 분임을 모든 사람에게 증거했습니다.

예수님을 주와 구세주로 영접할 때, 우리는 종으로 부름받게 됩니다. 종이 된다는 것은 기적을 이루는 통로 역할을 한다는 것을 의미합니다. 때때로 미친 짓 같고, 남들도 미친 짓이라고 이야기하지만, 그럼에도 불구하고 믿음으로 나아갈 때가 있습니다. 때때로 무엇 때문에 우리가 이런 방식으로 단조로운 일상을 사는지 도무지 알지 못하다가도, 곧 하나님이 우리를 사용해 다른 사람들에게 하나님의 영광을 드러내신다는 것을 깨닫게 됩니다. 우리도 그렇게 기적을 경험했던 것입니다.

Q 하나님은 어떤 사람을 어떻게 사용해 나에게 하나님을 드러내 주셨습니까?

Q 하나님이 나를 어떻게 사용해 하나님의 이름으로 누구를 사랑하거나 인도하게 하셨습니까?

결론

> Leader
>
예수님이 보잘것없는 떡 다섯 개와 물고기 두 마리로 남자 5천 명 외에 여자와 어린이들을 먹이시자 의도치 않게 모세처럼 보이게 되셨습니다. 유대인들은 만나를 모세의 기적으로 이해했지만, 예수님은 '모세는 만나가 무엇인지 설명해 주는' (출 16:15) 사자였을 뿐이라고 분명히 밝히셨습니다. 떡은 모세가 아니라 하나님 아버지께서 하늘에서 내려주셨다는 것입니다(요 6:32).

모세와 예수님은 모두 하늘에서 내려 주는 떡의 기적과 관련이 있습니다. 두 경우 모두 떡으로 사람들의 주린 배를 채워 주었습니다. 떡이 배를 채우고 마음을 강하게 하니, 사람들은 하나님을 믿고 하나님이 보내신 사람을 믿게 되었습니다. 그러나 예수님은 "나는 생명의 떡"(요 6:35)이라고 선포하심으로써 모세의 만나에서 시작된 가르침을 완성하셨습니다.

> Leader
>
떡은 빈부를 막론하고 모든 사람을 배부르게 했지만, 그것은 영원히 지속되지 않습니다. 예수님이 5천 명을 먹이신 것은 기적임에 틀림없지만, 떡을 먹은 사람들은 곧 다시 배가 고파질 것입니다. 그러나 하늘에서 내려온 떡이 그들의 마음 문을 열어 "생명의 떡"에 관한 말씀을 듣고 믿게 했습니다.

만나와 기적의 떡은 보고 먹기에 좋았을 것입니다. 하나님의 말씀에 적힌 대로 읽기만 하는 우리는 때로 그것을 볼 수 있기를 바라기도 합니다. 그런데 사실 우리는 그보다 더 나은, 더 대단한 "생명의 떡"이신 예수님을 소유하고 있습니다. 생명의 떡은 먹기만 하는 떡이 아니며, 40년 동안만 먹는 떡도 아닙니다. 그 떡은 영원한 떡입니다. 오로지 예수님만이 땅에서 생명을 갖고 죽어서는 영원한 생명을 갖도록 우리를 보존하시는 떡이십니다(요 6:35).

어쩌면 당신은 마태복음에 등장하는 무리 가운데 한 명으로 떡을 받아먹고 예수님의 긍휼하심을 느끼면서도 예수님의 말씀이 정확히 무슨 뜻인지 파악하지 못하고 있는지도 모릅니다. 예수님은 지금 당신에게 자신을 생명의 떡으로 주고 계십니다.

어쩌면 당신은 제자로 살아가면서 "생명의 떡"의 진정한 의미를 파악하고 기쁨을 직접 체험하고 있는지도 모릅니다. 그렇다면 주변에서 길을 잃고 죽어 가는 사람들에게도 그 생명의 떡을 나누어 그들을 채워 주십시오.

> "하나님은 종종 평범한 사람들과 보잘것없어 보이는 사람들을 통해 역사하십니다. 역사를 통해 볼 때, 하나님은 위기의 순간마다 아기를 보내셨습니다. 이삭, 모세, 사무엘, 세례 요한, 그리고 예수님은 모두 위급한 때에 하나님의 응답으로 태어나셨습니다. … 그리스도인들은 종종 사역에 동참하는 사람들의 수로 성공을 판단합니다. 하나님의 능력이 눈에 띄게 나타나기를 구합니다. 그러나 우리는 하나님의 관점으로 성공을 바라볼 줄 알아야 합니다. 하나님은 마음을 중요시하시며, 순종을 기뻐하십니다."[12]
> _헨리 블랙커비 & 리처드 블랙커비

그리스도와의 연결
이스라엘 백성이 광야에서 굶주렸을 때, 하나님은 모세를 통해 하늘의 만나를 내려 주셨습니다. 모세보다 위대하신 예수님은 하늘에서 내려오는 떡을 주실 뿐만 아니라, 자신을 생명의 떡으로 세상에 주신다고 말씀하십니다.

하나님의 계획 우리의 사명

선교적 적용 하나님은 예수님이 사람들의 필요를 채워 주실 때, 주님의 손과 발이 되라고 우리를 부르셨습니다.

1. 예수님이 사람들의 필요를 채워 주실 때, 주님의 손과 발의 역할을 하려면 어떻게 해야 할까요?

2. 예수님이 사람들의 필요를 채워 주실 때, 당신이 쓸 수 있는 재능과 자원을 열거해 보십시오.

3. 어떻게 하면 그리스도의 긍휼을 그리스도를 필요로 하는 사람들에게 구체적으로 증거할 수 있을까요?

금주의 성경 읽기
렘 33~40장;
시 74편; 79편

Summary and Goal

우리는 그리스도인으로 살면서 우리를 시험하는 여러 어려움과 씨름합니다. 그러나 그리스도인은 혼자가 아닙니다. 하나님의 아들이신 예수님이 만물의 주권자로서 우리를 깊은 위로와 용기의 자리로 불러내 삶의 어려움에 당당히 맞서게 하십니다. 예수님은 바람과 파도도 지배하는 주권자이십니다. 그러므로 우리는 어떠한 상황에서도 그분을 예배하고, 다른 이들을 예배로 초청할 수 있습니다.

물 위를 걸으시다

- **성경 본문**
  마태복음 14:22~33

- **세션 포인트**
  1. 예수님은 우리가 처한 상황의 주권자이십니다(마 14:22~25)
  2. 예수님은 폭풍 한가운데서도 용기와 믿음을 가지라고 말씀하십니다
     (마 14:26~31)
  3. 예수님은 권세 있는 하나님의 아들이시며 예배받기에 합당하십니다
     (마 14:32~33)

- **신학적 주제**
  예수님은 우리가 받는 시험과 시련의 한가운데 능력으로 함께하십니다.

- **그리스도와의 연결**
  우리 믿음에서 가장 중요한 것은 믿음이 얼마나 큰가보다 누구를 믿는가입니다. 예수님은 기적과 가르침과 가장 확실하게는 죽음과 부활을 통해 자신이 우리의 믿음을 받기에 합당한 분임을 증명하셨습니다. 예수님만이 우리를 구원하실 수 있습니다.

- **선교적 적용**
  하나님은 우리에게 어려운 상황에서도 능력의 주권자이신 하나님을 신뢰하는 모습을 세상에 드러내라고 말씀하십니다.

Session Plan

도입

하나님이 우리의 주권자이심을 인정하는 것은 어렵지만 중요한 일임을 강조해 주십시오. 주권자이신 하나님은 우리를 어떠한 상황에서도 지켜 주십니다.

이 세상에서 권력을 가진 사람들은 어떤 사람들입니까?

이 세상에서 다른 사람의 권력을 인정하기 어려운 이유는 무엇입니까?

하나님의 아들이신 예수님은 바람과 파도뿐 아니라 삶의 모든 것을 주장하시는 분이라는 내용을 다루는 이 세션을 요약해 주십시오.

전개

1

예수님은 우리가 처한 상황의 주권자이십니다
(마 14:22~25)

마태복음 14장 22~25절을 읽으십시오. 이 이야기가 오병이어의 기적 바로 다음에 이어진다는 것을 지적해 주십시오. 예수님은 하나님을 위한 사역을 지속하기 위해 혼자 기도하는 시간을 가지고 싶어 하셨다는 것을 강조해 주십시오. 우리도 하나님을 위한 사역을 지속하기 위해 예수님처럼 가끔은 홀로 하나님께 나아가 회복하는 시간을 가져야 합니다.

하나님을 모든 상황의 주권자로 모신다면, 우리 기도가 어떻게 달라질까요?

하나님 앞에 나아가 홀로 기도하는 것은 어떤 점에서 유익합니까?

폭풍이 몰아치는 바다 한가운데 떠있는 제자들에게 주목하게 해 주십시오. 그런 다음 예수님이 제자들을 보시고 물 위로 걸어오고 계셨다는 사실을 강조해 주십시오. 그런데 이보다 더 놀라운 기적은 예수님이 성령을 통해 우리를 보시고 함께하시고 통치하신다는 것이며, 그런 예수님 때문에 우리가 믿음으로 인내할 수 있다는 것입니다.

하나님이 즉각 응답하지 않으셔서 시련을 견뎌야 했던 적이 있나요? 그 시련을 통해 믿음 성장에 어떤 도전을 받았습니까?

2

예수님은 폭풍 한가운데서도 용기와 믿음을 가지라고 말씀하십니다(마 14:26~31)

마태복음 14장 26~27절을 읽고, 물 위를 걷는 예수님을 보고 제자들이 기겁한 이야기를 들려주십시오. 예수님은 제자들에게 자기 정체를 밝히시고 용기를 북돋워 주셨습니다. 우리가 하나님의 평화를 누리게 된 것은 모두 예수님과 그분이 하신 일 덕분입니다.

자연의 폭풍과 인생의 폭풍 중 어떤 것이 더 심각할까요? 왜 그렇게 생각하나요?

예수님이 성난 바다 위를 걷는 능력을 지닌 분이라는 사실이 우리에게 어떻게 용기를 줍니까?

예수님이 제자들에게 "안심하라 나니 두려워하지 말라"(마 14:27)라고 말씀하실 때 쓰신 "나"라는 호칭이 믿음과 용기를 준다는 것을 강조해 주십시오(이 관계를 알려면, 부록 1: '신약성경에 나타난 구약성경의 말씀', 부록 4: '예수님의 기적'을 참고하십시오). 그러고 나서 "믿음이 흔들리면 어떻게 해야 하는가?"라는 질문을 던지고, 자원자에게 마태복음 14장 28~31절을 읽게 하십시오. 베드로가 물 위를 걷게 해달라고 청하고 걷다가 예수님 보기를 멈추자, 다시 두려움에 휩싸이게 되었다는 것을 지적해 주십시오. '작은 믿음'에 관한 이 이야기는 우리에게 두 가지 진리를 가르쳐 줍니다.

첫째, 예수님이 주신 용기를 한결같이 간직하고 계속 용감하게 살아야 합니다.

둘째, 우리는 믿음과 용기를 내지 못할 때, 하나님의 사랑과 구원의 진리인 복음을 의지해야 합니다.

어떻게 하면 어려운 상황에서도 그리스도 안에 있는 믿음과 용기를 보여 줄 수 있을까요?

마태복음 14장 32~33절을 읽으십시오. 예수님이 하신 일 때문에 예수님의 제자들이 그분이 하나님의 아들이심을 정확히 알고 바르게 예배했음을 강조해 주십시오. 예수님은 바람과 파도의 주권자이시므로, 우리는 하나님을 신뢰하고 그분께 삶의 문제와 걱정을 내려놓고 기도할 수 있습니다.

예수님을 권세 있는 하나님의 아들로 예배하는 이유는 무엇입니까?

3
예수님은
권세 있는 하나님의
아들이시며
예배받기에 합당하십니다
(마 14:32~33)

결론

이 세션의 주요 주제를 되새기고, 바람과 파도에 대한 예수님의 능력을 죄와 죽음에서 우리를 구원하시는 예수님의 복음의 능력과 연결해 주십시오. 어떤 상황에서도 예수님을 예배하고, 하나님이 주신 사역을 감당하며 살아가도록 독려해 주십시오. 이 세션에서 배운 진리를 '하나님의 계획, 우리의 사명'에서 적용해 보십시오.

9. 물 위를 걸으시다

도입

'주권자'란 완전한 통수권을 지닌 주체를 뜻합니다. 누군가를 자신의 주권자로 인정하는 것은, 설령 그분이 하나님일지라도 쉽지 않습니다. 우리는 자유롭게 독립하고 싶은 욕망 때문에 "하라", "하지 마라" 하고 명령하는 사람을 싫어합니다. 그러나 겸손하게 구원받을 필요를 인정하면, 우리의 주권자이신 구세주의 위대하심을 알게 됩니다. 그럴 때 우리는 어떤 상황에서도 그분이 우리를 지켜 주신다는 확신을 갖게 됩니다.

> **Leader**
>
> 그리스도인에게 주권을 설명할 때는 구원의 맥락에서 설명하는 것이 효과적입니다. 우리는 자신을 스스로 구원할 수 없다는 사실을 압니다. 하나님이 개입하지 않으시면, 우리는 죄 가운데서 죽게 됩니다. 이처럼 심각한 문제들에 대한 답은 비교적 분명하지만, 그보다 미묘한 삶의 영역에서 하나님의 주권을 인정하는 것은 쉽지 않습니다. 예컨대, 학업, 질병, 채무·채권 관계, 부모님과의 관계 등 삶의 여러 문제를 다룰 때는 하나님의 주권과 나의 욕망 사이에 긴장감이 감돕니다. 하나님의 주권 개념을 '교회 생활'이나 '신학 논쟁' 외에 다른 문제에 적용하기는 쉽지 않습니다.

Q 이 세상에서 권력을 가진 사람들은 어떤 사람들입니까?

Q 이 세상에서 다른 사람의 권력을 인정하기 어려운 이유는 무엇입니까?

Session Summary

우리는 그리스도인으로 살면서 우리를 시험하는 여러 어려움과 씨름합니다. 그러나 그리스도인은 혼자가 아닙니다. 하나님의 아들이신 예수님이 만물의 주권자로서 우리를 깊은 위로와 용기의 자리로 불러내 삶의 어려움에 당당히 맞서게 하십니다. 예수님은 바람과 파도도 지배하는 주권자이십니다. 그러므로 우리는 어떠한 상황에서도 그분을 예배하고, 다른 이들을 예배로 초청할 수 있습니다.

전개

1. 예수님은 우리가 처한 상황의 주권자이십니다 (마 14:22~25)

²²예수께서 즉시 제자들을 재촉하사 자기가 무리를 보내는 동안에 배를 타고 앞서 건너편으로 가게 하시고 ²³무리를 보내신 후에 기도하러 따로 산에 올라가시니라 저물매 거기 혼자 계시더니 ²⁴배가 이미 육지에서 수 리나 떠나서 바람이 거스르므로 물결로 말미암아 고난을 당하더라 ²⁵밤 사경에 예수께서 바다 위로 걸어서 제자들에게 오시니

> 예수님은 장정 5천 명을 비롯한 여자들과 어린이들의 무리를 먹이신 후에 제자들에게 배를 타고 바다를 건너가라고 말씀하셨습니다. 제자들이 떠날 때, 예수님은 그들과 함께 배에 타지 않으셨습니다. 23절은 예수님이 무리를 흩으신 이유를 알려 주는데, 홀로 남아 아버지께 기도하기 위해서였습니다. 예수님은 온전한 사람으로서 휴식하고 회복할 시간이 필요하셨습니다. 아버지께 홀로 나아가 휴식하며 지친 몸과 마음을 회복하셨습니다.
>
> 이 기간에 예수님은 하나님을 위한 사역에 온 시간을 쓰셨습니다. 그러나 오늘날 교회의 전임 사역자와 같은 개념은 아니었습니다. 예수님은 하나님이 보내신 사명을 완수하기 위해 온전히 헌신하셨습니다. 예수님은 마음을 다하고, 목숨을 다하고, 힘을 다하며 뜻을 다하여 사람들을 돌보셨습니다. 하나님이 보내신 사명을 완수하려면 육체의 지구력이 필요했기 때문에 예수님은 시간을 따로 떼어 하늘 아버지와 단둘이 있는 시간을 가지신 것입니다.
>
> 이것은 모든 믿는 자가 배워야 할 부분입니다. 그리스도인은 저마다 사역 현장에 있습니다 (마 28:16~20). 예수님은 모든 민족을 제자 삼으라고 교회에 명령하셨습니다. 제자 삼는 일은 사람들을 복음으로 초청해 믿게 할 뿐만 아니라, 그리스도의 몸 된 교회의 지체로서 지속적으로 하나님을 섬기도록 양육하는 일입니다.

(좌측 여백) Leader

> *"'어찌 저를 돌보지 아니하시나이까?'
> 예수님의 몸이 궁극적 풍랑에
> 빠지는 장면이 존재 깊은 곳에
> 각인된 사람은 결코 그런 말을
> 내뱉지 않습니다. 궁극의 풍랑에도
> 불구하고 우리를 버리지 않으신
> 분이 현재의 시시한 풍랑 속에서
> 우리를 버리시겠습니까? 게다가
> 언젠가는 그분이 돌아오셔서 모든
> 풍랑을 영원히 잠재우실 것입니다."*[3]
> _팀 켈러

**핵심교리
99**

27. 창조의 선함

창세기 1장에서 하나님이 창조하신 모든 것은 하나님이 보시기에 좋았습니다. 심지어 심히 좋았습니다(창 1:31 참조). 하나님이 그것들이 좋았다고 판단하신 이유는 창조하신 그것들이 창조자의 선하신 본성을 반영하고 드러냈기 때문입니다. 그러므로 죄와 악은 창조의 기본 요소가 아닌 창조의 부패로 보아야 합니다. 죄의 결과로 인해 창조가 손상되고 일그러졌지만, 하나님이 그것을 운행하고 계시기에 여전히 창조는 선하고, 또한 하나님의 영광을 세상에 선포하는 목적을 수행하고 있습니다. 하나님의 백성은 하나님의 창조의 선하심을 증언하고 보존하기 위해 노력해야 합니다 (2:15).

제자로 삼는 일은 여러 그리스도인이 한 제자를 길러 내는 과정입니다. 이런 의미에서 모든 그리스도인이 사역에 부름받았다고 할 수 있습니다. 따라서 그리스도인은 하나님이 완수하라고 보내신 사명에 자신의 전 생애를 헌신해야 합니다. 예수님은 육체적으로, 정신적으로, 영적으로 지쳐 있을 때, 어떻게 해야 하는지에 관한 완벽한 모범을 보여 주셨습니다. 우리도 예수님처럼 가끔은 홀로 하나님께 나아가 회복하는 시간을 가져야 합니다.

Q 하나님을 모든 상황의 주권자로 모신다면, 우리 기도가 어떻게 달라질까요?

Q 하나님 앞에 나아가 홀로 기도하는 것은 어떤 점에서 유익합니까?

날이 저물 때였고, 제자들은 바다에 있었습니다(23~24절). 예수님이 아버지 앞에 혼자 계실 때도 세상은 돌아갔고, 제자들은 폭풍 한가운데 있었습니다.

> **Leader**
> 제자들이 배를 타고 항해하기 시작할 무렵은 오후였을 터이니, 예수님은 저녁 늦게까지 기도하고 계셨던 것 같습니다. 제자들이 사나운 폭풍에 맞서 항해하느라 애쓰는 사이에 예수님은 기도하고 계셨습니다. 그렇다고 제자들이 곤경에 처한 상황을 예수님이 모르고 계셨다는 뜻은 아닙니다. 마가복음은 폭풍이 제자들을 강타했고, 제자들이 힘겹게 노 젓는 것을 예수님이 보고 계셨다고 기록합니다 (막 6:48).

예수님은 폭풍 한가운데서 고군분투하는 제자들을 보셨습니다. 하지만 그들을 곧장 구해 주지 않으셨습니다. 아마도 그들은 12시간 정도 폭풍 속에서 버둥거렸을 것입니다. 그런데도 예수님은 보고만 계시다가 마침내 물 위를 걸어서 제자들에게 가셨습니다.

이 진리가 우리에게 위로와 힘이 되는 이유는 지금은 예수님이 하늘 아버지께로 올라가 계시기 때문입니다. 전지전능하신 예수님은 천국에 계시면서도 성령을 통해 우리와 함께 내재하십니다. 예수님의 눈이 우리 위에 있습니다. 예수님은 늘 우리와 함께하시며 통치하십니다.

> **Leader**
> 예수님이 폭풍 한가운데서 허둥대는 제자들을 보시고도 한동안 그냥 두셨다는 말씀은, 우리 부부가 아들에게 시도했던 언어 치료 방법을 떠올리게 합니다. 우리 아들은 태어나자마자 혀 아래 피부를 제거하는 수술을 받았습니다. 의사들은 아들이 언어 장애를 갖거나 언어 발달이 좀 늦어질 것이라고 설명해 주었습니다. 아들이 두 살이 될 때까지 우리 부부는 아이가 의사소통을 제대로 하지 못

할까 봐 걱정했습니다. 아들의 말은 언어라기보다는 크게 소리치는 것에 가까웠습니다.

어느 날 함께 시간을 보내러 우리 집에 온 누이가 우리 부부가 아들에게 너무 많은 말을 한다고 지적했습니다. 예컨대, 아들이 무언가를 가리키면 우리는 아이가 가리키는 것을 단어장에서 찾아내 보여 주곤 했습니다. 그런 식으로 아들이 표현하고 싶은 것을 스스로 찾지 못하게 방해하며, 아들이 우리와 소통할 때 필요한 말을 스스로 찾아볼 틈을 주지 않았던 것입니다. 그 사실을 알게 된 우리는 아들에게 말 걸기를 멈추고, 아들이 소통하는 기술을 스스로 터득하도록 내버려두기로 했습니다. 몇 주가 지나자 아들이 사용하는 단어의 수가 비약적으로 늘어났습니다. 스스로 긴장하고 애쓰도록 두었더니 도리어 의사소통 능력이 발전한 것입니다. 너무 조급하게 아들의 스트레스를 없애 주려고 한 것이 아들의 언어 발달을 가로막았던 것입니다.

우리의 영적 걸음도 마찬가지입니다. 난관에 부딪혀 버둥거릴 때는 하나님이 그 긴장과 어려움을 신속하게 거두어 가셔서 더 이상의 고통이 없기를 바라게 됩니다. 그러나 하나님은 우리가 어려운 상황들을 스스로 이겨내기 위해 노력하다가 마침내 그분을 찾게 하심으로써 하나님을 의지하는 높은 차원의 신뢰와 발전과 성장으로 인도하십니다.

제자들은 예수님이 다가오시는 것도 모를 정도로 폭풍 속에서 사력을 다해 노를 저었습니다. 그들은 바다에서 죽고 싶지 않았기에 바람과 파도에 맞서 싸웠습니다. 그들은 두려움 속에서 견뎠고, 애쓴 보람이 있었습니다. 예수님이 제자들에게 긍휼과 능력을 베푸셨고, 덕분에 제자들은 예수님을 계속 예배할 수 있게 되었습니다.

> '고통'과 '어려움'은 그리스도인의 삶과 동떨어진 말이 아닙니다. 성경이 기록한 바와 같이 예수님은 물 위를 걷는 것과 같은 능력을 가지고 계셨으면서도 살면서 많은 고통을 겪으시며, 고통을 어떻게 잘 견뎌 낼 수 있는지 우리에게 모범을 보여 주셨습니다(벧전 2:21). 그리고 예수님은 우리가 믿음에서 도망치지 않고 파선하지 않도록 지켜보고 계십니다.

예수님이 모든 상황의 주권자이시며 우리를 성장시키기 위해 삶의 고난을 사용하신다는 사실을 알면, 믿음으로 인내할 수 있습니다. 예수 그리스도를 따르는 사람들은 어떤 상황이나 환경에서도 하나님이 맡기신 사명에 순종해야 합니다. 우리는 예수님의 긍휼과 능력 안에서 인내할 힘을 얻습니다.

> 물론 인내는 쉬운 것이 아닙니다. 우리는 인내를 통해 상황속에서가 아니라 그리

"예수님은 바다 한가운데서 폭풍이 일어나게 하셨습니다. 제자들을 훈련시켜 땅으로부터 난 것에 쉬이 희망을 두지 않게 하시려는 것이었습니다. 예수님은 그들이 밤새 폭풍에 휩싸여 흔들리게 하셨습니다! 가장 완벽한 방식으로 그들의 돌 같은 마음을 깨우고자 하신 것입니다. 이것이 바로 거친 날씨와 시간이 빚어낸 두려움의 본질을 다루시는 예수님의 방법입니다. 예수님은 제자들을 그런 상황에 던져 넣으심으로써 예전보다 더욱 예수님을 생각하고 예수님을 간절히 원하게 하셨습니다."[4]

_요한 크리소스톰

제자들은 예수님이 바다 위로 건너오실 것이라고는 꿈에도 생각하지 못했습니다. … 그러니 제자들이 기겁한 것은 당연합니다. … 그들은 이 현상을 이전 경험에 비추어 이해했습니다. 유령이라고 말입니다. 그들은 사람이나 사물이 물 위로 걷는 것을 상상할 수 없었습니다. 그래서 무서워하며 소리를 질렀습니다. 길고 바쁜 하루를 보낸 제자들은 폭풍이 몰아치는 바다 한가운데서 더 길고 끔찍한 밤을 보내게 된 것입니다. 제자들은 믿음의 혜안을 잃고 미신과 피곤에 싸여 예수님을 보자마자 공포에 휩싸이고 말았습니다.[5]

_스튜어트 K. 웨버

스도 안에서 기쁨을 발견할 수 있습니다. 어려운 상황에서도 바르게 항해할 수 있도록 지혜를 달라고 하나님께 구해야 합니다(약 1:2~8). 예수님께 순종하려고 애쓰다 보면, 예수님이 통치하시는 것을 깨달아 예수님을 더욱 힘 있게 믿을 수 있습니다. 이처럼 인내하는 믿음은 많은 것을 대변합니다. 인내하는 믿음은 무엇보다 우리 삶을 지켜보는 사람들에게 예수님의 신실하심을 입증합니다.

Q 하나님이 즉각 응답하지 않으셔서 시련을 견뎌야 했던 적이 있나요? 그 시련을 통해 믿음 성장에 어떤 도전을 받았습니까?

2. 예수님은 폭풍 한가운데서도 용기와 믿음을 가지라고 말씀하십니다(마 14:26~31)

26제자들이 그가 바다 위로 걸어오심을 보고 놀라 유령이라 하며 무서워하여 소리 지르거늘 27예수께서 즉시 이르시되 안심하라 나니 두려워하지 말라

예수님을 본 제자들은 그분이 설마 예수님일 거라고는 생각하지 못했습니다. 예수님을 유령으로 오해한 것입니다. 여기서 기억해야 할 것은 제자들이 예수님을 마지막으로 만난 것이 예수님이 바닷가에 서 계실 때였다는 사실입니다. 그러므로 제자들 가운데 누구도 설마 예수님이 물 위를 걸어서 오시리라고는 생각하지 못했습니다. 예수님은 자신의 정체를 밝히시고, 제자들을 안심시키셨습니다. 그리고 제자들이 두려움을 용기로 바꿀 수 있도록 격려하셨습니다. 우리는 이 진리를 기억해야 합니다. 예수님이 가까이 계실 때, 우리는 두려워할 이유가 없습니다. 예수님이 항상 우리 곁에 계시고, 우리를 떠나지 않으시리라는 확신을 가지면 안심할 수 있습니다(히 13:5).

> 이 본문은 인생의 폭풍이라 부를 만한 상황 가운데 있으면, 마음이 의심과 두려움의 구름으로 덮일 수 있음을 보여 줍니다. 때로는 육체적 폭풍보다 정신적 폭풍이 더 큰 충격을 주고, 더 큰 상처를 남깁니다.
>
> 태풍에서 살아남은 사람들의 이야기를 들어본 적이 있을 것입니다. 그런 사람들에게 태풍에 대한 공포는 태풍이 지나간 후에도 오래도록 지속됩니다. 태풍이 몰려오는 시기에는 하늘에 먹구름만 끼어도 공포를 느낍니다. 태풍으로 부서진 집과 학교와 마을은 다시 세울 수 있지만, 태풍이 가져온 심리적 충격은 사람들의

Leader

마음속에 선명하게 남습니다.

물리적 폭풍이 지나간 뒤에도 정신적 폭풍은 남기 마련입니다. 그러나 어떤 폭풍이 닥치더라도 예수님을 알기만 하면, 우리는 폭풍 한가운데서도 평안을 누릴 수 있습니다. 복음은 예수님과의 관계 덕분에 우리가 하나님의 화평으로 나아갈 뿐 아니라 하나님과 화평을 누린다는 사실을 일깨워 줍니다.

예수님이 성취하신 사역으로 말미암아 우리는 하나님과 화해하고 하나님의 가족으로 입양되었습니다(롬 5:1). 하나님과 화해하면, 하나님의 평강이 우리에게 공급됩니다(롬 16:20; 빌 4:7). 하나님의 평강은 인생의 단계마다 가질 수 있는 고요한 해결책입니다(엡 6:15). 예수님은 모든 상황의 주권자이십니다. 우리는 예수님이 우리를 하나님의 뜻에 따라 인도하시고, 어떠한 상황에서도 우리를 고난 가운데 내버려두지 않으실 것을 알기에 담대할 수 있습니다. 예수님은 우리가 경주를 마칠 때까지 인내하게 도와주십니다.

Q 자연의 폭풍과 인생의 폭풍 중 어떤 것이 더 심각할까요? 왜 그렇게 생각하나요?

Q 예수님이 성난 바다 위를 걷는 능력을 지닌 분이라는 사실이 우리에게 어떻게 용기를 줍니까?

예수님이 물 위를 걸어 제자들에게 오시자, 제자들이 기겁하며 예수님을 유령으로 생각했습니다. 그러자 예수님이 제자들에게 이렇게 말씀하셨습니다. "안심하라. 나니 두려워하지 말라"(27절). 여기서 "나다"라는 말씀은 하나님이 모세에게 나타나셔서 "나는 스스로 있는 자이니라"(출 3:14)라고 직접 밝히신 사건을 떠올리게 합니다.

성경에 따르면, 하나님은 하나님의 속성과 본성을 우리에게 계시하기 위해 우리 삶의 다양한 시점들에 여러 시험을 주권적으로 배치하시는 것이 틀림없습니다(롬 8:28~30; 약 1:1~4; 벧전 4:12~16). 폭풍 가운데 현현하시는 그리스도는 생생하고 인상적입니다.[6] 예수님이 위대하신 "스스로 있는 자"로서 항상 우리와 함께하시므로, 우리는 폭풍 한가운데서도 담대하게 믿을 수 있습니다. 그런데 우리 믿음이 흔들린다면 어떻게 해야 할까요?

²⁸베드로가 대답하여 이르되 주여 만일 주님이시거든 나를 명하사 물 위로 오라

 심화주석 우주의 창조주가 아니시면, 누가 물 위로 걸을 수 있겠습니까? 그 옛날 성령은 축복받은 욥에게 그분에 관해 이렇게 말하게 하셨습니다. "그가 홀로 하늘을 펴시며 바다 물결을 밟으시며"(욥 9:8). 다윗도 시편에서 이같이 선언했습니다. "주의 길이 바다에 있었고 주의 곧은 길이 큰물에 있었으나 주의 발자취를 알 수 없었나이다"(시 77:19). 하박국도 "창수가 넘치고 바다가 소리를 지르며 손을 높이 들었나이다"(합 3:10)라고 말했습니다. 이보다 더 확실하고 분명한 증거가 어디 있습니까? 이는 그분이 땅 위뿐 아니라 물 위도 걸으신다는 뜻입니다. 그분은 하나님의 독생자로서, 아버지의 뜻을 따라 오래전에 하늘을 펼치신 분이시며, 모세 시대에 구름 기둥으로 그 백성들이 갈 길을 인도하신 분입니다.[7]

_크로마티우스

심화주석

베드로가 얼마나 멀리 있었는지는 확실하지 않지만, 그는 예수님의 명령을 따라 물 위를 걸었습니다(마 14:29). … 그러나 그가 눈길을 돌려 바람(파도를 가리킴)을 보자, 가라앉기 시작했습니다(30절). 자신감을 잃어서가 아니라, 예수님을 향한 믿음을 잃었기 때문입니다. 그의 믿음은 배에서 내려 물 위로 걸을 정도로 강했지만, 폭풍을 견딜 정도는 아니었던 것입니다. 예수님이 그에게 던지신 "믿음이 작은 자여 왜 의심하였느냐"라는 질문은 의심과 두려움이란 그 원인을 정확히 알면 금세 사라지고 만다는 사실을 베드로와 독자들에게 알려 줍니다. 그러므로 이 이야기에서 베드로는 좋은 예이면서 나쁜 예입니다.[9]

_D. A. 카슨

하소서 하니 [29] 오라 하시니 베드로가 배에서 내려 물 위로 걸어서 예수께로 가되 [30] 바람을 보고 무서워 빠져 가는지라 소리 질러 이르되 주여 나를 구원하소서 하니 [31] 예수께서 즉시 손을 내밀어 그를 붙잡으시며 이르시되 믿음이 작은 자여 왜 의심하였느냐 하시고

> **Leader**

베드로는 예수님으로부터 믿음과 용기를 얻어 폭풍 가운데서 예수님께 다가가고 싶은 마음이 일었습니다. 이것은 시간을 들여 생각해 볼 가치가 있는 주제입니다. 베드로는 폭풍 가운데서 자신을 보호하던 유일한 수단인 배에 앉아 있다가, 배를 떠나 발걸음을 내딛기 시작했습니다. 여기서 우리는 예수님이 베드로를 부르시기 전에 베드로가 어부였다는 사실을 기억해야 합니다. 베드로는 예전에도 지금처럼 폭풍 한가운데 있어 봤습니다. 그러나 본문이 강조하는 것은 베드로가 배에서 걸어 나와 말 그대로 물 위를 걷기 위해 그처럼 큰 용기를 낸 이유가 예수님께 다가가기 위함이었다는 것입니다.

베드로의 청을 들으신 예수님은 베드로에게 배에서 내려 물로 걸어오라고 말씀하셨습니다. 이 말을 들은 제자들은 깜짝 놀랐습니다. 예수님이 아직 폭풍을 잠잠케 하지 않으셨으므로 여전히 바람이 성난 듯이 불고, 물이 휘몰아쳤을 것입니다. 그런데도 베드로는 예수님의 명령에 순종했습니다. 하지만 곧 베드로는 물 위에서 강한 바람에 시선을 빼앗기고 용기를 잃고 말았습니다. 과거의 두려움에 다시 사로잡혀 예수님을 향한 집중력을 잃고 만 것입니다.

베드로가 예수님께 구해 달라고 소리쳤을 때, 예수님은 곧장 구해 주셨습니다. 그러고 나서 예수님은 베드로의 믿음 없음을 드러내시고, 왜 의심했는지 물으셨습니다. 그런데 베드로의 믿음이 적은 것입니까? 베드로는 예수님의 말씀에 따라 배에서 내려 걸었으므로, 누구보다도 나은 믿음을 가진 것이 분명한데도 예수님은 그에게 믿음이 적다고 말씀하셨습니다. 예수님의 꾸지람은 베드로의 믿음이 약하므로 더 강하게 만들어야 한다는 뜻입니다. 그러려면 예수님께 더 많이 의지해야 합니다.

여기서 우리는 두 가지 진리를 발견할 수 있습니다.

첫째, 예수님이 주신 용기를 한결같이 간직하고 계속 용감하게 살아

야 합니다. 우리는 정기적이며 지속적으로 끈기 있게 예수님만 바라봐야 합니다(히 12:2). 그리고 예수님이 공급해 주시는 용기를 지렛대 삼아 하나님의 영광을 위해 자신의 사명을 다해야 합니다.

둘째, 우리는 믿음과 용기를 내지 못할 때 하나님의 사랑과 구원의 진리인 복음을 의지해야 합니다. 성경을 관통하는 하나의 주제는 하나님이 언약 백성에게 하나님의 신실하심을 상기시켜 주신다는 것입니다. 우리 가운데 의심과 두려움의 시간을 보낸 적이 없는 사람이 몇이나 됩니까? 우리 가운데 고군분투하다가 걱정에 휩싸여 본 적이 없는 사람은 몇이나 됩니까? 우리 가운데 절망을 느끼지 않은 사람이 몇이나 됩니까? 때때로 삶에 닥치는 폭풍이 우리로 하여금 베드로처럼 "주여 나를 구원하소서"(마 14:30) 하고 소리치게 합니다. 복된 소식은 우리가 신실하지 못할 때도 하나님은 언제나 신실하시다는 것입니다(딤후 2:13).

> **Leader** 자신의 부족함을 인정할 때, 우리는 예수님의 충분하심을 온전히 받아들이게 됩니다. 하나님은 우리가 "주님, 살려주세요!" 하고 처참하게 외칠 때까지 우리를 폭풍 속으로 몰고 가십니다. 바로 그때 우리는 예수님의 능력을 보게 됩니다. 예수님은 파도 위로 높이 걸으시기 때문에 믿음이 약한 제자를 번쩍 들어 올려 파도가 제자를 해치지 않게 보호하십니다.

Q 어떻게 하면 어려운 상황에서도 그리스도 안에 있는 믿음과 용기를 보여 줄 수 있을까요?

3. 예수님은 권세 있는 하나님의 아들이시며 예배받기에 합당하십니다(마 14:32~33)

³²배에 함께 오르매 바람이 그치는지라 ³³배에 있는 사람들이 예수께 절하며 이르되 진실로 하나님의 아들이로소이다 하더라

예수님이 폭풍을 잠잠하게 하심으로써 피조물을 통제하는 초자연적인 능력을 보여 주시는 장면도 중요하지만, 이보다 더 중요한 것은 제자들이 예수님께 경배하는 장면입니다(33절). 이 순간 제자들은 예수님이 진실로 하나님의 아들이심을 고백했습니다. 제자들이 바로 앞에 계신 예수님께 경배했다는 것은 예수님의 신성을 온전히 믿었다는 뜻입니다. 이와 같

심화주석 기적은 하나님 나라의 본질을 우리에게 가르쳐 줍니다. 또한 그 왕의 정체를 우리에게 계시해 주기도 합니다. 기적들을 보고, 예수님이야말로 구약에 예언된 바로 그분이심을 알아야 합니다. 그분은 눈먼 자를 다시 보게 하시고, 저는 자를 다시 걷게 하시며, 나병환자를 깨끗케 하시고, 못 듣는 사람을 듣게 하시며, 죽은 사람을 살리심으로써(마 11:4, 5) 자기 정체를 입증하십니다. 이분이 바로 약속된 그리스도이십니다. … 그러므로 주님의 기적들을 통해 그분이 그리스도(메시아)이시며 예수님(구세주)이심을 알아야 합니다. 나아가 … 그분이 하나님의 아들, "임마누엘"('하나님이 우리와 함께 계시다'라는 뜻, 마 1:23)이심도 알아야 합니다. 예수 그리스도는 육신이 되어 오신 하나님이십니다.[10]

_더글라스 션 오도넬

이 우리도 언젠가 우리 삶에서 위대한 일을 행하신 주님을 뵙고, 이전보다 더욱 의미 있고 신실하게 주님을 예배하게 될 것입니다.

예수님이 모든 상황의 주권자요, 우리에게 용기를 공급하는 분이심을 알면, 우리는 걱정하지 않고 예수님을 경배하게 됩니다. 빌립보서 4장 6절은 "아무것도 염려하지 말고 다만 모든 일에 기도와 간구로 너희 구할 것을 감사함으로 하나님께 아뢰라"라고 말합니다. 우리는 하나님을 신뢰하고 그분께 삶의 문제와 걱정을 내려놓고 기도해야 합니다.

> **Leader**
> 일반적으로 회사원들은 자신들에게 주어진 휴가를 쓸 때, 휴가신청서를 작성해 관리자에게 제출합니다. 관리자는 휴가신청서를 일정표와 대조해 보고 회사에 큰 일정이 있거나 같은 날짜에 휴가를 신청한 직원이 있을 때는 다른 날짜로 조정해 달라고 요청할 수 있습니다. 그러나 어떤 식으로든 휴가는 주어지기 때문에 휴가 신청은 수락됩니다. 이와 비슷하게 우리는 하나님께 우리의 필요를 요청합니다. 우리의 필요는 예수 그리스도께서 이루신 공로로 말미암아 우리가 이미 다 받은 것들로, 건강이나 지혜나 은혜나 영적 부요함 등입니다(엡 1:3). 이러한 요구 사항을 제출할 때 우리는 하나님이 그것들을 우리에게 다 주실 것을 알고 감사하고, 당면한 문제에 관해 더 이상 걱정하지 말아야 합니다.
>
> "내가 진실로 너희에게 이르노니 누구든지 이 산더러 들리어 바다에 던져지라 하며 그 말하는 것이 이루어질 줄 믿고 마음에 의심하지 아니하면 그대로 되리라 그러므로 내가 너희에게 말하노니 무엇이든지 기도하고 구하는 것은 받은 줄로 믿으라 그리하면 너희에게 그대로 되리라"(막 11:23~24).
>
> "아무 것도 염려하지 말고 다만 모든 일에 기도와 간구로, 너희 구할 것을 감사함으로 하나님께 아뢰라 그리하면 모든 지각에 뛰어난 하나님의 평강이 그리스도 예수 안에서 너희 마음과 생각을 지키시리라"(빌 4:6~7).

 예수님을 권세 있는 하나님의 아들로 예배하는 이유는 무엇입니까?

결론

예수님은 항상 우리와 함께하시며 통치하십니다. 주님만이 성난 바다를 잠재울 능력을 가지고 계십니다. 예수님을 하나님의 아들로 예배하는 일 외에 우리가 할 수 있는 일이 무엇이 있겠습니까? 예수님은 바람과 파도만 잠잠하게 하신 것이 아니라, 우리 죄를 향한 하나님의 진노를 십자가에서 삼키셨습니다. 삶에 폭풍이 지나갈 때 그분에게 우리를 지켜 달라고 믿고 맡기는 일 외에 우리가 할 수 있는 일이 무엇이 있겠습니까?

이 세상에서 우리의 안위는 믿음의 강함에 있지 않고, 믿음의 대상에 있습니다. 우리의 믿음은 폭풍 속에서 흔들리겠지만, 그리스도는 굳건해 요동하지 않으시고, 폭풍을 발판 삼아 "하늘 구름"(단 7:13) 위에 올라타십니다.

우리가 복음의 귀한 말씀을 기억할 때, 우리 믿음은 힘 있게 자라납니다. 복음은 우리에게 오로지 예수님만이 우리의 예배를 받으시기에 합당하고, 우리를 구원하시는 분임을 알려 줍니다. 이 진리는 우리 마음에 불을 붙이고 우리를 인도해 어떤 상황에서도 주 하나님을 향한 사명에 신실한 증인으로 살아가게 합니다.

그리스도와의 연결

우리 믿음에서 가장 중요한 것은 믿음이 얼마나 큰가보다 누구를 믿는가입니다. 예수님은 기적과 가르침과 가장 확실하게는 죽음과 부활을 통해 자신이 우리의 믿음을 받기에 합당한 분임을 증명하셨습니다. 예수님만이 우리를 구원하실 수 있습니다.

하나님의 계획 우리의 사명

선교적 적용 　하나님은 우리에게 어려운 상황에서도 능력의 주권자이신 하나님을 신뢰하는 모습을 세상에 드러내라고 말씀하십니다.

1. 하나님의 주권과 능력을 향한 믿음은 삶의 다양한 상황에 부딪혔을 때 어떻게 드러날까요?

2. 어떻게 하면 예수님을 신뢰하는 믿음과 용기를 함양할 수 있을까요?

3. 전능하신 하나님의 아들 예수님이 예배받기에 합당하신 이유를 담아 기도문을 작성해 보십시오.

금주의 성경 읽기
왕하 24~25장;
대하 36:1~21;
렘 52장; 41~44장

Summary and Goal

이 세션에서는 진정한 믿음이란 예수님이 우리 육체뿐 아니라, 영혼도 치유해 주시기를 구하는 것임을 배울 것입니다. 예수님은 완전한 하나님으로서 몸이 아픈 환자만 치유하지 않으시고, 영적 질병인 죄 문제도 고쳐 주십니다. 예수 그리스도의 복음은 죄인들을 완전하게 고쳐 온전하게 합니다.

중풍병자의 죄를 사하시다

10

- ● **성경 본문**
  마가복음 2:1~12

- ● **세션 포인트**
  1. 믿음이란 예수님의 치유를 간구하는 것입니다(막 2:1~4)
  2. 예수님은 치유보다 용서가 더 필요할 때가 있다고 말씀하십니다(막 2:5)
  3. 예수님은 이 땅의 고통과 영원한 고통을 모두 덜어 주십니다(막 2:6~12)

- ● **신학적 주제**
  사람에게 가장 필요한 것은 용서와 영적인 회복입니다.

- ● **그리스도와의 연결**
  예수님은 중풍병자를 치유해 주심으로써 인간의 고통을 다스리고 죄를 용서하는 주님으로서의 권세를 입증하셨습니다. 예수님은 죄를 사하는 권세가 있음을 주장하심으로써 자신을 하나님과 동등한 위치에 두셨습니다. 하나님만이 병을 다스리시고, 죄를 씻어 주실 수 있습니다.

- ● **선교적 적용**
  하나님은 우리에게 육체적 질병을 고치시며 죄를 용서할 능력이 있으신 예수님께로 사람들을 인도할 것을 명하십니다.

Session Plan

도입

자신과 같은 일을 하는 사람을 만나서 예수님과의 관계에 관해 이야기를 나눴던 저자의 경험을 들려주십시오.

저자의 이야기 속 인물과 이런 대화를 나누었다면, 구원을 향한 그의 소망에 어떻게 반응하겠습니까? 그가 놓치고 있는 것은 무엇입니까?

몸과 영을 모두 치유하시는 예수님의 능력에 관해 다루는 이 세션의 내용을 요약해 주십시오.

전개

1
믿음이란 예수님의 치유를 간구하는 것입니다
(막 2:1~4)

마가복음 2장 1~4절을 읽으십시오. 예수님이 휴식을 취하러 고향에 돌아가셨지만, 무리가 몰려들어 쉬지 못하시고 잃어버린 자들을 가르치시며 긍휼을 베푸셨다는 이야기를 들려주십시오.

우리는 잃어버린 자들에게 복음을 전하지 않고, 그들과 교제하기를 꺼리는 것에 대해 어떤 변명을 하곤 합니까?

우리는 복음서에서 긍휼을 베푸시는 예수 그리스도를 보고도 복음을 전하지 않는 것에 대해 어떤 변명을 하곤 합니까?

이어서 중풍병자를 예수님께 데려와 고쳐 달라고 간구했던 사람들에게 주목하고, 그들이 어떻게 많은 무리를 뚫고 예수님께 환자를 데려왔는지 설명해 주십시오. 그들의 행동은 예수님에 대한 강한 믿음의 표현입니다. 누군가를 예수님께 데려오기 위해 자신은 어떤 행동까지 할 수 있는지 생각해 보게 하십시오.

어떤 이유로 사람들을 예수님께 인도하고 있습니까?

2
예수님은 치유보다 용서가 더 필요할 때가 있다고 말씀하십니다
(막 2:5)

중풍병자를 예수님께 데려와 고쳐 달라고 했던 친구들의 이야기를 상기시키며, 마가복음 2장 5절을 읽으십시오. 그의 죄를 용서하신다는 예수님의 말씀은 자신이 곧 하나님이라는 뜻의 대담한 선포임을 알려 주십시오(부록 2: '대제사장 예수 그리스도'를 참고해 예수님은 구약의 제사장직을 성취하신 분임을 설명해 주십시오). '몸의 질병'보다 '죄로 인한 영적 질병'을 치료하는 것이 더 절박하다는 점을 강조해 주십시오.

'몸의 질병'보다 '죄로 인한 영적 질병'을 치료하는 것이 더 절박하다는 것을 사람들에게 어떻게 이해시킬 수 있을까요?

자원자에게 마가복음 2장 6~12절을 읽게 하십시오. 그 집에 있던 서기관들은 예수님이 신성을 모독한다고 단정 지었지만, 예수님은 중풍병자의 몸을 고쳐 주심으로써 죄를 용서하실 수 있다는 주장을 입증하셨습니다.

3

예수님은 이 땅의 고통과 영원한 고통을 모두 덜어 주십니다
(막 2:6~12)

예수님은 당신에게 어떤 놀라운 일로 하나님께 영광을 돌릴 이유를 주셨습니까?

이 이야기에서 예수님이 베푸신 기적과 말씀을 보고, 예수님에 관해 어떤 것을 믿게 됩니까?

모든 사람에게 가장 시급한 일은 죄를 사함받고 영적으로 온전해져서 하나님께 돌아가는 것입니다. 예수님은 중풍병자의 몸을 고쳐 주심으로써 예수님이야말로 가장 절실하게 필요한 것을 채워 주는 분임을 입증하셨습니다. 예수님은 하나님과 동등하시며, 메시아 언약의 성취이십니다. 이 진리야말로 믿지 않는 자들을 예수님께 인도해 영적 치유를 받게 하려는 우리 열정에 필요한 연료임을 강조해 주십시오.

예수님의 기적은 다른 사람들의 영적 치유를 위해 복음을 나누는 일에 힘쓰도록 어떻게 격려합니까?

결론

도입에서 다루었던 저자의 경험담으로 돌아가 우리는 '죄의 질병'에 걸려 있으며, 예수님이 그 병을 치유하실 수 있다는 사실을 인정하는 것이 중요함을 설명해 주십시오. 우리는 이것을 복음 사역의 연료로 삼아야 합니다. 이 세션에서 배운 진리를 '하나님의 계획, 우리의 사명'에서 적용해 보십시오.

Session Content

10. 중풍병자의 죄를 사하시다

도입

전에 직장에서 한 동료와 커피를 마시면서 이야기를 나눈 적이 있습니다. 그는 4대째 내려오는 목사 집안에서 태어나 어려서부터 교회에 다녔다고 했습니다. 제가 그에게 예수님을 어떻게 영접했는지 묻자, 그는 고개를 갸웃거렸습니다. 그래서 질문을 풀어서 언제 복음을 들어서 죄를 고백하고 예수님을 통한 하나님의 구원 계획을 믿게 되었는지 다시 물었습니다. 그는 한참을 곰곰이 생각하더니, 자동차 사고에서 살아났을 때 하나님이 자신을 구해 주셨음을 알았다고 대답했습니다. 저는 그 말이 무슨 뜻인지 자세히 설명해 달라고 했습니다. 그러자 그가 이야기를 시작했습니다.

어느 날 그는 목적지에 빨리 가려고 운전을 서두르다가 나무를 들이받았다고 합니다. 그 짧은 순간에, 그는 차에 몸을 맡긴 채 예수님께 살려 달라고 울부짖었습니다. 차가 멈춰 서고, 자욱했던 먼지가 가라앉자 그는 안전벨트를 풀고, 깨진 앞 유리 틈으로 빠져나왔습니다. 그때 그는 하나님이 그의 기도를 들으시고, 그를 죽음에서 건져 주셨음을 알게 되었다고 말했습니다.

Q 저자의 이야기 속 인물과 이런 대화를 나누었다면, 구원을 향한 그의 소망에 어떻게 반응하겠습니까? 그가 놓치고 있는 것은 무엇입니까?

Session Summary

이 세션에서는 진정한 믿음이란 예수님이 우리 육체뿐 아니라, 영혼도 치유해 주시기를 구하는 것임을 배울 것입니다. 예수님은 완전한 하나님으로서 몸이 아픈 환자만 치유하지 않으시고, 영적 질병인 죄 문제도 고쳐 주십니다. 예수 그리스도의 복음은 죄인들을 완전하게 고쳐 온전하게 합니다.

전개

1. 믿음이란 예수님의 치유를 간구하는 것입니다(막 2:1~4)

[1]수 일 후에 예수께서 다시 가버나움에 들어가시니 집에 계시다는 소문이 들린지라 [2]많은 사람이 모여서 문 앞까지도 들어설 자리가 없게 되었는데 예수께서 그들에게 도를 말씀하시더니 [3]사람들이 한 중풍병자를 네 사람에게 메워 가지고 예수께로 올새 [4]무리들 때문에 예수께 데려갈 수 없으므로 그 계신 곳의 지붕을 뜯어 구멍을 내고 중풍병자가 누운 상을 달아 내리니

마가는 예수님에 대한 중요한 배경 정보를 제공하며 본문을 시작합니다. 예수님은 설교와 전도를 위해 여행을 떠나셨다가 가버나움에 있는 집으로 돌아오셨습니다. 집으로 돌아와 쉬며 지친 몸과 마음을 회복하고자 하셨습니다. 그동안 예수님은 치유하시고, 귀신을 쫓아내시고, 여러 회당에서 설교하시느라 많이 피곤하셨을 것입니다. 그런데 예수님이 오셨다는 소문이 마을에 퍼져 예수님을 만나기 위해 사람들이 몰려왔습니다.

> 이런 일이 우리에게 벌어졌다면, 솔직히 많이 실망했을 것입니다. 가족의 안락함을 떠나 기나긴 전도 여행을 마치고 귀가했다면, 개인 시간을 가지고 싶을 테니까요. 여행하고 집에 돌아온 직후에는 가족이나 친구들과 편안한 시간을 보내며 쉬고 싶은 법이니까요. 지친 상태로 집에 오면서 조용히 휴식할 수 있기만을 고대했는데, 사람들이 집에 몰려와 북적거린다면 당황스럽지 않겠습니까? 직장에서 힘든 하루를 보내고 집에 막 도착했는데, 집 앞에서부터 큰길까지 사람들이 줄지어 서서 기다리고 있다고 상상해 보십시오. 오던 길을 돌아가서 조용하고 한적한 곳에 숨어 있고 싶지 않겠습니까?

여기서 예수님은 완전히 사심 없는 모습을 보여 주셨습니다.

> 진실로 예수님은 온전한 하나님이시며 온전한 사람이십니다. 복음서의 여러 본문이 예수님이 아버지와 단둘이 교감할 장소를 찾으시거나(막 6:46; 눅 6:12), 여행하느라 지치기도 하셨다고 전합니다(참조, 요 4:6). 이 본문 역시 예수님이 피곤하고 지쳐서 쉴 곳을 찾으시는 순간을 담고 있습니다. 그러나 예수님은 자신을

만나기 위해 찾아온 사람들을 돌려보내지 않으셨습니다. 마가는 많은 사람이 모여서 문 앞까지도 들어설 자리가 없게 되었는데, 예수님이 그들에게 도를 말씀하셨다고 기록합니다(막 2:2).

예수님은 잃어버린 자들을 몹시 긍휼히 여기셨으므로 자신을 찾는 무리와 언제라도 만날 준비가 되어 있으셨습니다.

> 마태복음 9장 36절은 예수님이 자신을 찾는 사람들을 목자가 없는 탓에 학대받고 괴롭힘 당하는 양처럼 보시고 불쌍히 여기셨다고 말합니다. 마태복음 14장 14절은 예수님이 배에서 내리시자마자 자신을 만나러 모여든 큰 무리를 보시고, 긍휼한 마음으로 병자들을 고쳐 주셨다고 기록합니다. 본문 바로 앞에서는 예수님이 한 나병(한센병) 환자를 불쌍히 여겨 손으로 그를 만져 고쳐 주셨습니다(막 1:41).

예수님이 계신 집에 모인 사람들은 예수님이 그들을 그냥 돌려보내지 않으실 것을 잘 알고 있었습니다. 세상의 잃어버린 양들이 예수님을 찾으며 그 긍휼하심을 믿기를 기도합니다. 잃어버린 자들을 부드러운 말과 관심 어린 눈길과 필요한 것을 채워 주려는 열린 마음으로 대하면, 그들도 우리를 통해 구세주의 긍휼히 여기시는 마음을 느끼게 될 것입니다. 우리는 이렇게 함으로써, 우리를 사랑하신 구세주를 전할 수 있습니다.

Q 우리는 잃어버린 자들에게 복음을 전하지 않고, 그들과 교제하기를 꺼리는 것에 대해 어떤 변명을 하곤 합니까?

Q 우리는 복음서에서 긍휼을 베푸시는 예수 그리스도를 보고도 복음을 전하지 않는 것에 대해 어떤 변명을 하곤 합니까?

여기서 마가는 새로운 등장인물을 소개하는데, 바로 중풍병자를 예수님께 데려온 친구들입니다. 그 집은 이미 사람들로 가득 차 있었기 때문에 친구들은 정상적인 방법으로는 집 안으로 들어갈 수가 없었습니다. 그러나 그들은 중풍병자 친구를 예수님께 보여 드리고 싶은 열망으로 기발한 생각을 해냈고, 마침내 그 집의 지붕을 뚫고 중풍병자를 달아 내렸습니다.

> 이 장면을 월터 베셀은 다음과 같이 설명합니다.
"본문에 묘사된 행동을 이해하기 위해서는, 팔레스타인 농가의 전형적인 구조를 시각화할 필요가 있습니다. 일반적으로 평평한 지붕이 덮인 작은 방 하나가 있는 구조였습니다. 건물 바깥의 계단을 통해 지붕 위로 올라갈 수 있었습니다. 지붕

은 대개 빗물을 흘려보내기 위해 흙과 짚으로 메꾼 나무들보로 지어졌습니다. 때로는 나무들보와 짚 사이에 기와를 얹고, 그 위에 흙을 덮기도 했습니다."[3]

요즘으로 치면 비상구쯤으로 생각하면 됩니다. 네 사람은 중풍병자를 침상째 메고 올 때, 지붕 꼭대기의 비상구로 달아 내리자는 계획을 세우고 오지는 않았을 것입니다.

그들은 중풍에 걸린 친구를 예수님께 치료받게 하고 싶은 열망으로 먼 길을 마다하지 않고 친구를 메고 예수님께 갔습니다. 예수님이라면 그 친구를 고쳐 주실 것이라고 확신했기 때문입니다. 그들에게서 가족과 친구를 어떻게 보살펴야 하는지를 배우게 됩니다. 가족이나 친구가 예수님을 만나 몸과 마음이 전인적으로 치유되도록, 우리는 얼마나 멀리까지 그들을 메고 갈 수 있을까요? 주변 사람들이 예수님을 만나 영적으로, 감정적으로, 정신적으로, 신학적으로, 그리고 경제적으로 회복되도록 얼마나 멀리까지 그들을 메고 갈 수 있을까요?

Q 어떤 이유로 사람들을 예수님께 인도하고 있습니까?

2. 예수님은 치유보다 용서가 더 필요할 때가 있다고 말씀하십니다 (막 2:5)

> **Leader** 예수님이 다른 병자들을 고쳐 주실 때는 그들의 몸을 깨끗이 치료해 주셨습니다. 그런데 여기서는 다른 일도 하십니다.

[5]예수께서 그들의 믿음을 보시고 중풍병자에게 이르시되 작은 자야 네 죄 사함을 받았느니라 하시니

예수님은 중풍병자의 죄를 언급하심으로써 육체적 회복을 넘어 영적 회복의 차원으로 옮겨가셨습니다. 그의 죄를 용서해 주신다는 말씀은 예수님이 곧 하나님이시라는 대담한 선포였습니다.

우리가 예수님을 온전한 신성과 인성을 가지신 분으로 쉽게 받아들일 수 있는 이유는 성경 전체에서 그 근거를 찾아볼 수 있기 때문입니다. 훗날 예수님은 사역하실 때 이 진리를 공개적으로 표현하시곤 했는데, 결과적으로 이것은 종교 지도자들과 율법 교사들이 예수님을 신성모독죄로 기

"우리는 중풍병자의 친구 네 명이 보인 몇 가지 모습에 감탄하지 않을 수 없습니다. 바로 '사람 낚는 어부'로 특징지어지는 자질입니다. 그들은 자기 친구를 진심으로 걱정하며 그가 도움을 받을 수 있는 길을 찾아 나섰습니다. 그들은 예수님이 그 친구의 필요를 채워주실 수 있고, 또 채워주시리라 믿었습니다. 그들은 단지 '이 일을 위해 기도'만 한 것이 아니라 기도한 것을 실천으로 옮겼으며, 난관에 부딪혔는데도 포기하지 않았습니다. 그들은 힘을 합쳐 대단한 일을 해냈고, 예수님은 그들의 노력에 응답해 주셨습니다."[4]
_워렌 W. 위어스비

심화주석 우리는 무엇을 최우선으로 구해야 할지 잘 알고 있다고 생각하지만, 실제로는 주변 상황에 마음을 빼앗겨서 잘 알지 못할 때가 많습니다. 사실 당신이 오늘 해결해야 할 문제는 배우자나 자녀나 부모의 문제가 아닙니다. 일이나 동료나 상사의 문제도 아닙니다. 가진 것이 너무 없어서도 아니요, 시간이 모자라서도 아니요, 수입이 적어서도 아닙니다. 그 젊은이(중풍병자)처럼 당신에게 가장 필요한 것은 바로 메시아이십니다. 예수님은 모든 것을 밝히 보셨고, 우리보다 훨씬 더 밝히 보셨습니다. 그분은 가르칠 수 있는 기회를 활용해 우리에게 가장 필요한 것이 무엇인지 알려 주셨습니다. 예수님은 믿음을 가지고 예수님께 다가오는 모든 사람의 죄를 용서해 주십니다.[5]
_다니엘 L. 아킨

핵심교리
99
51. 제사장이신 그리스도

우리의 위대한 대제사장 예수님은 우리를 하나님과 화해시키는 사역을 완수하셨습니다. 예수님은 우리를 의롭게 하시려고 아버지께 완전한 의를 드리신 분입니다. 또한 우리를 위해 아버지 앞에 중보하시는 분이며 (히 7:25; 9:24), 우리를 위해 여전히 신실하게 기도하시는 분입니다(눅 22:31~32; 요 17장).

심화토론

• 육체적 필요보다 죄 용서라는 영적 필요를 우선시한다면, 기도 제목이 어떻게 달라져야 할까요? 이를 위해 다른 사람들과의 관계는 어떻게 달라져야 할까요?

소해 죽이려는 계기가 되었습니다(요 5:18; 8:58~59). 예수님 시대에는 오늘날 우리처럼 하나님의 온전한 계시를 가지는 특권을 누리지 못했기 때문에 예수님의 능력과 죄를 용서하는 권한에 대해 사람들 사이에 상당한 이견과 긴장이 있었습니다.

> 오늘날 우리는 육체적 회복보다 영적 회복이 절박함을 알려야 합니다.

"그러므로 우리가 그리스도를 대신하여 사신이 되어 하나님이 우리를 통하여 너희를 권면하시는 것같이 그리스도를 대신하여 간청하노니 너희는 하나님과 화목하라"(고후 5:20).

무엇보다도 죄인들이 예수 그리스도를 주님과 구세주로 믿음으로써 하나님과 화해할 필요가 있음을 알아야 합니다(엡 2:1~10). 바울은 자신의 진지한 사명에 관해 말하기에 앞서 다음 내용을 상기시켰습니다.

"그런즉 누구든지 그리스도 안에 있으면 새로운 피조물이라 이전 것은 지나갔으니 보라 새것이 되었도다"(고후 5:17).

여기서 바울은 새로 회복된 그리스도인의 상태에 관해 말하는데, 그것은 세상에 태어날 때와는 반대입니다. 우리는 모두 아담의 후손이므로 아담에게서 죄의 속성을 물려받습니다(창 3:1~7; 롬 5:12~21). 죄의 속성만 물려받은 것이 아니라, 영적으로 죽은(엡 2:1~3) 죄의 노예로 선포되었습니다(요 8:34).

이런 이유로 하나님의 아들은 길 잃은 우리를 찾아 구하시고, 자기 생명을 많은 사람을 위한 대속물로 내어 주시기 위해 하늘의 안락함을 버리셨습니다(막 10:45). 이사야서 53장 1~12절은 우리의 영적 상태를 '죄로 말미암아 병든 상태'라고 정의하고, 그런 우리를 예수님이 어떻게 고치셨는지 알려 줍니다. 이사야서 53장 4~5절은 다음과 같이 기록합니다.

"그는 실로 우리의 질고를 지고 우리의 슬픔을 당하였거늘 우리는 생각하기를 그는 징벌을 받아 하나님께 맞으며 고난을 당한다 하였노라 그가 찔림은 우리의 허물 때문이요 그가 상함은 우리의 죄악 때문이라 그가 징계를 받으므로 우리는 평화를 누리고 그가 채찍에 맞으므로 우리는 나음을 받았도다."

> 이사야의 말씀은 왜 메시아 예수님이 고난을 참으려고 하셨는지를 알려 줍니다. 히브리서 저자가 기록한 바와 같이, 예수님이 십자가를 참으신 이유는 자기 죄 때문이 아니었습니다(히 4:15). 예수님이 십자가에서 감당한 죄는 타락한 아담과 그의 후예가 지은 죄였습니다. 이사야가 밝힌 바와 같이, 메시아는 인간의 죄로 말미암아 대신 고난받으신 것입니다(사 53:6).

예수님을 구세주로 영접하는 사람들이 받는 최고의 축복은 죄의 질병을 영적으로 온전하게 치료받는 것입니다. 예수님을 믿는 사람들은 영원한 세상에 들어가기 전까지 몸의 질병에서는 자유로울 수 없겠지만, 죄의 질병에서는 자유로울 수 있습니다. 믿는 사람들은 하나님에게서 분리되지 않을 것이고, 믿지 않는 사람들에게는 죽음과 영원한 질병과 하나님의 진노가 쏟아질 것입니다(계 21:4).

> **Leader**
>
> 우리는 하나님의 주권적인 손길로 이생에서 몸의 질병을 고침받을 수 있는데, 더 중요한 것은 죄로 인한 영적 질병을 치유하는 것입니다. 복음이 우리에게 일깨워 주는 사실은, 예수님이 그런 질병을 제거하는 데 필요한 모든 일을 이미 완성하셨고, 주님을 영접할 때 위로부터 새로운 피조물로 태어난다는 것입니다(요 3:3~8). 죄에서 구원받은 사람들이 받은 소명 가운데 하나는 일상에서 죄인들과 함께 복음을 나눔으로써 그들도 우리처럼 예수님을 영접하고 영적 질병에서 벗어나도록 하는 것입니다.

Q '몸의 질병'보다 '죄로 인한 영적 질병'을 치료하는 것이 더 절박하다는 것을 사람들에게 어떻게 이해시킬 수 있을까요?

심화주석 '신성모독'이란 불손하고 불경스럽게 대하는 것으로, 구약시대에는 사형 선고를 받아 마땅한 죄였습니다(신 24:16). 예수님은 바로 이 죄명으로 재판을 받으셨습니다(막 14:60~64). 서기관들의 주장대로 성경은 모든 곳에서 일관되게 '하나님만이' 또는 '한 분 하나님이' 내지는 '유일하신 하나님이' 죄를 사하실 수 있다고 가르칩니다. 예수님도 이것을 부인하지 않으셨습니다. 그들이 간과한 것은 하나님의 통치가 예수님 안에서 우리 가운데 임했고, 예수님은 하나님을 대신해 행동할 권한이 있으셨다는 것입니다.[8]

_제임스 A. 브룩스

3. 예수님은 이 땅의 고통과 영원한 고통을 모두 덜어 주십니다
(막 2:6~12)

[6]어떤 서기관들이 거기 앉아서 마음에 생각하기를 [7]이 사람이 어찌 이렇게 말하는가 신성 모독이로다 오직 하나님 한 분 외에는 누가 능히 죄를 사하겠느냐 [8]그들이 속으로 이렇게 생각하는 줄을 예수께서 곧 중심에 아시고 이르시되 어찌하여 이것을 마음에 생각하느냐 [9]중풍병자에게 네 죄 사함을 받았느니라 하는 말과 일어나 네 상을 가지고 걸어가라 하는 말 중에서 어느 것이 쉽겠느냐 [10]그러나 인자가 땅에서 죄를 사하는 권세가 있는 줄을 너희로 알게 하려 하노라 하시고 중풍병자에게 말씀하시되 [11]내가 네게 이르노니 일어나 네 상을 가지고 집으로 가라 하시니 [12]그가 일어나 곧 상을 가지고 모든 사람 앞에서 나가거늘 그들이 다 놀라 하나님께 영광을 돌리며 이르되 우리가 이런 일을 도무지 보지 못하였다 하더라

그 집에 있던 서기관들은 죄를 용서하신다는 예수님의 선포에 충격을 받았습니다. 예수님의 이런 주장은 이전의 어느 교사나 예언자도 하지

"예수님이 중풍병자를 고치시면서 '작은 자야 네 죄 사함을 받았느니라'라고 말씀하셨을 때, 서기관들은 '하나님 한 분 외에 누가 능히 죄를 사하겠느냐' 하고 생각했습니다. … 불행하게도 그들은 예수님이 율법의 수여자가 아닌 신성을 모독한 죄인이라는 그릇된 결론을 내렸습니다."[9]
_브루스 K. 월키

"용서가 선포되고 그 사람의 전인이 근본적으로 치유를 받은 것은 하나님 나라가 가까이 왔다는 신호였습니다. 중풍병자는 장애인도 도래하는 구원의 기쁨을 누리게 되리라는 하나님 약속의 성취를 체험했습니다."[10]
_윌리엄 L. 레인

않은 것입니다. 이 주장 때문에 서기관들은 예수님이 신성모독죄를 범했다고 단정 지었습니다. 왜냐하면 하나님만이 죄를 사하실 수 있는데, 예수님이 하나님과 같음을 주장하셨기 때문입니다. 예수님이 중풍병자를 고치심으로써 그의 죄를 사하시겠다는 주장을 뒷받침하시자 그들의 비난의 역설이 명백해졌습니다.

예수님은 초자연적 지식(모든 것을 아는 능력)을 사용해 서기관들의 속내를 드러내셨습니다. 그리고 어떤 사람의 몸을 치유하면서 다시 힘 있게 걸으라고 말하는 것과 네 죄가 사해졌다고 말하는 것 중에 어떤 것이 더 쉽겠냐고 반문하며 도전하셨습니다. 죄를 용서하는 능력을 가지고 있다고 주장하는 편이 더 안전할 것입니다. 그런 주장을 한들 그 능력을 어떻게 입증할 수 있겠습니까? 중풍을 치료할 수 있다고 주장하는 편이 훨씬 더 어려운 이유는, 그 주장을 하자마자 그가 걷는 것을 보여 주어야 하기 때문입니다. 만약 예수님이 실제로 그의 몸을 고쳐 주셔서 그가 일어나 걸을 수 있게 하실 수만 있다면, 그것은 죄를 용서하는 능력이 있다는 예수님의 주장을 입증하는 셈이 될 것입니다.

예수님은 중풍병자에게 일어나 자기 침상을 가지고 집으로 가라고 말씀하셨습니다.

> 예수님은 그에게 간단한 세 가지 선언을 하셨습니다. 자신을 인자요 메시아라고 소개하셨고, 자신은 하나님처럼 죄를 사하는 권세를 가지고 있다고 주장하셨으며, 중풍병자에게 일어나 집으로 가라고 명령하셨습니다. 그 순간 그곳에는 팽팽한 긴장감이 감돌았을 것입니다.

마가는 모든 사람이 놀라 하나님께 영광을 돌리면서 예수님이 병을 치료하신 것과 같은 것을 이전에는 본 적이 없음을 고백했다고 기록합니다 (막 2:12). 그 기적을 목격한 사람들은 모두 소스라치게 놀랐습니다. 그들이 순회 교사로만 알았던 예수님이 스스로 하나님과 동등한 메시아이심을 입증하신 것입니다. 예수님은 죄를 사하실 권세와 영적 질병과 몸의 질병을 모두 치유할 능력을 가지고 계셨습니다.

Q 예수님은 당신에게 어떤 놀라운 일로 하나님께 영광을 돌릴 이유를 주셨습니까?

Q 이 이야기에서 예수님이 베푸신 기적과 말씀을 보고, 예수님에 관해 어떤 것을 믿게 됩니까?

Leader
········
·······

성경의 기적 이야기는 기적을 베푼 이가 하나님께 보냄 받은 사람임을 입증하는 패턴을 가지고 있습니다. 그의 능력은 삶과 행위로 분명하게 드러나므로, 사람들은 그가 선포하는 말씀을 받아들이곤 했습니다. 예수님이 당시 사람들에게 선포하셨고, 오늘날 우리에게 선포하고자 하시는 말씀은 예수님만이 타락한 인간을 구원할 자격이 있는 구세주시라는 것입니다. 오로지 예수 그리스도 안에서만 이생의 치유와 영원한 치유를 얻을 수 있습니다.

모든 인간에게 가장 필요한 것은 죄를 사함받고, 영적으로 온전하게 회복해 하나님께 돌아가는 것입니다. 에베소서는 이렇게 말합니다.

"우리는 그리스도 안에서 그의 은혜의 풍성함을 따라 그의 피로 말미암아 속량 곧 죄 사함을 받았느니라"(엡 1:7).

죄 용서는 오로지 그리스도께서 흘리신 피로써만 가능합니다. 예수님은 죄인들이 받아야 할 진노에서 우리를 구원하시려는 하나님의 계획을 성취하신 분입니다. 이것이 복음의 핵심 내용입니다.

이 이야기를 통해 알게 되는 것은 예수님은 인간의 고난과 죄성에 대한 자신의 권위와 능력을 입증하기 위해 중풍병자를 고치셨다는 것입니다. 더 나아가 우리가 알아야 할 것은, 중풍병자의 죄를 사하신다는 예수님의 주장은 곧 자신이 하나님과 동등하다는 공식적 선언이라는 사실입니다. 이로써 예수님은 그 집에 모인 목격자들에게 자신의 신성을 계시하시고, 그들이 기다리던 메시아 예언들이 성취되었음을 선포하셨습니다. 오로지 예수님만이 그들의 영적 질병을 말끔히 고쳐 줄 자격이 있으십니다.

모든 진리가 마음속의 열정에 불을 지펴 믿지 않는 사람들을 예수님께 데리고 가는 동력이 되어야 합니다. 예수님만이 영적 죄로 말미암은 질병을 고치시고, 우리 죄를 용서해 주실 수 있는 분입니다.

Q 예수님의 기적은 다른 사람들의 영적 치유를 위해 복음을 나누는 일에 힘쓰도록 어떻게 격려합니까?

> "즐거움은 무시되기도 하지만, 고통은 존재감을 계속 나타냅니다. 즐거움은 하나님의 속삭임이지만, 고통은 하나님의 외침입니다. 고통은 귀먹은 세상을 향한 하나님의 확성기입니다."[11]
> _C. S. 루이스

> "데모크리토스에 따르면, 의술은 몸의 질병을 치료하지만, 지혜는 집착으로부터 영혼을 자유롭게 합니다. 좋은 교사인 지혜는 하나님 아버지의 말씀으로서 사람의 육체를 취하시고 피조물의 모든 속성을 섭리하십니다. 인간을 고치는 완전한 의사는 구세주이시며, 그분은 몸과 영혼을 모두 치료하십니다."[12]
> _알렉산드리아의 클레멘트

결론

세상은 아직도 예수님의 복된 소식을 한 번도 들어 본 적이 없는 사람들로 가득하며, 교회에 출석하는 사람들 중에도 그런 사람이 많습니다. 그들 가운데 많은 사람이 자신이 첫 조상 아담에게서 죄의 질병을 물려받았다는 사실을 알지 못합니다. 우리는 불쌍히 여기시는 그리스도를 본받아 길 잃은 사람들을 찾아내고, 예수 그리스도께서 우리 죄를 사하여 하나님과 우리를 화평케 하심으로써 그리스도 안에서 새 삶을 주려고 행하신 일에 관한 복된 소식을 그들과 함께 나누어야 합니다.

그리스도와의 연결

예수님은 중풍병자를 치유해 주심으로써 인간의 고통을 다스리고 죄를 용서하는 주님으로서의 권세를 입증하셨습니다. 예수님은 죄를 사하는 권세가 있음을 주장하심으로써 자신을 하나님과 동등한 위치에 두셨습니다. 하나님만이 병을 다스리시고, 죄를 씻어 주실 수 있습니다.

하나님의 계획 우리의 사명

선교적 적용 하나님은 우리에게 육체적 질병을 고치시며 죄를 용서할 능력이 있으신 예수님께로 사람들을 인도할 것을 명하십니다.

1. 사람들이 예수 그리스도의 복음을 이해하고 믿을 수 있도록 도울 때, 무엇에 집중해야 할까요?

2. 어떻게 하면 교회/공동체가 선교의 사명을 다하며, 사람들의 신체적 필요를 간과하지 않으면서도 그리스도의 용서의 복음을 우선시할 수 있을까요?

3. 예수님이 아니면 그 어디에서 죄를 용서받을 수 있겠습니까? 어떻게 하면 잘못된 길로 들어선 사람들을 바른 길로 인도할 수 있을까요?

금주의 성경 읽기
욥 1장;
시 82~83편;
렘 45~48장

Summary and Goal

이 세션에서는 예수 그리스도께 악한 영을 제어할 힘과 권세가 있음을 보게 될 것입니다. 예수님은 악한 영에 사로잡힘으로써 사회에서 격리되고 소외된 사람을 염려하셨습니다. 예수님은 그를 결박에서 풀어 주시고, 하나님의 선하심을 증언하도록 초청하셨습니다. 우리도 예수님의 힘과 능력으로 죄의 결박에서 놓인 사람들로서, 하나님의 선하심을 증언하도록 초청받았습니다.

거라사의 광인을 치유하시다

● **성경 본문**
마가복음 5:1~20

● **세션 포인트**
1. 예수님은 소외된 광인에게 관심을 가지셨습니다(막 5:1~8)
2. 예수님은 광인을 사로잡은 악한 영을 쫓아내셨습니다(막 5:9~17)
3. 예수님은 그에게 하나님의 선하심을 증거하게 하셨습니다(막 5:18~20)

● **신학적 주제**
예수님은 악한 영을 제어할 힘과 권세를 가지셨습니다.

● **그리스도와의 연결**
이 이야기에서 우리는 예수님이 인간성을 말살하는 악의 세력에 맞서실 뿐만 아니라 악한 영에 사로잡힌 사람들을 불쌍히 여기시는 모습을 볼 수 있습니다. 한마디로 예수님은 귀신 들린 자를 구원해 주셨습니다. 이 이야기는 복음서에서 예수님이 십자가에 달려 돌아가시는 끝부분을 예견하는데, 예수님은 악과 싸우다가 잠시 패배한 듯이 보이실 테지만, 당당하게 다시 일어나 죄와 사탄과 죽음을 영원히 물리치실 것입니다.

● **선교적 적용**
하나님은 우리에게 귀신 들렸던 사람이 그랬듯이 주님이 우리를 위해 얼마나 많은 일을 하셨으며, 어떻게 자비를 베풀어 주셨는지를 주변에 전하라고 말씀하십니다.

Session Plan

도입

모든 직업에는 상관이 있기 마련이지만, 이 땅의 모든 권위는 제한적이라는 사실을 지적하는 것으로 모임을 시작하십시오.

일터에서 만난 상관들은 어떤 유형이었습니까? 예를 들어, 권위적이거나 민주적이거나 헌신적인 유형이 있을 수 있을 것입니다.

각 유형의 상관들과 일할 때 당신은 그들을 어떻게 대했습니까?

세상의 상관들과 달리 예수님은 모든 권세를 가지고 계심을 말해 주십시오. 그러고 나서 악한 영들을 제압하는 권세가 있으신 예수님에 관해 다루는 이 세션의 내용을 요약해 주십시오.

전개

1
예수님은 소외된 광인에게 관심을 가지셨습니다
(막 5:1~8)

마가복음 5장 1~8절을 읽으십시오. 사람들이 그 남자를 두려워했던 이유를 설명하고, 왜 그가 격리되고 소외되었는지 가르쳐 주십시오. 거라사의 광인과 우리 사회에서 소외당하는 사람들이나 죄의 권세 아래 고통당하는 사람들을 연결해 생각해 보게 하십시오.

귀신 들린 사람과 같이 대하기 어려운 사람들을 향해 머뭇거리게 되는 이유는 무엇입니까?

예수님의 사역은 그런 경향에 어떤 도전을 줍니까?

예수님이 거라사의 바닷가에서 마주친 이 남자를 피하지 않고 만나 주셨음을 강조해 주십시오. 예수님은 따르는 자들뿐 아니라 죄인도 돌보시는 분이기 때문입니다.

죄의 결과를 보고 아파한 적이 있나요? 그때 어떻게 반응했습니까?

2
예수님은 광인을 사로잡은 악한 영을 쫓아내셨습니다
(막 5:9~17)

마가복음 5장 9~17절을 읽으십시오. 귀신을 포함한 모든 악한 세력이 그리스도의 권세 아래 있다는 것을 말해 주고, 본문에서 그 증거를 찾아 강조해 주십시오. 귀신에 사로잡히는 것과 귀신에 눌리는 것의 차이를 분별하고, 오늘날 악한 세력들이 활동하며 신자들을 공격하는 양상과 연결해 이야기해 주십시오.

예수님을 따르는 영적 여정에서 악마의 책략에 맞서 싸울 때, 어떤 것들이 도움이 될까요?

예수님이 귀신 들린 사람을 구하심으로써 예수님의 권세로 그의 삶이 변화되었다는 것을 가르쳐 주십시오. 그의 변화가 급진적이어서 다른 사람들이 금세 알아봤다는 것을 강조해 주십시오. 예수님의 능력으로 변화된 삶이 언제나 환영받는 것은 아니며, 어떤 경우에는 미움을 받기도 한다는 것을 지적해 주십시오. 그럼에도 불구하고 우리는 하나님의 영광을 위해 어려운 곳에 가서도 복음을 전해야 합니다. 조별로 학습자용 교재의 표에 실린 질문에 답하게 한 후 전체 모임에서 발표하게 하십시오.

자원자에게 마가복음 5장 18~20절을 읽게 하십시오. 예수님이 귀신 들린 사람에게 하신 말씀을 통해, 그리스도를 따르는 모든 사람은 하나님을 알지 못하는 사람들에게 하나님이 자신에게 행하셨던 일들을 전해야 할 사명이 있음을 강조해 주십시오. '평범한' 그리스도인들도 지역이나 세계에서 그런 권한을 행사할 수 있음을 알려 주십시오.

3 예수님은 그에게 하나님의 선하심을 증거하게 하셨습니다 (막 5:18~20)

하나님은 세계 선교에서 예수님을 따르는 이들을 어떻게 사용하실까요?

당신은 자신이 속한 공동체와 도시와 민족 가운데 복음을 어떻게 전하고 있습니까?

결론

죄에서 구원받았다는 것은 곧 땅끝까지 가서라도 복음을 전할 사명을 받았다는 뜻임을 지적해 주십시오. 이것은 만물을 다스리시는 하나님의 주권이 주신 사명입니다. 이 세션에서 배운 진리를 '하나님의 계획, 우리의 사명'에서 적용해 보십시오.

Session Content

11. 거라사의 광인을 치유하시다

> "하나님 나라의 권세를 이해하고 적용함으로써 대적과 전쟁을 치러야 합니다. … '이 전쟁은 너희에게 속한 것이 아니요 하나님께 속한 것이니라'(대하 20:15)라고 말씀하셨기 때문입니다."[1]
> _아드리안 로저스

도입

저는 지금까지 여러 직업을 가져 왔습니다. 어떤 일은 좋았지만, 또 어떤 일은 그렇지 않았습니다. 모든 직업에는 공통점이 하나 있습니다. 바로 상관이 있다는 것입니다. 내 위에 상관이 있거나, 내가 다른 사람의 상관이 되기 마련입니다.

> **Leader** 상관이 한 시간 전에 보고서를 부탁해 놓고 그 보고서가 지금 필요하다고 닦달할 때는 그가 무한대의 권한을 가진 것 같아 보이지만 사실은 그렇지 않습니다. 사실 상관의 권한은 제한적입니다. 예로 시의원은 자신의 시가 아닌 다른 시의 관할권을 갖지 못하고, 대통령도 자신의 나라를 벗어난 다른 나라에 대해서는 결정권을 갖지 못합니다.

좋든 싫든 권위자가 있기 마련이지만, 그 권한은 제한적입니다. 모든 권한을 독차지하는 사람은 이 세상에 없습니다.

Q 일터에서 만난 상관들은 어떤 유형이었습니까? 예를 들어, 권위적이거나 민주적이거나 헌신적인 유형이 있을 수 있을 것입니다.

Q 각 유형의 상관들과 일할 때 당신은 그들을 어떻게 대했습니까?

세상의 상관들과 달리 예수님은 모든 권세를 가지고 계십니다. 예수님은 인상적인 외모를 갖지 않으셨습니다(사 53:2). 권력을 가진 사람이라면 모름지기 누릴 것으로 예상되는 호화로움도 누리지 않으셨습니다. 그럼에도 불구하고 예수님은 하늘과 땅의 모든 권세를 가지고 계십니다(마 28:18).

> **Leader** 예수님의 권세는 만물 전체를 다스리는 통수권입니다. 이 세션에서는 예수님의 통수권이 천상의 영역에서 전쟁을 수행하는 악령의 세력에까지 미친다는 사실을 배우게 될 것입니다(엡 6:12).

Session Summary

이 세션에서는 예수 그리스도께 악한 영을 제어할 힘과 권세가 있음을 보게 될 것입니다. 예수님은 악한 영에 사로잡힘으로써 사회에서 격리되고 소외된 사람을 염려하셨습니다. 예수님은 그를 결박에서 풀어 주시고, 하나님의 선하심을 증언하도록 초청하셨습니다. 우리도 예수님의 힘과 능력으로 죄의 결박에서 놓인 사람들로서, 하나님의 선하심을 증언하도록 초청받았습니다.

전개

1. 예수님은 소외된 광인에게 관심을 가지셨습니다 (막 5:1~8)

> **Leader**
> 그리스도께서는 이 땅에서 사시는 동안 자신의 위대한 능력을 입증하셨습니다. 복음서는 여러 곳에서 예수님이 귀신 들린 사람들과 몸에 들어간 악한 영에 사로잡힌 사람들을 만나셨다고 기록했습니다. 여기서 가장 인상 깊은 장면 중 하나를 살펴보겠습니다.

[1]예수께서 바다 건너편 거라사인의 지방에 이르러 [2]배에서 나오시매 곧 더러운 귀신 들린 사람이 무덤 사이에서 나와 예수를 만나니라 [3]그 사람은 무덤 사이에 거처하는데 이제는 아무도 그를 쇠사슬로도 맬 수 없게 되었으니 [4]이는 여러 번 고랑과 쇠사슬에 매였어도 쇠사슬을 끊고 고랑을 깨뜨렸음이러라 그리하여 아무도 그를 제어할 힘이 없는지라 [5]밤낮 무덤 사이에서나 산에서나 늘 소리 지르며 돌로 자기의 몸을 해치고 있었더라 [6]그가 멀리서 예수를 보고 달려와 절하며 [7]큰소리로 부르짖어 이르되 지극히 높으신 하나님의 아들 예수여 나와 당신이 무슨 상관이 있나이까 원하건대 하나님 앞에 맹세하고 나를 괴롭히지 마옵소서 하니 [8]이는 예수께서 이미 그에게 이르시기를 더러운 귀신아 그 사람에게서 나오라 하셨음이라

> **Leader**
> 이런 사람과 마주친다면 무서울 것입니다. 그는 시체들을 묻은 무덤가에 살고 있었습니다. 그는 손과 발에 묶긴 쇠사슬도 끊어 낼 만큼 힘이 셌습니다. 그는 소위 "미치광이"로 불리는 사람으로 정상적인 사회생활이 어려워 격리된 사람이었습니다.

> **심화주석**
> 예수님은 전에도 종종 귀신을 쫓아내셨습니다. … 그러나 이번 이야기에는 몇 가지 특징이 있습니다. 이 사람은 오랫동안 '치료 중'에 있었습니다. … 그러나 모든 인간적 처방이 통하지 않자, 드디어 예수님이 개입하시게 되었습니다. 그가 받았던 처치는 오늘날에도 세계 곳곳에서 실행되고 있습니다. 그는 쇠사슬로 묶였습니다. 내면의 혼란을 몸의 통제로 억제하려 한 것입니다. 당연히 아무 소용도 없었습니다(막 1:4). 게다가 그는 '처치'라는 명목하에 마을에서 쫓겨나 황량한 언덕 위 묘지에서 '격리'된 채 버려졌습니다. 본인이 원했건 타인이 강요했건 간에 고립됨으로써 귀신의 파괴력이 폭력으로 분출되는 대신 환자 자신에게 쏟아져 5절에서 묘사된 것처럼 무의식적으로 자해하는 결과를 낳았습니다.
>
> 특이한 것은 평범한 사람들이 예수님의 신성을 쉽게 알아보지 못한 것과 달리 귀신은 예수님의 신성과 정체를 빠르고도 정확하게 즉시 알아봤다는 것입니다. … 귀신들은 예수님을 금세 알아보고는 두려움과 동경의 눈으로 날카롭게 쳐다봤습니다. 그들은 본능적으로 예수님의 정체를 알아보고, 자신들과 예수님 사이에 거대한 틈이 있음을 고백함으로써, 악은 선 앞에서 소멸될 수밖에 없다는 이치를 여실히 드러냈습니다.[2]
>
> _R. 알란 콜

사람들이 그를 무서워한 것은 당연합니다. 첫째, 그는 믿을 수 없을 만큼 힘이 셌기 때문입니다. 사람들은 그가 다른 사람들에게 해를 끼치지 않게 하려고 애를 썼습니다. 쇠사슬로 그의 손과 발을 묶어 보기도 했지만, 아무 효과가 없었습니다. 족쇄도 그의 힘을 감당하지 못했습니다.

둘째, 그가 자해하는 행동을 했기 때문입니다. 그는 배척당했습니다. 사람들과 어울리지 못했습니다. 사람들은 그를 제어할 수 없기에 마을 밖으로 추방했습니다. 그는 사회에서 철저히 고립되었습니다.

> 네바다의 라스베이거스에서 노숙자들을 돌보는 사역을 하고 있는 코디는 많은 노숙자가 거라사의 광인처럼 자해의 충동에 시달린다고 말합니다. 그는 노숙자들에게 음식을 나눠 주고, 매주 성경 공부 모임에 초대함으로써 그들이 가족과 친구들의 품으로 돌아가 건강하게 살 수 있도록 지원합니다. 이 놀라운 사역에 힘입어 많은 영혼이 예수님의 은혜로 변화되었습니다. 그러나 불행하게도 대부분의 노숙자는 거라사의 광인처럼 사람들에게 따돌림당하고, 하나님의 형상으로 지음받은 사람(창 1:26~27)이 아닌 한낱 골칫거리로 취급받고 있습니다.

어디든 귀신 들린 사람 같은 이들이 있기 마련입니다. 그들은 남녀를 불문하고 하나님의 형상으로 창조되었지만 죄의 힘과 지배 아래서 고통받고 있습니다. 그들은 절망적인 상태에서 오로지 복음만이 줄 수 있는 치료의 힘을 갈구합니다. 귀신 들린 사람은 죄가 야기하는 해로운 결과가 무엇인지를 구체적으로 보여 주며, 우리에게 이런 질문을 던집니다. "복음을 경험한 자로서 우리는 사회에서 방치된 사람들에게 어떻게 복음을 전해야 할까?"

Q 귀신 들린 사람과 같이 대하기 어려운 사람들을 향해 머뭇거리게 되는 이유는 무엇입니까?

Q 예수님의 사역은 그런 경향에 어떤 도전을 줍니까?

귀신 들린 사람을 묶어서 무덤가에 던진 사람들과 달리 예수님은 물가에서 그를 발견하시고, 그에게 다가가셨습니다. 예수님은 그 불쌍한 죄인을 외면하지 않으셨습니다. 사실 예수님은 바로 그 같은 사람들을 위해 오셨습니다.

> 이 이야기에 앞서 마가는 예수님이 다음과 같이 말씀하셨다고 기록했습니다. "건강한 자에게는 의사가 쓸데없고 병든 자에게라야 쓸 데 있느니라 나는 의인을 부르러 온 것이 아니요 죄인을 부르러 왔노라"(막 2:17).

이와 비슷하게 누가도 예수님이 "인자가 온 것은 잃어버린 자를 찾아 구원하려 함이니라"라고 말씀하셨다고 전합니다(눅 19:10).

예수님이 귀신 들린 사람을 염려하신 이유는 악령이 그를 유린했을 뿐만 아니라, 그가 실제로 아팠기 때문입니다. 어떤 의술로도 그를 고칠 수 없었습니다. 어떤 자기계발서로도 그를 회복시킬 수 없었습니다. 예수님은 오직 자신만이 그의 삶을 영원히 변화시킬 능력과 권세를 가지고 계시다는 사실을 아셨습니다.

구원의 주님은 죄인들을 염려하십니다. 예수님은 죄가 사람에게 끼치는 영향을 보시고 마음속 깊이 불쌍히 여기셨습니다(마 9:36). 예수님이 죄의 굴레에 갇힌 사람들을 불쌍히 여기셨다면, 오늘날 그와 같은 상황에 놓인 사람들을 보고 우리는 어떻게 해야겠습니까? 그리스도의 영을 받은 우리는 가족과 친구들과 동료들을 괴롭히는 죄를 비통히 여겨야 하지 않겠습니까? 세상을 유린하는 죄에 대해 깊이 고뇌해야 하지 않겠습니까? 예수님의 마음을 아프게 하는 죄가 우리에게는 아무렇지도 않게 느껴진다면, 그것은 큰 문제입니다. 죄에 대해 아파하는 마음이 없다면, 그것은 그리스도와 하나 되는 마음이 아니기 때문입니다.

Q 죄의 결과를 보고 아파한 적이 있나요? 그때 어떻게 반응했습니까?

2. 예수님은 광인을 사로잡은 악한 영을 쫓아내셨습니다

(막 5:9~17)

> 예수님은 곤경에 빠진 그를 불쌍히 여기시기만 한 것이 아니라, 악을 제압하는 능력을 입증해 보이셨습니다. 예수님이 악령을 어떻게 대적하셨는지 살펴봅시다.
Leader

[9]이에 물으시되 네 이름이 무엇이냐 이르되 내 이름은 군대니 우리가 많으니이다 하고 [10]자기를 그 지방에서 내보내지 마시기를 간구하더니 [11]마침 거기 돼지의 큰 떼가 산 곁에서 먹고 있는지라 [12]이에 간구하여 이르되 우리를 돼지에게로 보내어 들어가게 하소서 하니 [13]허락하신대 더러운 귀신들이 나와서 돼지에게로 들어가매 거의 이천 마리 되는 떼가 바다를 향하여 비탈로 내리달아 바다에서 몰사하거늘 [14]치던 자들이 도망하여 읍내와 여러 마을에 말하니 사람들이 어떻게 되었는지를 보러 와서 [15]예수께 이르러 그 귀신 들렸던 자 곧 군대 귀

심화 주석 "내 이름은 군대니"(막 5:9)라는 말은 귀신의 세력을 나타냅니다. 당시 로마 군대는 약 6,000명의 군인들로 구성되었습니다(참조, 13절의 돼지 수). 그러므로 '군대'란 큰 수를 나타내고("우리가 많음이니이다"), 그가 보여 준 초자연적인 힘을 설명하며, 예수님이 "강한 자의 집에 들어가"(막 3:27) 그를 결박할 수 있는 더 강하신 분임을 강조합니다(막 1:7). … "돼지"는 유대인들에게는 부정한 동물이었습니다. 율법은 돼지 치는 일을 금했습니다(레 11:7; 신 14:8). "돼지의 큰 떼"란 이 사건이 이방인의 지역에서 벌어졌음을 상기시킵니다. … 10절에서 더러운 영은 예수님께 자신들을 그 지방에서 내보내지 말아 달라고 간구했습니다. 부정한 동물에게로 보내 달라고 "간구"한 것입니다. … "몰사"했다는 것은 돼지들이 몰사한 것이지, 영이 몰사한 것은 아닙니다(참조, 마 12:43~44). 복음서 기자들 가운데 누구도 돼지의 몰살이나 경제적인 손해에 관해서는 언급하지 않습니다. 귀신 들린 돼지들이 귀신에 사로잡혀 충동적으로 자해했음을 재차 강조할 뿐입니다(막 5:5). … 그가 "옷을 입고 정신이 온전하여" 앉았다는 것은 치유되었다는 것을 뜻합니다. "(사람들이) 보고 두려워하더라"라는 말은 이전에 제자들이 보였던 반응을 떠올리게 합니다(막 4:41). 역설적이게도 사람들은 귀신에 들린 사람을 두려워하기보다 귀신을 내쫓으신 분을 더 두려워했습니다.[6]

로스 H. 맥라렌
HCSB Study Bible

**심화
주석**

헬라어 동사 '다이모니조마이'는 귀신이나 악령을 뜻하는 '다이모니온'이라는 명사에서 파생되었습니다. 이 동사는 말 그대로 '귀신에 씐 것'을 뜻하며, 귀신들이 사람을 괴롭히고 압박하며 사로잡기까지 하는 현상을 가리킵니다. 신약은 귀신을 다룰 때 사로잡는 것만을 다루지는 않으나, 마가복음 5장은 악마에 사로잡힌 사람을 다루며 그 사람을 사로잡은 귀신들의 '군대'를 예수님이 돼지 떼에 들어가게 하셨다고 묘사합니다. 돼지가 2,000마리나 손실되었다는 것은 그의 사로잡힘이 극히 심해 기이한 행동을 하고 기괴하리만큼 힘이 셌다는 것을 의미합니다. 다이모니온은 고대 세계에서 이교도의 신들이나 (별 같은) 낮은 신들을 지칭하는 말이었으나, 신약에서는 사탄의 수하들을 가리킵니다. 복음서에서 동사 다이모니조마이는 보이지 않는 세상의 영적 존재들이 실재함을 가리키거나, 악령들이 악한 일을 벌일지라도 예수님은 그것들을 통제하는 절대 능력이 있으심을 가리킬 때 사용합니다.[7]

_로스 H. 맥라렌
HCSB Study Bible

"예수님의 도우심은 귀신과 인간의 비정함과 현저하게 대조됩니다."[8]
_윌리엄 헨드릭슨

신 지폈던 자가 옷을 입고 정신이 온전하여 앉은 것을 보고 두려워하더라 [16]이에 귀신 들렸던 자가 당한 것과 돼지의 일을 본 자들이 그들에게 알리매 [17]그들이 예수께 그 지방에서 떠나시기를 간구하더라

이 이야기에서 우리가 엿볼 수 있는 주요 진리 가운데 하나는 마귀를 포함한 모든 악한 영들은 그리스도의 권세 아래 있다는 것입니다. 어떤 악령도 최종 결정권을 가지지 못합니다. 마귀와 악한 영들은 더 위대하고 훨씬 더 강한 분에게 종속되어 있습니다. 10절과 13절에서 보이는 중요한 묘사에 주목하십시오. 귀신들은 예수님께 간청했고, 예수님은 그들이 돼지들에게 들어가는 것을 허락하셨습니다.

> 성경은 "네가 하나님은 한 분이신 줄을 믿느냐 잘하는도다 귀신들도 믿고 떠느니라"라고 말합니다(약 2:19). 그러므로 우리가 알아야 할 것은, 악령들도 하나님의 능력을 믿으며 자신들이 하나님의 권세 아래에서 하나님이 허락하신 범위 안에서만 행동할 수 있음을 안다는 것입니다.

오늘날에는 신약에 나오는 귀신 들림과 같은 현상이 자주 일어나지는 않지만, 여전히 사탄은 전도 사역을 가로막기 위해 온 힘을 다해 귀신 들림을 포함한 방해 행위를 합니다. 악은 마음에서 일어나므로(막 7:20~23) 귀신 들린 행동을 너무 과대평가할 필요는 없습니다. 그러나 악한 귀신들이 어떤 상황에서 나쁜 영향을 끼칠 수 있음을 염두에 두어야 합니다.

> 성경에서 귀신이 등장하는 장면을 읽을 때면, 이런 의문이 듭니다.
"오늘날, 그리스도인인 나도 귀신에 사로잡힐 수 있을까?"
그리스도 안에서 자기 정체성을 발견한 사람은 하나님의 가족으로 입양된 것이므로 약속된 성령으로 인 침을 받은 것입니다(엡 1:3~14). 그러므로 사도 요한은 그의 첫 번째 서신에서 이렇게 말했습니다.
"자녀들아 너희는 하나님께 속하였고 또 그들을 이기었나니 이는 너희 안에 계신 이가 세상에 있는 자보다 크심이라"(요일 4:4).
악한 영들은 자기들보다 더 큰 영이신 그리스도의 영에 이미 사로잡힌 사람들을 영원히 사로잡을 수 없습니다.

성경은 귀신에 사로잡히는 것과 귀신에 눌리는 것의 차이를 상세히 묘사합니다. 귀신은 신자를 하나님께 순종할 수 없을 정도로 지배하지는 못합니다. 하지만 우리는 마귀를 힘써 물리쳐야 합니다. 왜냐하면 "대적 마귀가 우는 사자같이 두루 다니며 삼킬 자를" 찾고 있기 때문입니다(벧전 5:8. 참조, 약 4:7).

이따금 신자들은 귀신의 지배에 취약해질 수 있습니다(참조, 눅 13:16). 이 말은 하나님을 향한 우리 믿음이 영적으로 도전받는 시기가 있음을 의미합니다. 이런 시기에 주로 나타나는 특징은 하나님의 말씀으로 계시된 진리를 잘 믿지 못하게 된다는 것입니다. 이런 영적 전쟁에서 승리하는 비결은 하나님의 진리에 대적하는 원수들의 거짓을 드러내고, 믿음으로 진리를 믿고 행하는 것입니다.

Q 예수님을 따르는 영적 여정에서 악마의 책략에 맞서 싸울 때, 어떤 것들이 도움이 될까요?

마가복음 5장에서 그는 단순히 미친 사람이 아니라, 귀신 들린 사람이었습니다. 그는 사악한 영들, 영의 군단에 사로잡힌 사람이었습니다. 그러나 예수님은 말씀의 힘과 권위로 그를 고통과 자해 행위로 점철된 삶에서 구해 내셨습니다. 이를 통해 예수 그리스도의 능력이 삶을 변화시킨다는 힘 있는 진리를 배울 수 있습니다.

이 변화와 관련해 몇 가지 주목할 것이 있습니다.

첫째, 변화는 급진적이었습니다. 본문은 그 사람이 옷을 입고 온전한 정신으로 앉아 있었다고 기록합니다(막 5:15). 예수님을 만나자 그의 삶이 완전히 달라졌습니다. 한때 그의 삶을 특징지었던 귀신 들림이나 적대감이나 분노 같은 것들이 사라졌습니다.

어떤 사람이 그리스도에게서 멀어진 자신의 부족함을 깨닫고 회개해 그리스도를 믿으면, 그는 그리스도 안에서 이전과는 판이하게 달라진 새로운 삶을 살게 됩니다. 그렇다고 해서 과거의 애씀이나 과거 죄들의 결과가 모두 없어진다는 뜻은 아닙니다. 다만, 새로운 마음이 일어나 그가 생각하고 행동하는 방식이 바뀐다는 뜻입니다.

둘째, 이 변화는 다른 사람들도 알아볼 수 있었습니다. 우리 삶을 그리스도께 드리면, 우리 안에서 변화가 일어납니다. 그런데 이 내면의 변화는 겉으로도 드러납니다. 그리스도께서 우리 삶 속에서 이루신 변화가 겉으로 흘러넘치기 시작합니다. 그렇게 되면 사람들도 변화를 알아차립니다. 예수님과 동행하며 삶의 방식을 바꾸어 가는 모습을 보고 주변 성도들이 기뻐합니다!

> 그러나 이 이야기에서처럼 모든 변화가 "할렐루야 합창"으로 끝나는 것은 아닙니다. 예수님이 그의 삶을 영원히 바꾸어 놓으셨다는 사실이 전에 귀신 들렸던 사

Leade

"군대 귀신은 하나님의 허락이 없었다면 돼지 떼에 들어갈 수 없었을 것입니다. 그러므로 그들은 결코 하나님의 양들을 지배할 힘을 가지지 못합니다. 하나님은 의인의 머리털까지 다 세시는 것처럼 돼지 털도 다 세시는 분입니다. 다만 귀신은 하나님께 속하지 않은 사람들, 이 이야기에서는 귀신 들렸던 사람을 제압할 힘은 있었던 것으로 보입니다. … 그러나 귀신은 하나님의 권속들을 통제할 힘은 없으며, 자기 소유인 것처럼 굴 수 없습니다."[9]

_티툴리안

핵심교리 99   **33. 귀신**

귀신은 천사였으나 하나님께 죄를 지음으로써 오늘날 세상에서 악한 일을 계속하는 존재입니다(욥 1:6; 슥 3:1; 눅 10:18). 성경은 귀신들의 우두머리인 사탄이 "도적질하고 죽이고 멸망시키고자" 한다고 말하는데, 귀신도 하나님을 대적하고 하나님의 일을 파괴하고자 합니다. 귀신에게도 능력이 있지만 그 능력은 하나님의 통제하에 있으므로 하나님이 허용하신 범위 안에서만 작용합니다. 종국적으로는 모든 귀신이 본래 그들을 위해 지어진 불 못에 던져질 것입니다.

'거라사의 광인' 이야기는 전에 귀신 들렸던 사람이 예수님과 "함께 있기"를 간구하는 것으로 끝이 납니다. "함께 있다"라는 어휘는 마가복음 3장 14절에서 제자도를 나타낸 표현으로, 그가 예수님의 제자가 되기를 원했음을 뜻합니다. 그러나 예수님은 이를 허락하지 않으셨는데, 아마도 그가 이방인이므로 이스라엘 선교에 걸림돌이 될 수 있기 때문이었을 것입니다(마 10:5~6). 예수님은 자기 의지대로 부르시고, 사명을 주십니다. 그런데 신기하게도 지금까지와 달리 그 사람에게는 침묵을 명하지 않으셨습니다. 이방인 지역에서는 거짓 메시아의 출현을 두려워할 필요가 없었으므로 침묵 명령이 불필요했을 것입니다. …
예수님은 그에게 "집으로 돌아가 주께서 네게 어떻게 큰일을 행하사 너를 불쌍히 여기신 것을 네 가족에게 알리라"고 명하셨습니다. 사람들은 예수님을 버렸어도, 예수님은 그들을 버리지 않으십니다. 주님을 따르는 자들이 전하는 복음 가운데 늘 계시기 때문입니다. … 마가복음에서 귀신 들렸다가 고침받은 사람은 예수님이 파송하신 첫 번째 선교사이자 설교자가 됩니다. 놀랍게도 그는 이방인들에게 파송된 이방인입니다.[10]

_제임스 R. 에드워즈

람의 말끔하고 차분한 모습에서 확연히 드러났지만, 주변의 많은 사람은 그 사람을 환영하기는커녕 여전히 무서워했습니다.

때때로 예수님을 따르는 사람들이 그리스도께 자기 삶을 드린 후 그와 비슷한 반응을 경험했다는 이야기를 듣곤 합니다. 사람들은 그들과 더 이상 사귀길 원치 않고, 적대감을 보입니다. 어쩌면 당신도 비슷한 경험을 했을지 모릅니다. 만약 그렇다면, 당신은 혼자가 아닙니다. 세상에서 그리스도인이 점점 소수가 되어 가고, 신앙에 우호적이지 않은 문화가 점점 늘어 가고 있습니다. 그러나 그렇다고 물러설 수는 없습니다. 이럴 때일수록 오히려 험한 곳에 가서 복음을 전할 결심을 해야 할 것입니다. 하나님이 영광을 받으시도록 말입니다.

예수님을 믿는 사람들의 삶에서 급진적인 변화가 일어나는 것을 본 적이 있습니까?	예수님을 믿고 따르게 된 후에 삶에 특별한 변화가 있었습니까?

3. 예수님은 그에게 하나님의 선하심을 증거하게 하셨습니다
(막 5:18~20)

> Leader

예수님은 그를 구원하실 때, 그의 삶에 관해 큰 계획을 가지고 계셨습니다. 무엇보다도 그는 자신이 경험한 하나님의 선하심을 증언하도록 초청받았습니다. 여기서 우리는 구원하는 복음이 파송하는 복음임을 배울 수 있습니다. 하나님이 우리를 구원하신 까닭은 우리에게 전할 사명과 권세를 부여하시기 위함입니다.

*18*예수께서 배에 오르실 때에 귀신 들렸던 사람이 함께 있기를 간구하였으나 *19*허락하지 아니하시고 그에게 이르시되 집으로 돌아가 주께서 네게 어떻게 큰일을 행하사 너를 불쌍히 여기신 것을 네 가족에게 알리라 하시니 *20*그가 가서 예수께서 자기에게 어떻게 큰일 행하셨는지를 데가볼리에 전파하니 모든 사람이 놀랍게 여기더라

그리스도를 따르는 이들에게는 권세가 있는데, 그것은 하나님이 그들에게 하신 일을 알지 못하는 사람들에게 전할 수 있는 권세입니다. 예수님은 그에게 집으로 돌아가서 자신에게 어떤 일이 일어났는지를 그 동족에게 전하라고 말씀하셨습니다. 그에게 개인적 증언을 할 권세가 부여된 것입니다. 하나님은 신학교에서 훈련받은 설교자들을 통해서도 하나님의 말씀을 선포하시지만, 선교 명령은 신학 훈련을 받은 설교자들에게만 국한된 것이 아닙니다. 선교 명령은 모든 그리스도인이 예수님의 복음을 들고 다른 민족과 장소로 가야 한다는 것입니다.

세상에는 전문 목회자들과 사역자들이 들어갈 수 없는 나라들이 많습니다. 따라서 교사나 의사나 사업가나 건축 기술자 같은 사람들이 하나님을 전할 수 있도록 북돋워 주는 것이 중요합니다. 예수님의 모든 제자가 하나님이 행하신 일을 전하는 사명에 충실하다면, 하나님의 선교는 미전도 지역까지 힘 있게 뻗어 나갈 것입니다(롬 15:20~21).

예수님을 따르는 우리에게는 사명이 있습니다. 이 사명은 지역적인 동시에 세계적입니다. 예수님은 그가 예수님이 자신에게 하신 일을 가족들뿐 아니라 온 데가볼리에 전하기를 원하셨습니다. 데가볼리는 그리스의 영향으로 여러 도시가 하나의 큰 복합체를 이룬 곳이었습니다. 그리하여 그는 예수님의 말씀을 따라 데가볼리 지역의 도시들을 다니며 예수님이 자기 삶에서 하신 일, 즉 귀신에 사로잡혔던 그를 불쌍히 여기시고 자비를 베풀어 자유롭게 해 주셨다는 사실을 사람들에게 전했습니다.

하나님이 하나님 나라가 땅끝까지 확장되는 것을 볼 수 있는 하나님의 선교에 우리를 초대해 주셨다는 사실이 놀랍지 않습니까? 하나님은 우리가 필요하지 않으신데도, 우리를 초대해 세계를 향한 하나님의 선교에 동참하게 하십니다. 하나님은 우리가 하나님의 몸 된 지체들의 직업과 기술과 열정을 발판 삼아 그리스도의 복음으로 세계와 문화를 공략하길 원하십니다.

Q 하나님은 세계 선교에서 예수님을 따르는 이들을 어떻게 사용하실까요?

Q 당신은 자신이 속한 공동체와 도시와 민족 가운데 복음을 어떻게 전하고 있습니까?

> "예수님이 그에게 '주님이 네게 어떻게 큰일을 행하셨는지 말하라' 하고 명령하셨습니다. 그러자 그가 나가서 예수님이 그를 위해 얼마나 큰일을 행하셨는지 전했습니다. 이 사람에게 주님과 예수님은 한 분이시요 똑같은 분이십니다."[11]
> _제임스 R. 에드워즈

심화토론

• 마가복음 5장 19~20절은 이스라엘의 하나님 여호와와 예수님이 같은 분이심을 어떻게 증언합니까?

• 이 증언은 예수님이 귀신과 악마를 통제하는 힘과 권세를 가지신 분임을 어떻게 강조합니까?

결론

하나님이 죄에서 우리를 구원하신 까닭은 결국 선교 사역으로 이끄시기 위함입니다. 예수님은 우리를 부르셔서 죄로 둘러싸인 곳을 떠나 하나님을 전혀 알지 못하는 사람들 사이에서 하나님을 예배하라고 하십니다. 우리는 구원을 통해 용서받으면 자유롭게 된다는 사실을 압니다. 자유가 예수님의 제자들을 땅끝까지 가게 해 만백성이 그분을 알고 경외하도록 할 것입니다. 우리가 두려움 없이 선교를 계속해 나갈 수 있는 이유는 악한 영들을 포함해 만물에 대한 주권적 능력과 권세가 하나님께 있기 때문입니다. 하나님은 우리가 세상을 향해 나아갈 수 있도록 격려하십니다.

그리스도와의 연결

이 이야기에서 우리는 예수님이 인간성을 말살하는 악의 세력에 맞서실 뿐만 아니라 악한 영에 사로잡힌 사람들을 불쌍히 여기시는 모습을 볼 수 있습니다. 한마디로 예수님은 귀신 들린 자를 구원해 주셨습니다. 이 이야기는 복음서에서 예수님이 십자가에 달려 돌아가시는 끝부분을 예견하는데, 예수님은 악과 싸우다가 잠시 패배한 듯이 보이실 테지만, 당당하게 다시 일어나 죄와 사탄과 죽음을 영원히 물리치실 것입니다.

하나님의 계획 우리의 사명

선교적 적용 하나님은 우리에게 귀신 들렸던 사람이 그랬듯이 주님이 우리를 위해 얼마나 많은 일을 하셨으며, 어떻게 자비를 베풀어 주셨는지를 주변에 전하라고 말씀하십니다.

1. 우리 사회에서 소외된 사람들은 누구입니까? 교회/공동체는 어떻게 그들에게 긍휼을 베풀고 복음을 전할 수 있을까요?

2. 악한 영을 다스리시는 예수님의 절대 권세는 선교에 관한 관점에 어떤 영향을 미칩니까?

3. 주님이 나를 위해 행하신 일과 보여 주신 자비를 사람들에게 어떻게 전하겠습니까?

금주의 성경 읽기
렘 49~51장;
시 137편

Summary and Goal

이 세션에서 우리는 예수님이 행하신 기적들에 관한 공부를 계속할 것입니다. 혈루증을 앓는 여인을 치유하시고, 야이로의 딸을 살리신 예수님의 모습에서 우리는 질병과 수치심과 심지어 죽음까지도 이기시는 하나님의 능력을 봅니다. 그리스도인으로서 우리는 치유하시고 구원하시는 하나님의 능력을 믿고, 질병과 수치심으로 고통당하는 사람들을 보살펴야 합니다.

혈루증 여인을 치유하시고, 야이로의 딸을 살리시다

- **성경 본문**
  마가복음 5:21~43

- **세션 포인트**
  1. 질병을 치유하시는 예수님의 능력을 신뢰하십시오(막 5:21~29)
  2. 수치심을 없애 주시는 예수님의 능력을 신뢰하십시오(막 5:30~34)
  3. 죽음의 저주를 물리치시는 예수님의 능력을 신뢰하십시오(막 5:35~43)

12

- **신학적 주제**
  예수님의 권세는 부정함의 수치심과 죽음의 저주를 물리칩니다.

- **그리스도와의 연결**
  예수님 주변에 있던 많은 사람을 밀치며 나아갔던 여인은 율법적으로 부정한 자로, 그녀와 접촉한 모든 사람이 부정하게 되었습니다. 그런데 그녀가 예수님께 손을 대자, 그녀의 병이 곧 나았습니다. 예수님의 정결함이 그녀의 부정함보다 더 강력했던 것입니다. 이 이야기에서 우리는 그리스도께서 십자가에서 우리를 위해 이루신 일을 떠올리게 됩니다. 예수님의 죽음과 부활을 믿으면 우리의 수치가 씻기고, 우리의 죄책이 면제됩니다. 하나님이 우리를 자기 아들처럼 순수하고 거룩하게 만들기 시작하십니다.

- **선교적 적용**
  하나님은 우리에게 구세주이신 예수님이 우리의 수치를 거두어 가시고, 우리를 하나님 앞에 순결하고 거룩하게 만들어 주신다는 사실을 세상에 선포하라고 말씀하십니다.

Session Plan

도입

하나님의 전지전능하심을 다루는 성경 본문들을 찾아보고, 복음서를 읽을 때 감탄하며 읽어야 할 예수님의 기적 이야기를 우리가 얼마나 무덤덤하게 읽는지 지적해 주십시오. 우리는 더 감탄할 필요가 있습니다.

하나님과 하나님의 능력을 더 이상 경외하지 않으면, 하나님과의 관계가 어떻게 될까요?

놀라움과 경외심이 하나님과의 관계에서 중요한 이유는 무엇입니까?

병든 여자를 치유하고, 죽은 소녀를 살리시는 예수님에 관해 다루는 이 세션의 내용을 요약해 주십시오.

전개

1
질병을 치유하시는 예수님의 능력을 신뢰하십시오
(막 5:21~29)

마가복음 5장 21~29절을 읽으십시오. 12년 동안 고통받은 병을 치료받고 싶은 여인의 절박한 상황과 죽어 가는 딸을 살리고 싶은 야이로의 절박한 상황을 설명해 주십시오. 조별로 학습자용 교재의 표에 실린 질문에 답하게 한 후 전체 모임에서 발표하게 하십시오.

이야기 속의 등장인물이 매우 절박한 상황에 있음을 나타내 주는 표현을 찾아 열거해 보십시오

절박함을 나타내는 행동들에는 어떤 것이 있습니까?

절박한 믿음의 네 가지 특징 가운데 실천하기 가장 힘든 것은 무엇이며, 그 이유는 무엇입니까?

2
수치심을 없애 주시는 예수님의 능력을 신뢰하십시오
(막 5:30~34)

자원자에게 마가복음 5장 30~34절을 읽게 하십시오. 그 여인이 부정함 때문에 얼마나 수치스러울지 강조하고, 우리도 죄 때문에 부정하다는 사실을 설명해 주십시오. 세상이 타락한 결과로 병이 생겼다는 사실을 강조하고, 그렇다고 해서 모든 병이 죄 때문에 발병하는 것은 아님을 설명해 주십시오.

이 여인의 육체적 고난은 생각과 행위가 부정한 죄인들의 영적 고난과 어떤 면에서 닮았습니까?

그 여인은 예수님께 다가가서는 안 되는 상태였으나, 예수님이 자신을 치유하실 수 있음을 알고 예수님께 손을 댔습니다. 이처럼 우리도 죄로 인한 수치심 때문에 하나

님께 다가가지 못할 수 있으나, 예수님이 우리를 죄에서 풀어 주셨으므로 하나님 앞에서 자신감을 가질 수 있습니다.

복음은 수치심에 관한 관점을 어떻게 바꾸어 줍니까?

그리스도의 사역은 우리의 수치심을 어떻게 씻어 줍니까?

마가복음 5장 35~43절을 읽으십시오. 자기 딸이 죽었다는 소식을 들은 야이로의 마음이 어떠했을지 헤아려 보게 하십시오. 이러한 상황에서 야이로가 한 것처럼 우리도 예수님을 신뢰해야 합니다. 우리가 예수님의 어떤 점을 왜 신뢰해야 하는지 설명해 주십시오.

············ **3**
죽음의 저주를 물리치시는 예수님의 능력을 신뢰하십시오
(막 5:35~43)

• 우리는 예수님의 능력을 신뢰해야 합니다.
• 우리는 예수님의 임재를 신뢰해야 합니다.
• 우리는 예수님의 긍휼을 신뢰해야 합니다.

하나님을 기다리는 일이 어렵게 느껴지는 이유는 무엇입니까?

이 이야기는 우리 삶에 개입하시는 하나님의 때에 관한 우리의 마음을 어떻게 드러냅니까?

• 우리는 예수님의 약속을 신뢰해야 합니다.

우리 앞에 죽음이라는 현실이 있으나, 그리스도인은 자신 있게 나아가 선교할 수 있습니다. 왜냐하면 믿는 자들과 믿지 않는 자들의 죽음이 다름을 알기 때문입니다.

그리스도인은 왜 일시적 고통과 영원한 고통을 모두 덜어 주는 데 주력해야 할까요?

한 가지 고통에만 주목하고, 다른 고통을 외면하는 것이 위험한 이유는 무엇입니까?

결론

전능하신 하나님은 그 아들 예수님을 통해 능력을 입증하셨다는 사실을 되새겨 주십시오. 하나님의 능력은 육체적 질병뿐 아니라 영적 질병도 치료하며, 영적 부정함을 씻기고 죽은 자를 되살립니다. 그러므로 우리는 삶의 모든 영역에서 전능하신 하나님의 능력을 신뢰해야 합니다. 이 세션에서 배운 진리를 '하나님의 계획, 우리의 사명'에서 적용해 보십시오.

Session Content

12. 혈루증 여인을 치유하시고, 야이로의 딸을 살리시다

도입

> **Leader**

성경은 하나님이 전능하시다고 묘사합니다. '전능하다'(omnipotent)는 두 개의 라틴어 단어(*Omnia*〈모든〉, *Potens*〈능한〉 - 역주)에서 유래했습니다. 하나님의 능력을 압도하거나 대적할 만한 것은 아무것도 없습니다.

눈물의 선지자로 알려진 예레미야는 하늘을 올려다보며 하나님의 능력에 관해 기록했습니다.

"슬프도소이다 주 여호와여 주께서 큰 능력과 펴신 팔로 천지를 지으셨사오니 주에게는 할 수 없는 일이 없으시니이다"(렘 32:17).

우리는 창세기부터 요한계시록까지 하나님의 말씀을 통해 전능하신 하나님이 세상을 창조하시고, 홍해를 가르시고, 하늘에서 만나를 내리시고, 죽은 사람을 살리시고, 예수님이 되어 물 위를 걸으신 것을 압니다. 하나님은 전능하신 분입니다.

슬프게도 하나님의 기적들에 너무 익숙해져서 복음서에서 예수님을 보고도 "우와!" 하고 감탄할 줄 모르는 이들이 많습니다. 예수님이 기적을 일으키셨다는 이야기를 읽고도 감동할 줄 모르고 무덤덤합니다. 하나님의 기적 이야기에 너무 익숙해진 탓입니다.

우리에게 필요한 것은 하나님의 능력에 압도당하는 감각을 되찾는 일입니다. 하나님이 어떤 분이신지 그 실체와 마주칠 때, 우리는 놀라움과 경외심을 느낄 수 있습니다. 하나님께는 어떤 것도 과분하지 않다는 것을 다시금 이해할 수 있어야 합니다.

Q 하나님과 하나님의 능력을 더 이상 경외하지 않으면, 하나님과의 관계가 어떻게 될까요?

Q 놀라움과 경외심이 하나님과의 관계에서 중요한 이유는 무엇입니까?

Session Summary

이 세션에서 우리는 예수님이 행하신 기적들에 관한 공부를 계속할 것입니다. 혈루증을 앓는 여인을 치유하시고, 야이로의 딸을 살리신 예수님의 모습에서 우리는 질병과 수치심과 심지어 죽음까지도 이기시는 하나님의 능력을 봅니다. 그리스도인으로서 우리는 치유하시고 구원하시는 하나님의 능력을 믿고, 질병과 수치심으로 고통당하는 사람들을 보살펴야 합니다.

전개

1. 질병을 치유하시는 예수님의 능력을 신뢰하십시오 (막 5:21~29)

> **Leader**
>
> 이야기 속에 이야기가 들어 있는 본문입니다. 이야기는 예수님이 길을 가시다가 딸이 죽을 지경이 된 한 남자를 도와주시는 것으로 시작됩니다. 그런데 곧 다른 사람이 등장합니다. 주의를 흐트러뜨리려는 방해일까요? 아니면 신성한 만남일까요? 함께 알아봅시다.

²¹예수께서 배를 타시고 다시 맞은편으로 건너가시니 큰 무리가 그에게로 모이거늘 이에 바닷가에 계시더니 ²²회당장 중의 하나인 야이로라 하는 이가 와서 예수를 보고 발아래 엎드리어 ²³간곡히 구하여 이르되 내 어린 딸이 죽게 되었사오니 오셔서 그 위에 손을 얹으사 그로 구원을 받아 살게 하소서 하거늘 ²⁴이에 그와 함께 가실새 큰 무리가 따라가며 에워싸 밀더라 ²⁵열두 해를 혈루증으로 앓아 온 한 여자가 있어 ²⁶많은 의사에게 많은 괴로움을 받았고 가진 것도 다 허비하였으되 아무 효험이 없고 도리어 더 중하여졌던 차에 ²⁷예수의 소문을 듣고 무리 가운데 끼어 뒤로 와서 그의 옷에 손을 대니 ²⁸이는 내가 그의 옷에만 손을 대어도 구원을 받으리라 생각함일러라 ²⁹이에 그의 혈루 근원이 곧 마르매 병이 나은 줄을 몸에 깨달으니라

곤경에 처한 첫 번째 인물부터 살펴보면, 그는 딸을 치유해 달라고 예수님께 절박하게 매달린 사람입니다. 절박한 기분이 어떤 것인지 알고 싶다면, 의사 선생님에게서 충격적인 진단을 받는 상상을 해 보십시오. "암에 걸리셨습니다." "어머님이 사실 날이 얼마 남지 않았습니다." "죄송합니

심화주석

야이로 같은 '회당장'은 존경받는 평신도로 회당 관리와 활동을 책임졌습니다. "발아래 엎드리어 간곡히 구하여"(막 5:22~23)란 '어린 딸'을 염려하는 절박한 야이로의 심정을 나타냅니다. 누가는 그 소녀가 야이로의 외동딸이었다고 기록합니다(눅 8:42). "그 위에 손을 얹으사"(막 5:23)라는 회당장의 간청은 예수님의 치유 방식을 알고 있었음을 암시합니다(막 1:31, 41; 6:5; 7:32; 8:23, 25). "살게"(막 5:23) 해 달라는 야이로의 말은 '구원을 받게' 해 달라는 뜻이기도 합니다. 같은 단어가 28절에서는 여인에 관해, 34절에서는 예수님의 선포에 관해 쓰였습니다. … 여인이 "혈루증으로 앓아"(막 5:24) 왔다는 것은 하혈로 고생했다는 뜻으로, 구약 율법에서 부정하게 취급하는 병이었습니다(레 15:19~33). "열두 해를" 잃었다는 것과 "많은 의사에게" 가 보았으나 "아무 효험이 없고"라는 말은 당시 의술로 고칠 수 있는 병이 아니었다는 뜻입니다. … 이 혈루증 여인 이야기는 "손을 대니"(막 5:27)에서 마침내 절정에 달합니다. 그 여인은 손을 내밀어 자기 뜻대로 예수님께 손을 댔습니다. 마태복음 9장 20절은 "그 겉옷 가"라고 분명히 밝히지만, 누가복음 8장 44절은 "그의 옷 가"의 "술"을 만졌다고 기록합니다(한글 개역개정에는 "옷 가"로만 나옵니다 - 역주). 많은 유대인이 겉옷 가에 술을 달았습니다(민 15:38~39; 신 22:12).[2]

_로스 H. 맥라렌
HCSB Study Bible

다. 이제 우리가 따님에게 해 줄 수 있는 것이라고는 편안하게 해 드리는 것밖에 없습니다." 어떤 경우든 그런 소식을 듣자마자 세상이 무너질 것 같은 절망감에 빠질 것입니다.

야이로가 절박했던 이유는 하나님이 도와주시지 않으면 딸을 잃게 되리라는 것을 알았기 때문입니다. 예수님께 손을 댄 여자도 절박하기는 마찬가지였습니다. 12년 동안 그녀를 괴롭힌 질병 때문에 여러모로 고생했습니다. 육체의 질병으로 고생했고, 많은 의사를 찾아다니느라 경제적으로도 고생했고, 수치스러운 질병 탓에 사회적으로도 고생했습니다. 야이로처럼 그녀도 예수님이 아니면 아무런 소망이 없음을 알았습니다.

Q 이야기 속의 등장인물이 매우 절박한 상황에 있음을 나타내 주는 표현을 찾아 열거해 보십시오

Q 절박함을 나타내는 행동들에는 어떤 것이 있습니까?

야이로와 혈루증을 앓는 여인에게서 절박한 믿음의 네 가지 특징을 발견할 수 있습니다.

첫째, 그들의 믿음은 오로지 예수님께만 소망을 두었습니다. 이것이 야말로 절박함이 밀려올 때, 우리가 인식해야 하는 첫 번째 진리입니다. 예수님께 눈을 고정하는 것입니다. 두 사람 중 어느 누구도 자신에게 소망이 있다고 여기지 않았습니다. 그들은 자신감이 충만한 사람들에게 신유의 기적이 일어난다는 가르침을 받아들이지 않았습니다. 야이로와 여인은 자신들을 믿지 않았고, 구세주를 믿었습니다. 모두 자기 믿음을 바른 곳에 둔 것입니다.

둘째, 그들의 믿음은 절박했고 비타협적이었습니다. 여인의 이야기를 통해 우리가 알 수 있는 것은 그녀가 가능한 모든 선택 사항을 탁상 위에 놓고, 이 의사를 택할까 아니면 저 방법이 나을까 하다가 그냥 예수님으로 정하자는 식으로 안일하게 선택한 것이 아니라는 것입니다. 그녀는 예수님을 여러 선택 사항 중에 하나로 여기지 않았습니다. 그녀는 마지막 밧줄을 붙잡는 심정으로 예수님에게서 유일한 소망을 봤습니다. 이와 마찬가지로 야이로도 예수님의 발아래 무릎을 꿇고, 죽음을 눈앞에 둔 딸아이 위에 치유의 손길을 내려주시길 간구했습니다.

셋째, 그들의 믿음은 집요했습니다. 두 사람 모두 결연한 의지를 보여 주었습니다. 여인은 '예수님의 옷자락이라도 만질 수만 있다면!' 하고 생각

했습니다. 그녀는 예수님이라면 자기 병을 고쳐 주실 능력이 있으시며, 어떤 의사도 하지 못한 일을 해 주실 것이라고 생각했습니다. 두 사람 모두 예수님에 대한 집념이 대단했습니다. 미식축구의 러닝백이 터치다운을 하기 위해 미친 듯이 달리듯, 이 여인도 누가 무슨 말을 하든지 상관하지 않고 사람들을 밀치며 예수님께로 전력 질주했습니다.

넷째, 그들의 믿음은 기대감에 차 있었습니다. 야이로는 예수님이 그의 딸을 치료하실 것이라고 기대했습니다. 여인은 자기 몸이 회복되리라고 믿었습니다. "나을지도 몰라"가 아니라 "분명히 나을 거야!"라고 말했습니다.

Q 절박한 믿음의 네 가지 특징 가운데 실천하기 가장 힘든 것은 무엇이며, 그 이유는 무엇입니까?

2. 수치심을 없애 주시는 예수님의 능력을 신뢰하십시오
(막 5:30~34)

> **Leader**
>
> 이야기에 등장하는 여인이 치료받기를 원한 것은 혈루증뿐만 아니었습니다. 그녀는 지속적으로 사회적인 억압을 당해 왔습니다. 질병 때문에 율법적으로 '부정하다'고 여겨졌습니다. 그리하여 그녀는 질병만 고치려고 한 것이 아니라, 그로 인한 오명도 씻기를 소망했습니다. 그녀가 손을 댄 것을 아신 예수님이 어떻게 하셨는지 살펴봅시다.

[30]예수께서 그 능력이 자기에게서 나간 줄을 곧 스스로 아시고 무리 가운데서 돌이켜 말씀하시되 누가 내 옷에 손을 대었느냐 하시니 [31]제자들이 여짜오되 무리가 에워싸 미는 것을 보시며 누가 내게 손을 대었느냐 물으시나이까 하되 [32]예수께서 이 일 행한 여자를 보려고 둘러보시니 [33]여자가 자기에게 이루어진 일을 알고 두려워하여 떨며 와서 그 앞에 엎드려 모든 사실을 여쭈니 [34]예수께서 이르시되 딸아 네 믿음이 너를 구원하였으니 평안히 가라 네 병에서 놓여 건강할지어다

혈루증을 앓아 온 여인의 이야기는 그리스도 없이는 누구도 곤경에 처한다는 사실을 일깨워 줍니다. 우리는 그녀처럼 율법적으로나 의례적으

심화주석 '혈루증 여인의 치유' 이야기에서 어떤 이들은 예수님이 누가 자신에게 손을 댔는지 아셨으면서도 그녀가 자기 행동을 공개적으로 고백하도록 유도하셨다고 주장합니다. 그러나 그보다는 예수님이 그 사람이 누구인지 모르셨으므로 알기 원하셨다고 보는 편이 타당한 것 같습니다. 예수님이 지상에 사시는 동안 인간적 한계를 가지셨다는 사실은 부활하신 그리스도의 전능하심과 양립할 수 없는 것이 아닙니다. … 예수님이 질문하신 목적은 그 여인이 믿음을 고백하도록 유도하기 위한 것일 수도 있습니다. …
그녀는 부정하게 여겨지는 상태였기 때문에 자신이 거룩하신 분께 손을 대어 그분을 더럽혀 드렸을까 봐 무서웠을 것입니다. 어쩌면 중요한 사역을 하고 계신 예수님을 지체하게 했다고 비난받을까 봐 두려웠을지도 모릅니다. 아니면 신속하게 치유받은 것에 대한 경외감에 사로잡혔을 수도 있습니다. 마가는 그 여인의 고백을 예수님을 만난 모든 사람이 해야 할 고백으로 제시하는 것 같습니다.[6]
_제임스 A. 브룩스

"혈루증 여인의 행동은 믿음에서 우러나온 것이었습니다. 그녀는 예수님이 자신을 고쳐 주시리라고 확신했습니다. 그녀는 자신의 무가치함을 의식하고 떨면서, 자신이 죄인임을 알고 겸손하게 용서와 생명을 구하러 하나님께 나왔습니다."[7]
_앨버트 반즈

로 부정하지는 않지만, 그렇다고 마음이 정결한 것은 아닙니다. 아담과 하와가 에덴동산에서 죄를 지은 결과로 세상은 사망과 질병을 앓게 되었습니다. 죄의 결과로 나타난 현상들에서 자유로운 인생은 없습니다.

> 원죄가 낳은 현상들 가운데 하나가 질병과 고통입니다. 그렇다고 해서 개개인의 죄가 우리가 앓는 모든 질병의 직접적인 원인이라는 뜻은 아닙니다. 다만 질병은 우리가 사는 세상이 타락했고 죄로 물들었음을 보여 주는 현상입니다. 질병은 불결하고, 아프고, 영적으로 죽은 상태를 예시함으로써 우리가 그리스도를 떠나 살면 어떻게 되는지를 생생하게 보여 줍니다.

Q 이 여인의 육체적 고난은 생각과 행위가 부정한 죄인들의 영적 고난과 어떤 면에서 닮았습니까?

질병 때문에 여인은 조롱과 수치심 속에 살았습니다. 그런 처지는 시민으로서의 권리에도 영향을 끼쳤습니다. 상상해 보십시오. 여자는 질병 때문에 부정하다는 취급을 받다가, 마침내 누구보다도 흠 없이 순전하고 정결하신 메시아를 발견하고 그분에게 다가가고자 했습니다. 율법적으로 그녀는 부정했으므로 예수님께 다가갈 수 없는 처지였습니다. 그러나 그녀는 예수님이 치료하신다는 이야기를 들었고, 예수님을 통해 치료되기를 소망했습니다.

이 이야기의 여인처럼 우리도 죄 때문에 하나님과 멀어지고 부정하게 되었습니다. 죄 때문에 하나님께 다가가기를 꺼립니다. 그러나 그리스도인이라면 그러지 말아야 합니다. 우리는 예수님 덕분에 하나님 앞에 자신 있게 설 수 있습니다. 더 이상 수치심에 휘둘릴 필요가 없습니다. 수치심은 우리를 어둠 속으로 몰아가 빛을 볼 수 없게 합니다.

> 예수님은 십자가에서 죽으심으로써 우리를 의롭게 만드셔서 예수님 앞에 흠 없이 거룩하게 서게 하셨습니다(고후 5:21; 골 1:22). 예수님의 정결하심이 우리의 부정함을 이기셨습니다. 예수님의 죽음과 부활을 믿음으로써 우리는 수치심과 죄책감에서 벗어나 하나님 앞에서 거룩하다고 선언됩니다.
>
> 그렇습니다. 육신을 가지고 있는 동안에 고군분투하는 까닭은 우리가 예수님을 더욱 닮도록 하나님이 계속 일하시기 때문입니다. 그러나 분투하는 동안에도 우리는 실패하는 죄인이 아니며, 하나님이 용서하고 입양하신 아들과 딸로서 변화되는 과정에 있는 것입니다.

Q 복음은 수치심에 관한 관점을 어떻게 바꾸어 줍니까?

Q 그리스도의 사역은 우리의 수치심을 어떻게 씻어 줍니까?

3. 죽음의 저주를 물리치시는 예수님의 능력을 신뢰하십시오

(막 5:35~43)

> **Leader**

이제 야이로의 이야기로 넘어가겠습니다. 야이로는 예수님께 죽어 가는 딸을 살려 달라고 간청했고, 예수님은 그렇게 하겠다고 약속하셨습니다. 야이로는 무리 가운데서 위대하신 치료자가 언제쯤 자기 집에 오실지 이제나저제나 기다리고 있었습니다. 야이로의 심정을 상상할 수 있겠습니까? 야이로는 초조하게 예수님을 바라보면서 한 발은 예수님께 다른 한 발은 사랑하는 딸에게 두고 이러지도 저러지도 못한 채 기다리고 있었을 것입니다. 그런데 그때 하늘이 무너지는 소식이 들려왔습니다.

35아직 예수께서 말씀하실 때에 회당장의 집에서 사람들이 와서 회당장에게 이르되 당신의 딸이 죽었나이다 어찌하여 선생을 더 괴롭게 하나이까 36예수께서 그 하는 말을 곁에서 들으시고 회당장에게 이르시되 두려워하지 말고 믿기만 하라 하시고 37베드로와 야고보와 야고보의 형제 요한 외에 아무도 따라옴을 허락하지 아니하시고 38회당장의 집에 함께 가사 떠드는 것과 사람들이 울며 심히 통곡함을 보시고 39들어가서 그들에게 이르시되 너희가 어찌하여 떠들며 우느냐 이 아이가 죽은 것이 아니라 잔다 하시니 40그들이 비웃더라 예수께서 그들을 다 내보내신 후에 아이의 부모와 또 자기와 함께한 자들을 데리시고 아이 있는 곳에 들어가사 41그 아이의 손을 잡고 이르시되 달리다굼 하시니 번역하면 곧 내가 네게 말하노니 소녀야 일어나라 하심이라 42소녀가 곧 일어나서 걸으니 나이가 열두 살이라 사람들이 곧 크게 놀라고 놀라거늘 43예수께서 이 일을 아무도 알지 못하게 하라고 그들을 많이 경계하시고 이에 소녀에게 먹을 것을 주라 하시니라

어처구니없는 일을 당하고 나서 하나님의 손길을 기다려 본 적이 있

심화 주석

예수님은 야이로에게 "믿기만 하라"(막 5:36)라고 말씀하셨습니다. 헬라어 '모논 피스튜에'는 행동이 계속되는 것을 의미합니다. … 어떤 상황에서든 한결같이 꾸준하게 계속 믿어야 한다는 것입니다. … 예수님이 현장에 도착하셨을 때, 거기에는 소식을 듣고 애도하러 온 사람들이 있었습니다. 유대인들의 애도 문화는 통곡하며, 피리를 불고, 옷을 찢고, 머리를 풀어헤치는 것이었습니다. … 유대인들은 "잔다"(39절)를 '죽었다'는 뜻으로 나타내기도 했습니다. 이 단어를 예수님은 요한복음 11장에서 나사로에게 쓰셨습니다. 우리는 죽음을 '잠', '쉼', '돌아감' 등으로 완곡하게 표현하곤 합니다. 더 나아가 이 단어들은 죽음이 영원한 것이 아니라는 심오한 영적 함의를 가지고 있습니다. 그런데 예수님은 그곳에 모인 사람들에게 그 소녀가 자고 있다고 분명하게 말씀하셨습니다. …

재차 정결 예법을 어기시며 예수님은 죽은 소녀의 손을 잡으셨습니다. 예수님은 의례적 오염 따위는 개의치 않으셨습니다. 콜이 지적한 대로 예수님 자신이 정결함 그 자체이시기 때문입니다. … 예수님은 거룩함의 원천이십니다. 예수님이 손을 대시면 부정함이 사라집니다. "달리다굼"("소녀야 일어나라"). 이 아람어는 마가복음에만 나옵니다. 마가는 이 기적 이야기를 사도 베드로에게서 직접 듣고, 아람어로 기록해 둔 것 같습니다. 베드로는 예수님이 온유함과 능력으로 사역하시며 정결 예법에 개의치 않으시는 모습에 매료되었을 것입니다.[9]

_로드니 L. 쿠퍼

> "엄청난 황폐의 소리가 멈추자마자 기막힌 위로의 소리가 이어졌습니다. … 예수님이 멈추시는 데는 방법과 목적이 있고, 지체하시는 데는 언제나 이유가 있습니다."[10]
> _G. 캠벨 모건

심화 주석 '야이로의 딸' 이야기에서 쓰인 '자다'(막 5:39)는 일반적으로 쓰이는 '코이마오마이'와는 다른 단어 '카튜도'입니다. 이 단어는 22회 쓰였으나, 야이로의 딸 이야기에서만(어쩌면 데살로니가전서 5장 10절에서도) '죽다'라는 의미로 사용되었습니다. 고전 헬라어나 70인역(36회 사용)에서는 '죽다'의 뜻으로 쓰이지 않았습니다. 이 단어가 본문에서 예외적으로 사용되었고, 일반적으로 '자다'를 뜻하는 단어가 아니라는 사실은 그 소녀가 실제로 잤는지를 의심하게 합니다. 공관복음서는 그 소녀가 죽었음을 분명히 합니다. 그러므로 여기서 그 단어가 사용된 것은 '잠'이라는 은유의 중요성을 강조하기 위한 것으로 볼 수 있습니다. "이 아이가 죽은 것이 아니라 잔다"라고 말씀하실 때, 예수님은 죽음에 관한 예수님의 관점을 말씀하신 것입니다. 예수님의 말씀은 진단이 아닌 예후였습니다. 예수님의 관점에서 죽음은 끝이 아니며, 죽은 뒤에도 깨어날 수 있는 것이기 때문입니다. 예수님은 이미 성취된 사실로 소녀의 회복을 확신하며 치료하신 것입니다.[11]
_C. 맥 로어크
Biblical Illustrator

습니까? 어쩌면 야이로처럼 듣고 싶지 않은 절망적인 소식을 들었거나, 사랑하는 사람을 잃었을지도 모릅니다. 우리가 믿는 그분이 죽음을 물리치셨으므로, 우리는 어떤 상황에서도 죽음의 저주를 두려워할 필요가 없습니다. 우리는 예수님의 어떤 점을 왜 신뢰해야 할까요?

첫째, 예수님의 능력을 신뢰해야 합니다. 죽음은 그리스도의 능력에 대적할 수 없습니다. 죽음은 결정권이 없습니다. 임종을 앞둔 사람을 위해 우리가 할 수 있는 일은 주님께 그리스도의 능력을 구하는 것밖에 없으므로 우리는 하나님의 주권적 능력이 치유해 주실 것을 믿어야 합니다.

둘째, 예수님의 임재를 신뢰해야 합니다. 야이로와 모든 걸음을 함께하시면서 예수님은 우리가 어떤 상황을 맞이하건 결코 버려두지 않으신다는 약속을 구체적으로 보여 주십니다(수 1:5). 오늘 내가 어떤 상황에 처해 있건, 나와 함께하신다는 예수님의 약속을 믿음으로 굳게 붙잡아야 합니다.

셋째, 예수님의 긍휼을 신뢰해야 합니다. 그리스도보다 더 큰 긍휼을 보일 수 있는 사람은 없으며, 그리스도의 삶은 긍휼히 여기시는 마음으로 가득했습니다. 예수님은 모든 일에서 우리의 연약함을 불쌍히 여기십니다(히 4:15). 예수님은 야이로가 어떤 심정일지 정확히 아셨습니다.

> Leader
>
> 그런데 예수님이 그처럼 자비로운 분이라면, 대체 왜 예수님은 그 어린아이가 죽음 직전에 이르기까지 방치하셨을까요? 무엇 때문에 그 여인을 12년 동안이나 몹쓸 병에 걸린 채 살게 하셨을까요? 그 시간을 좀 단축해 주셨어야 하지 않을까요? 야이로는 속으로 이렇게 생각했을 것입니다. '저 여자는 어차피 병을 계속 앓을 텐데… 예수님, 내 딸부터 살리신 다음에 저 여자를 돌보시면 안 될까요?' 그러나 예수님이 기다리신 데는 신령한 이유가 있습니다. 예수님은 야이로가 예수님만 온전히 의지하는 그때를 기다리신 것입니다. 하나님은 우리 삶에 자주 어려움을 주셔서 하나님이야말로 우리가 가진 전부이심을 스스로 깨닫게 이끄십니다.

Q 하나님을 기다리는 일이 어렵게 느껴지는 이유는 무엇입니까?

Q 이 이야기는 우리 삶에 개입하시는 하나님의 때에 관한 우리의 마음을 어떻게 드러냅니까?

넷째, 예수님의 약속을 신뢰해야 합니다. 예수님은 야이로에게 이렇게 말씀하셨습니다. "두려워하지 말고 믿기만 하라"(막 5:36). 예수님은 자신의 비범한 능력이 야이로 가정에서 곧 이루어질 것을 아셨으나, 지금 당장 믿으라고 말씀하고 계십니다. 결과를 알 수 없어도 말입니다. 예수님은 그날 죽음의 저주가 그 가정에 머물지 않을 것을 아셨습니다.

하나님은 우리가 올라가야 할 계단을 끝까지 보여 주시지는 않지만, 필요할 때마다 다음 계단을 보여 주시는 신실한 분이십니다. 그리스도인에게 죽음은 예수님과 함께 영원으로 들어가는 통로이기 때문에 죽음의 저주에 겁먹을 필요가 없습니다. 오히려 사명에 집중하게 하는 것으로 봐야 합니다.

> 우리 앞에 죽음이라는 현실이 있으나, 그리스도인은 자신 있게 나아가 선교할 수 있습니다. 왜냐하면 믿는 자들과 믿지 않는 자들의 죽음이 다름을 알기 때문입니다. 즉 믿는 자들에게 죽음은 더 나은 세상으로 가는 통로지만, 믿지 않는 자들에게 죽음은 영원한 고통으로 가는 통로입니다. 죽음의 저주는 하나님을 알지 못하는 사람들에게만 해당됩니다. 성경은 죽음 후에는 심판이 있다고 말합니다(히 9:27). 모든 사람이 그 아들을 영접했는지 거절했는지에 따라 심판을 받게 됩니다. 왜냐하면 "아들이 있는 자에게는 생명이 있고 하나님의 아들이 없는 자에게는 생명이"(요일 5:12) 없기 때문입니다.

예수님은 아들을 부인하는 사람들이 영원히 가 있을 곳에 관해 광범위하게 설명해 주셨습니다. 그들은 울며 이를 가는 곳으로 가게 될 것입니다(마 8:12; 13:50; 눅 13:28). 예수님의 말씀에 따르면, 그들은 지옥이라는 곳에서 영원히 살게 되는데 지옥은 하나님이 영원히 존재하시는 곳과는 철저히 분리되어 있습니다.

그리스도 안에서 누리는 지위를 진정으로 이해한다면, 그리스도를 열정적으로 선포하게 될 것입니다. 하나님은 우리를 부르셔서 우리의 수치심을 거두어 가시고, 우리를 하나님 앞에서 거룩하고 순전하게 만드시는 구세주 예수님을 선포하게 하십니다. 이를 통해 우리는 하나님과 화해하고, 하나님 앞에 바로 설 수 있게 된 것입니다.

이 세상이 사라진다는 현실이 여러분과 저를 분발하게 하여 지역과 세계에서 그리스도의 선교에 동참하게 하기를 기도합니다.

Q 그리스도인은 왜 일시적 고통과 영원한 고통을 모두 덜어 주는 데 주력해야 할까요?

Q 한 가지 고통에만 주목하고, 다른 고통을 외면하는 것이 위험한 이유는 무엇입니까?

결론

우리의 전능하신 하나님은 우리가 보고, 맛보고, 만지고, 냄새 맡을 수 있는 모든 것을 창조하셨습니다. 하나님은 그 아들 예수님과 예수님이 지상에서 행하신 많은 기적을 통해 자신의 능력을 입증하셨습니다. 이 기적들을 통해 우리는 하나님의 능력이 육체적 영역을 넘어서는 것임을 알게 됩니다. 예수님의 말씀으로 12년 동안 고생했던 여인의 질병이 완전히 치유되었습니다(막 5:34).

우리는 하나님의 능력은 육체적 질병뿐 아니라 영적 질병도 치료하신다는 것을 알아야 합니다. 혈루증을 앓던 여인의 경우 그녀의 부정함이 예수님의 정결하심으로 덮어졌습니다. 야이로의 가정에서 예수님은 죽음의 저주를 생명으로 바꾸셨습니다. 예수님은 우리를 위해서도 이와 같은 일을 하십니다. 우리의 수치심을 씻어 주시고, 죄책감을 거두어 가시며, 우리를 자유케 하심으로써 길을 잃고 죽어 가는 세상을 향해 그리스도의 부요함을 선포하게 하십니다. 그러므로 우리는 삶의 모든 영역에서 전능하신 하나님의 능력을 신뢰해야 합니다.

그리스도와의 연결

예수님 주변에 있던 많은 사람을 밀치며 나아갔던 여인은 율법적으로 부정한 자로, 그녀와 접촉한 모든 사람이 부정하게 되었습니다. 그런데 그녀가 예수님께 손을 대자, 그녀의 병이 곧 나았습니다. 예수님의 정결함이 그녀의 부정함보다 더 강력했던 것입니다. 이 이야기에서 우리는 그리스도께서 십자가에서 우리를 위해 이루신 일을 떠올리게 됩니다. 예수님의 죽음과 부활을 믿으면 우리의 수치가 씻기고, 우리의 죄책이 면제됩니다. 하나님이 우리를 자기 아들처럼 순수하고 거룩하게 만들기 시작하십니다.

하나님의 계획 우리의 사명

선교적 적용 하나님은 우리에게 구세주이신 예수님이 우리의 수치를 거두어 가시고, 우리를 하나님 앞에 순결하고 거룩하게 만들어 주신다는 사실을 세상에 선포하라고 말씀하십니다.

1. 어떻게 하면 예수님을 구세주로 선포하면서 육체적으로 영적으로 아픈 사람들을 돌볼 수 있을까요?

2. 어떻게 하면 수치에 시달리는 사람들을 예수님의 복음으로 보살펴 줄 수 있을까요?

3. 죽음에 직면한 사람이나 그런 사람을 사랑하는 이들을 위해 예수님의 이름으로 우리가 할 수 있는 일은 무엇일까요?

Summary and Goal

예수님은 친구 나사로를 죽은 자들 가운데서 일으키심으로써 죽음을 제압하는 능력을 입증하셨습니다. 이 기적 이야기는 하나님의 선하심과 주권, 죽음의 저주와 부활의 능력, 그리고 고통당하는 사람들을 향한 그리스도의 긍휼을 드러냅니다. 우리는 죽음을 정복하는 예수님의 능력을 신뢰하며, 어떠한 상황에서도 그분을 영화롭게 해야 합니다.

죽은 나사로를 살리시다

13

- **성경 본문**
  요한복음 11:1~7, 17~44

- **세션 포인트**
  1. 예수님은 때때로 더디 오시기도 하는 친구이십니다(요 11:1~7)
  2. 예수님은 우리의 생명이신 친구이십니다(요 11:17~27)
  3. 예수님은 죽음의 저주를 비통해하시는 친구이십니다(요 11:28~37)
  4. 예수님은 죽은 사람을 되살리시는 친구이십니다(요 11:38~44)

- **신학적 주제**
  하나님의 아들이 죽음의 현실을 애통해하시며 그 권세를 거꾸러뜨리십니다.

- **그리스도와의 연결**
  예수님은 나사로를 죽은 자 가운데서 일으키심으로써 죽음을 제압하는 능력을 보여 주셨습니다. 예수님은 "나는 부활이요 생명이니"라고 말씀하셨습니다. 우리는 십자가에서 죽으셨다가 죽은 자 가운데서 다시 사신 예수님이 언젠가 죽음을 영원히 물리치시고, 우리를 죽은 자 가운데서 다시 살리실 것을 믿어야 합니다.

- **선교적 적용**
  하나님은 우리에게 죽은 자 가운데서 다시 살리시는 하나님의 능력을 신뢰함으로써 아픔과 죽음 가운데서도 하나님을 영화롭게 하라고 말씀하십니다.

씨 뿌리는 자와   무자비한   선한   잃어버린   바리새인과   악한 종
땅   종   사마리아인   두 아들   세리

Session Plan

도입

인간의 관점에서 죽음이란 끝에 불과하다는 이야기로 시작하십시오. 그러나 예수님은 죽음을 통제하실 수 있고, 나사로를 살리심으로써 그 통제력을 입증하셨습니다(부록 4: '예수님의 기적'를 참고하십시오).

신약의 기적들 가운데 가장 좋아하는 기적은 무엇이고, 그 이유는 무엇입니까?

죽음을 다스리시는 예수님의 능력에 관해 다루는 이 세션의 내용을 요약해 주십시오.

전개

1

**예수님은
때때로 더디 오시기도 하는
친구이십니다**
(요 11:1~7)

자원자에게 요한복음 11장 1~7절을 읽게 하십시오. 마리아와 마르다는 예수님이 당장 오셔서 나사로를 고쳐 주실 것을 기대했음을 강조해 주십시오. 그러나 예수님은 의도적으로 지체하셨다는 사실을 지적해 주십시오.

마리아나 마르다나 나사로의 입장이 되어 상상해 보십시오. 예수님이 더디 오실 때, 어떤 마음이 들었을까요?

그들은 친구인 예수님의 우정에 관해 어떻게 생각했을까요?

예수님이 더디 오신 이유는 친구들이 하나님을 신뢰하기를 바랐기 때문이며, 이 바람은 예수님이 행하신 기적을 통해 이루어졌습니다.

'신뢰'란 무엇입니까?

이런 경우에 하나님을 신뢰하기가 어려운 이유는 무엇입니까?

2

**예수님은
우리의 생명이신
친구이십니다**
(요 11:17~27)

자원자에게 요한복음 11장 17~27절을 읽게 하십시오. 예수님이 마르다와 나누신 대화를 참고해 예수님이 우리의 생명이심을 설명해 주십시오.

'예수님은 생명을 주시는 분이다'라고 하는 것과 '예수님이 곧 생명이시다'라고 하는 것에는 어떤 차이가 있습니까?

마르다의 신앙고백은 "주는 그리스도시요 살아 계신 하나님의 아들이시니이다"(마 16:16)라고 고백한 베드로의 신앙고백과 어떤 차이가 있습니까?

요한복음 11장 28~37절을 읽으십시오. 예수님이 나사로의 죽음과 마리아와 마르다의 슬픔에 비통해하셨음을 강조해 주십시오.

나사로의 죽음과 마리아와 마르다의 슬픔에 비통해하신 예수님의 모습은 고난받는 이들을 불쌍히 여기시는 하나님을 어떻게 보여 줍니까?

우는 자들과 함께 울 수 있는 실천적인 방법에는 어떤 것들이 있을까요?

예수님은 죽음과 죄로 인한 세상의 결과들에 대해 분노하며 슬퍼하셨지만, 슬퍼하는 데서 그치지 않으셨음을 설명해 주십시오.

3
예수님은 죽음의 저주를 비통해하시는 친구이십니다
(요 11:28~37)

요한복음 11장 38~44절을 읽으십시오. 본문의 장면을 떠올리며 모든 상황을 오감으로 상상해 보게 하십시오. 예수님은 영육 간에 죽은 자들을 모두 일으킬 능력이 있으심을 강조해 주십시오.

영적으로 구원받는 것을 '부활'이란 말로 표현할 수 있을까요?

영적 부활의 실재와 육체적 부활의 소망을 함께 지지하는 것이 중요한 이유는 무엇입니까?

본문에서 다음 두 가지를 강조해 주십시오. 첫째, 하나님의 시간과 우리의 시간은 일치하지 않습니다. 둘째, 생명에 관한 하나님의 관점과 우리의 관점은 일치하지 않습니다. 하나님은 하나님의 영광과 우리의 안녕을 위해 우리 삶 가운데서 일하십니다.

나사로의 부활 이야기는 오늘날 우리 삶에 어떤 영향을 미칩니까?

어려운 상황에서 하나님을 신뢰하는 것이 하나님을 영화롭게 하는 일이 되는 이유는 무엇입니까?

4
예수님은 죽은 사람을 되살리시는 친구이십니다
(요 11:38~44)

결론

그리스도인이 시간과 삶에 관한 올바른 관점을 갖는 것이 중요한 이유가 무엇인지 설명하면서 이 세션을 마무리하십시오. 시간과 삶은 하나님의 손에 있는 도구들로 하나님의 영광을 위한 것이기 때문입니다. 예수님은 죽은 자들 가운데서 나사로를 살리셨고, 예수님의 부활 능력은 지금도 신자들의 삶에서 역사하므로 우리는 예수님을 신뢰할 수 있습니다. 이 세션에서 배운 진리를 '하나님의 계획, 우리의 사명'에서 적용해 보십시오.

Session Content

13. 죽은 나사로를 살리시다

도입 옵션

모임에 앞서 구약과 신약에 등장하는 기적들을 칠판이나 큰 종이에 써 보게 하십시오. 그러고 나서 인도자용 교재를 활용해 하나님은 우리가 상상하는 것보다 더 크신 능력을 지니신 분임을 설명해 주십시오. 칠판이나 큰 종이에 나사로의 기적이 쓰여 있다면, 동그랗게 표시하고 이야기를 시작하십시오.

"예수님은 자신이 바로 그분이기에 기적을 행할 수밖에 없으셨습니다."[1]
_허버트 로키어

도입

> 인간의 관점에서 보면 죽음은 곧 '끝'입니다.
>
> 죽음은 피할 수도, 막을 수도 없는 것처럼 보입니다. 죽음에 관한 생각들은 부정적 마음이 들게 하고, 죽음이 가족이나 친구들에게 찾아오는 암울한 상황은 큰 충격을 줍니다. 이러한 이유들로 사람들은 죽음에 대해 생각하거나 말하기를 꺼립니다. 인간의 관점에서 죽음은 곧 '끝'입니다.

그러나 예수님을 따르는 우리는 그렇지 않다는 것을 압니다. 하나님의 말씀으로 우리는 예수님이 죽음을 포함한 모든 것을 제압하는 힘을 가지고 계시다는 것을 압니다. 예수님은 나사로를 살리시는 기적을 통해 죽음을 제압하는 능력을 여실히 증명하셨고, 가장 위대한 기적인 예수님 자신의 부활을 예견하셨습니다.

> 지금까지 예수님이 행하신 기적들을 살펴보았습니다.

예수님의 기적들은 언제나 그분이 사람들에게 알리고자 하시는 진리, 즉 예수님이야말로 하나님 나라가 이 땅에 임하게 할 전능하신 분이라는 진리를 가리킵니다. 예수님의 기적을 통해 우리는 일상 가운데 찾아오시는 비범한 능력의 하나님을 체험합니다.

Q 신약의 기적들 가운데 가장 좋아하는 기적은 무엇이고, 그 이유는 무엇입니까?

> 당신은 홍해를 가르시고, 40년 동안 하늘에서 내려오는 떡으로 매일 이스라엘 백성을 먹이시고, 큰 물고기에서 요나를 구하시고, 맹렬히 타는 풀무불에서 세 명의 히브리 청년들을 구하시고, 사자 굴에서 다니엘을 건지시며, 신약의 모든 기적을 행하신 그 하나님이 오늘도 일하신다는 사실을 정말 믿습니까? 그러기를 바랍니다. 분명히 믿어야 합니다. 사실, 진리는 우리의 상상을 초월합니다. 그래

서 이렇게 다짐합니다. '하나님이 얼마나 대단하신지 발견할 때마다 그분은 그보다 더 크시다는 사실을 생각하자!' 하나님은 원하시는 일은 무엇이든지 다 하실 수 있습니다.

Session Summary

예수님은 친구 나사로를 죽은 자들 가운데서 일으키심으로써 죽음을 제압하는 능력을 입증하셨습니다. 이 기적 이야기는 하나님의 선하심과 주권, 죽음의 저주와 부활의 능력, 그리고 고통당하는 사람들을 향한 그리스도의 긍휼을 드러냅니다. 우리는 죽음을 정복하는 예수님의 능력을 신뢰하며, 어떠한 상황에서도 그분을 영화롭게 해야 합니다.

전개

1. 예수님은 때때로 더디 오시기도 하는 친구이십니다 (요 11:1~7)

¹어떤 병자가 있으니 이는 마리아와 그 자매 마르다의 마을 베다니에 사는 나사로라 ²이 마리아는 향유를 주께 붓고 머리털로 주의 발을 닦던 자요 병든 나사로는 그의 오라버니더라 ³이에 그 누이들이 예수께 사람을 보내어 이르되 주여 보시옵소서 사랑하시는 자가 병들었나이다 하니 ⁴예수께서 들으시고 이르시되 이 병은 죽을 병이 아니라 하나님의 영광을 위함이요 하나님의 아들이 이로 말미암아 영광을 받게 하려 함이라 하시더라 ⁵예수께서 본래 마르다와 그 동생과 나사로를 사랑하시더니 ⁶나사로가 병들었다 함을 들으시고 그 계시던 곳에 이틀을 더 유하시고 ⁷그 후에 제자들에게 이르시되 유대로 다시 가자 하시니

> **Leader**
>
> 우리 몸은 채울 수 없는 욕망으로 가득합니다. 우리는 무언가 하고 싶을 때 당장 하기를 원합니다. 불행하게도 우리는 "빨리 내놔"와 "당장 해 줘" 같은 사고방식을 하나님께도 적용합니다. 그러나 하나님은 하나님의 시간표에 따라 일하십니다. 하나님은 우리에게 필요한 것을 우리에게 필요한 때에 주십니다. 하나님은 우리에게 필요한 것이 무엇이며, 언제가 적기인지를 아시기 때문입니다.

나사로는 병들어 죽어 가고 있었습니다. 이 순간 나사로의 가족이 가

심화 주석 요한복음에서 나사로를 일으키신 사건은 예수님이 메시아이심을 알려 주는 최종적이고도 궁극적인 기적입니다. (요한복음에만 기록된) 이 놀라운 기적은 예수님 자신의 부활을 예견하고, 예수님이 곧 "부활이요 생명"(요 11:25)이심을 계시합니다. …

예수님은 나사로의 병이 "죽을병이 아니라"고 말씀하셨는데, 이는 그 병이 나사로를 죽음에 이르게 하지 못하고, 죽음을 통과했다가 며칠 뒤에 죽은 자들 가운데서 다시 일어나게 된다는 뜻입니다. 예수님은 마가복음 5장 39절에서도 이와 비슷한 말씀을 하셨습니다. 예수님은 무슨 일이 있을지 알고 계셨으므로, 요한복음 11장 11~14절에서 제자들에게 나사로가 이미 죽었다고 분명하게 말씀하셨습니다. …

'그러므로, 그래서'라는 뜻의 헬라어 '운'(oun)을 번역한 "이에"(3절)는 예수님이 무엇 때문에 그곳에 "이틀을 더" 머무셨는지를 설명합니다. 예수님은 친구들이 그 현장으로 가서 죽음의 처참함과 비통함을 보고, 나사로를 애도하는 시간을 충분히 가진 다음에 죽음을 제압하시는 예수님의 능력을 목격함으로써, 그들이 오로지 아버지로부터 오는 독생자의 놀라운 영광을 보고 증언할 수 있기를 바라셨던 것입니다(요 1:14). 주님은 우리가 기도하고 기대한 대로만 응답하시지 않습니다.[2]

_안드레아스 J. 쾨스텐버거
ESV Study Bible_

장 원하는 것은 무엇이었을까요? 그들은 나사로가 살아나기를 원했습니다. 게다가 그들은 그를 살릴 수 있는 분이 누구이신지를 알고 있었습니다. 오로지 예수님만이 나사로를 살리실 수 있습니다.

> 마리아와 마르다와 나사로의 가족은 예수님과 친밀했습니다. 예수님은 그들 집에 머물며 함께 식사하기도 하셨습니다. 그들은 예수님을 따르는 제자들인 동시에 예수님의 친구들이었습니다. 나사로의 가족은 예수님이 치료받아야 할 사람들을 치료하신 것을 봤으므로, 나사로도 치료해 주시리라 기대했습니다.

Leader

나사로의 가족들은 예수님이 나사로가 아픈 것을 아시면 곧바로 달려와 치료해 주시리라고 기대했습니다. 그러나 예수님은 다른 계획이 있으셨습니다. 예수님은 "이 병은 죽을병이 아니라"(4절)라고 말씀하시고, 심지어 나사로가 아프다는 소식을 들은 뒤에도 "그 계시던 곳에 이틀을 더"(6절) 머무셨습니다.

Q 마리아나 마르다나 나사로의 입장이 되어 상상해 보십시오. 예수님이 더디 오실 때, 어떤 마음이 들었을까요?

Q 그들은 친구인 예수님의 우정에 관해 어떻게 생각했을까요?

예수님은 어떤 일이 벌어질지 알고 계셨으나, 친구들이 하나님을 더 신뢰할 수 있기를 바라셨습니다. 신뢰는 하나님이 우리의 상황을 아시고, 우리를 염려하신다는 믿음에서 시작됩니다. 이 기적을 통해 예수님은 우리가 어떤 상황에서도 하나님을 신뢰하기를 원하신다는 것을 알려 주십니다.

신뢰란 어떤 사물이나 사람의 성격, 능력, 세력, 진실에 관해 확실하게 의존하는 것입니다. 즉 어떤 사물이나 사람을 믿거나 확신하는 것이라고 정의할 수 있습니다. 마르다와 마리아에게도 신뢰가 필요했습니다.

Q '신뢰'란 무엇입니까?

Q 이런 경우에 하나님을 신뢰하기가 어려운 이유는 무엇입니까?

2. 예수님은 우리의 생명이신 친구이십니다(요 11:17~27)

¹⁷예수께서 와서 보시니 나사로가 무덤에 있은 지 이미 나흘이라 ¹⁸베다니는 예루살렘에서 가깝기가 한 오 리쯤 되매 ¹⁹많은 유대인이 마르다와 마리아에게 그 오라비의 일로 위문하러 왔더니 ²⁰마르다는 예수께서 오신다는 말을 듣고 곧 나가 맞이하되 마리아는 집에 앉았더라 ²¹마르다가 예수께 여짜오되 주께서 여기 계셨더라면 내 오라버니가 죽지 아니하였겠나이다 ²²그러나 나는 이제라도 주께서 무엇이든지 하나님께 구하시는 것을 하나님이 주실 줄을 아나이다 ²³예수께서 이르시되 네 오라비가 다시 살아나리라 ²⁴마르다가 이르되 마지막 날 부활 때에는 다시 살아날 줄을 내가 아나이다 ²⁵예수께서 이르시되 나는 부활이요 생명이니 나를 믿는 자는 죽어도 살겠고 ²⁶무릇 살아서 나를 믿는 자는 영원히 죽지 아니하리니 이것을 네가 믿느냐 ²⁷이르되 주여 그러하외다 주는 그리스도시요 세상에 오시는 하나님의 아들이신 줄 내가 믿나이다

　　예수님이 현장에 도착하셨을 때는 나사로가 죽은 지 나흘이나 지난 뒤였습니다. 마르다와 마리아는 예수님을 뵙고, 누구나 했을 법한 반응을 보였습니다. "주께서 여기 계셨더라면 내 오라버니가 죽지 아니하였겠나이다"(21절). 나사로의 두 자매는 예수님이 원하시는 것은 무엇이든 하실 수 있는 분임을 알고 있었습니다. 생명을 주실 수 있을 뿐만 아니라 되살리실 수도 있다고 말입니다.

> **Leader**
> 마르다의 말에서 믿음을 발견할 수 있습니까? 그녀의 고백은 헬라어로 보면 뜻이 명확합니다. "예수님이 여기 계셨더라면 그가 결코 죽지 않았을 것입니다!" 마르다의 말은 원망의 표현일 수도 있지만, 예수님이 제시간에 오셨더라면 자기 오라버니의 병이 아무리 심했을지라도 틀림없이 고쳐 주셨으리라는 믿음의 표현일 수도 있습니다.

　　하나님을 신뢰한다면, 하나님이 자녀에게 무엇이 최선인지 알고 계심을 믿어야 합니다. 하나님은 모든 것을 아십니다. 감사하게도 하나님의 지식은 우리의 생각이나 행동에 구애받지 않습니다. 하나님은 우리의 의도도, 우리가 왜 그렇게 행동하는지도 다 아시며, 우리를 항상 보살피십니다.

　　예수님이 마르다에게 하신 말씀은 오늘날 우리에게도 진리입니다. 예수님은 여전히 부활이요 생명이십니다. 예수님이 우리 죄를 대속하시기 위해 십자가에서 성취하신 일을 믿을 때, 우리는 영원한 생명을 부여받게 됩니다. 비록 지금 여기에서 주님의 응답을 오래오래 기다리고 있는 것

심화 주석 "나흘"(요 11:17), 나사로가 무덤에 있던 시간을 알려 주는 이 말은 요한복음 11장 39절에 다시 등장해 나사로가 아픈 것이 아니라 정말로 죽었음을 알려 줍니다. … 마리아와 마르다는 각각 "주께서 여기 계셨더라면"(21절)이란 말로 예수님께 말하기 시작했습니다(참조, 32절). … "이제라도"(22절)는 비록 나사로가 회복되기에는 너무 늦은 것 같지만, 마르다는 어떤 기적이 일어날지도 모른다는 일말의 기대를 가지고 있음을 암시합니다. 예수님이 부활을 언급하시자, 마르다는 그것을 먼 미래, 즉 "마지막 날"(24절)과 연결시킵니다. 마르다의 믿음은 부활이 없다는 사두개인의 믿음보다는 나은 상태입니다(마 22:23). … "나는 부활이요 생명이니"(요 11:25)라는 선언이 부분적으로 요한복음 14장 6절에서 반복됩니다(행 3:15; 히 7:16). 신자에게 생명은 죽음과 동시에 끝나는 것이 아니라, 하나님과의 끝없는 소통을 통해 영원까지 이어지는 것입니다. 이것은 나사로처럼 무덤에 있었던 사람들에게뿐만 아니라, 살아 있는 사람들에게도 진리입니다. … 이 대화에서 마르다는 베드로의 신앙고백과 견줄 수 있는 "주는 그리스도시요"(요 11:27)라는 신앙고백을 합니다(마 16:16).[4]

_The Reformation Study Bible

처럼 보일지라도, 사실 영원한 생명은 이미 우리에게 주어졌습니다. 주님의 부활하신 생명은 우리의 것이기도 합니다. 우리는 "예수님이 생명을 주신다"라고 말하곤 하지만, 본문은 "예수님은 생명이시다"라고 고백할 수도 있어야 한다고 알려 줍니다.

Q '예수님은 생명을 주시는 분이다'라고 하는 것과 '예수님이 곧 생명이시다'라고 하는 것에는 어떤 차이가 있습니까?

Q 마르다의 신앙고백은 "주는 그리스도시요 살아 계신 하나님의 아들이시니이다"(마 16:16)라고 고백한 베드로의 신앙고백과 어떤 차이가 있습니까?

3. 예수님은 죽음의 저주를 비통해하시는 친구이십니다
(요 11:28~37)

28이 말을 하고 돌아가서 가만히 그 자매 마리아를 불러 말하되 선생님이 오셔서 너를 부르신다 하니 29마리아가 이 말을 듣고 급히 일어나 예수께 나아가매 30예수는 아직 마을로 들어오지 아니하시고 마르다가 맞이했던 곳에 그대로 계시더라 31마리아와 함께 집에 있어 위로하던 유대인들은 그가 급히 일어나 나가는 것을 보고 곡하러 무덤에 가는 줄로 생각하고 따라가더니 32마리아가 예수 계신 곳에 가서 뵈옵고 그 발 앞에 엎드리어 이르되 주께서 여기 계셨더라면 내 오라버니가 죽지 아니하였겠나이다 하더라 33예수께서 그가 우는 것과 또 함께 온 유대인들이 우는 것을 보시고 심령에 비통히 여기시고 불쌍히 여기사 34이르시되 그를 어디 두었느냐 이르되 주여 와서 보옵소서 하니 35예수께서 눈물을 흘리시더라 36이에 유대인들이 말하되 보라 그를 얼마나 사랑하셨는가 하며 37그중 어떤 이는 말하되 맹인의 눈을 뜨게 한 이 사람이 그 사람은 죽지 않게 할 수 없었더냐 하더라

사랑하는 사람을 잃었을 때, 일반적 반응은 슬퍼하는 것입니다. 우리는 모두 생의 어떤 시점에서 그런 감정을 체험했거나 체험하게 될 것입니다. 예수님은 나사로와 나사로의 자매들을 사랑하셨습니다. 예수님은 친구의 죽음을 슬퍼하셨을 뿐만 아니라, 친구들이 비통해하는 모습을 보고 눈물을 흘리셨습니다. 로마서 12장 15절에서 성경은 "즐거워하는 자들과 함께 즐거워하고 우는 자들과 함께 울라"라고 권면합니다. 이 원칙을 예수님

"그분은 그녀를 더 높은 진리의 앎으로 인도하셨습니다. 그녀는 나사로의 부활만을 구했으나, 예수님은 그녀뿐 아니라 그녀와 함께 있는 사람 모두가 누릴 수 있는 부활을 말씀하셨습니다."[5]
_요한 크리소스톰

심화 주석 마리아와 친구들이 슬퍼하는 광경을 보신 예수님은 죽음의 악함과 잔인함과 난폭한 폭력성을 간파하고 분노하셨습니다. … 마리아의 슬픔을 보신 예수님은 … '모든 인간이 보편적으로 겪어야 하는 비참함'을 깊이 들여다보시고, 인간을 압제하는 것을 향해 분노를 불태우셨습니다. … 예수님이 분노하신 대상은 죽음과 죽음의 배후에 있는 세력이며, 세상을 파괴하러 온 세력입니다. 동정의 눈물이 예수님의 눈에 차올랐겠으나, 그것은 부차적인 것입니다. 예수님은 분노에 찬 영혼으로 무덤을 향해, 칼뱅의 말을 빌자면, '싸울 태세를 갖춘 승리자'처럼 가셨습니다. 그러므로 나사로를 일으키신 사건은 따로 떨어진 이변이 아니라 진실로 전체 이야기를 통해 제시되는 핵심 주제로서 … 예수님이 죽음과 지옥을 정복하신 결정적 사건이요 공개적인 표시입니다.[6]
_B. B. 워필드

이 몸소 살아내고 계셨던 것입니다.

Q 나사로의 죽음과 마리아와 마르다의 슬픔에 비통해하신 예수님의 모습은 고 난받는 이들을 불쌍히 여기시는 하나님을 어떻게 보여 줍니까?

Q 우는 자들과 함께 울 수 있는 실천적인 방법에는 어떤 것들이 있을까요?

> 태초에 아담과 하와가 아들 아벨의 죽음에 직면한 때부터 인간은 죽음의 저주를 경험했습니다. 타락한 이후에 모든 인간에게 내려진 저주였습니다. 우리는 육체적·관계적·지적·영적 영역을 막론하고, 모든 영역에서 죄와 죽음의 그림자를 봅니다.

Leader

예수님은 죽음의 광경이 자아내는 슬픔에 비통해하시기만 한 것이 아닙니다. 인간의 창조주는 세상에 죄와 죽음이 실재하는 것을 의식하고 통렬히 분노하셨습니다. 우리는 하나님이 태초에 의도하신 생명이 어떤 것인지 알지 못합니다. 우리는 하나님의 형상을 지닌 자들이어서 우리가 죄와 죽음을 슬퍼하는 것은 죄와 죽음에 대한 하나님의 미움을 반영하는 것입니다. 본문의 복된 소식은 예수님의 마지막 말씀과 행동이 비탄으로 끝나지 않았다는 것입니다.

4. 예수님은 죽은 사람을 되살리시는 친구이십니다(요 11:38~44)

38이에 예수께서 다시 속으로 비통히 여기시며 무덤에 가시니 무덤이 굴이라 돌로 막았거늘 39예수께서 이르시되 돌을 옮겨 놓으라 하시니 그 죽은 자의 누이 마르다가 이르되 주여 죽은 지가 나흘이 되었으매 벌써 냄새가 나나이다 40예수께서 이르시되 내 말이 네가 믿으면 하나님의 영광을 보리라 하지 아니하였느냐 하시니 41돌을 옮겨 놓으니 예수께서 눈을 들어 우러러보시고 이르시되 아버지여 내 말을 들으신 것을 감사하나이다 42항상 내 말을 들으시는 줄을 내가 알았나이다 그러나 이 말씀 하옵는 것은 둘러선 무리를 위함이니 곧 아버지께서 나를 보내신 것을 그들로 믿게 하려 함이니

심화주석 예수님은 나사로를 지체 없이 살려 내실 수 있었으나, 자기 마음대로 행하지 않는다는 것을 주변에서 지켜보는 자들이 깨닫기를 원하셨습니다. … 예수님은 무리가 예외 없이 나사로의 부활을 보고, 예수님이 하나님 아버지께서 보내신 분임을 알게 되기를 바라셨습니다. … 예수님은 기도하신 후 외치셨습니다. "나사로야 나오라"(요 11:43). 그 외침은 나사로를 위한 것이 아니었습니다. 나사로는 죽었으므로 들을 수가 없었습니다. 예수님은 속삭임만으로도 나사로를 살릴 수 있으셨습니다. 그러나 예수님은 그곳에 서 있는 살아 있는 사람들이 부활의 말씀을 듣고, 죽음의 영역에서 생명의 영역으로 나아올 수 있도록 불러내신 것입니다. … 진실로 예수님은 부활이요 생명이십니다.[8]

_사무엘 느게와,
Africa Bible Commentary

핵심교리
99

94. 죽음 이후의 삶

성경은 그리스도인이 죽으면 바로 주님과 함께 있게 된다고 가르칩니다(눅 23:43; 고후 5:8). 어떤 이들은 신자들이 장래에 부활할 때 최종적인 상태가 될 것(계 6:10~11)임을 감안해 이 상태를 중간 상태라고 부릅니다. 그리스도 안에 있지 않은 이들은 죽은 후에 고통 가운데 놓이게 되며, 종말에는 심판을 받게 됩니다(눅 16:19~31).

"한 괴짜 청교도 작가가 이렇게 말했습니다. '만약에 예수님이 나사로의 이름을 소리쳐 부르지 않으셨다면, 예수님은 묘지 전체를 텅텅 비우셨으리라!'"[9]
_워렌 W. 위어스비

이다 ⁴³이 말씀을 하시고 큰 소리로 나사로야 나오라 부르시니 ⁴⁴죽은 자가 수족을 베로 동인 채로 나오는데 그 얼굴은 수건에 싸였더라 예수께서 이르시되 풀어놓아 다니게 하라 하시니라

이제 그 현장을 상상해 보십시오. 나사로는 나흘 동안이나 죽은 채로 있었습니다. 무덤 주변에 있던 사람들은 코를 막아야 했을 것입니다. 죽은 지 나흘이나 되었기 때문에 시체에서 심한 냄새가 났을 것입니다. 그런데 믿기 어려운 일이 펼쳐집니다. 예수님이 무덤가의 돌을 옮겨 놓으라고 명령하셨습니다. 무덤이 열리자 예수님은 큰 소리로 기도하신 후 "나사로야 나오라"(43절) 하고 부르셨습니다. 그러자 나사로가 무덤에 묻힐 때 동여맸던 베옷을 그대로 두른 채로 걸어 나왔습니다.

> **Leader** 상상해 보십시오. 우리는 종종 예수님이 전능하시다고 말합니다. 그런데 여기서 예수님의 능력은 우리의 예상을 뛰어넘어 죽은 사람을 부활시키는 믿기 어려운 현상으로 확장됩니다. 예수님은 나사로의 폐로 산소가 다시 들어가게 하셨습니다! 나사로의 심장은 다시 뛰기 시작했습니다! 죽는 과정에서 손상되었을 뇌도 다시 생기를 되찾았고, 잃었던 생명의 기억과 사랑하는 사람들에 대한 기억도 되살아났습니다. 누가 죽은 사람 가운데서 사람을 일으킬 수 있겠습니까? 오직 하나님, 하나님 한 분뿐이십니다.

예수님은 죽은 사람을 다시 살리시는 친구이십니다. 예수님은 육체적으로 죽은 사람뿐 아니라 영적으로 죽은 사람도 살리시는 분입니다. 죄는 인간과 하나님을 단절시켜 놓았습니다. 인간과 하나님의 단절된 관계는 예수님이 십자가에서 성취하신 일을 통해서만 다시 이어질 수 있습니다. 우리가 살 수 있게 된 것은 예수님이 우리 죄의 대가를 대신 치르기 위해 돌아가신 덕분입니다. 예수님이 우리를 위해 하신 일 때문에 우리에게 남은 유일한 책무는 우리 삶을 주님께 바치고, 주님을 우리 생명으로 영접하는 일입니다.

Q 영적으로 구원받는 것을 '부활'이란 말로 표현할 수 있을까요?

Q 영적 부활의 실재와 육체적 부활의 소망을 함께 지지하는 것이 중요한 이유는 무엇입니까?

나사로의 부활 이야기에서 우리는 다음 두 가지 사실을 알게 됩니다. 첫째, 하나님의 시간과 우리의 시간은 일치하지 않고, 하나님은 시간

에 관해 우리와 다른 관점을 가지고 계시다는 것입니다.

둘째, 생명에 관한 하나님의 관점과 우리의 관점이 일치하지 않고, 하나님은 생명에 관해 우리와 다른 관점을 가지고 계시다는 것입니다.

> **Leader** 이렇게 생각해 보십시오. 하나님은 시간 '주변에' 계시지만, 시간의 구애를 받지는 않으십니다. 하나님은 시간의 한계를 초월해 섭리하십니다. 하나님은 사람들이 죽어도 다시 살 수 있음을 아시기 때문에 이 세상에서 한 사람의 죽음은 하나님의 섭리에 지장을 주지 않습니다.

친구이자 동역자인 트래비스 오글이 이런 말을 한 적이 있습니다.

"하나님께 영생을 구하면서도 세속적인 것들은 구하지 않는다니, 우습지 않아?" 우습게도 우리는 영생을 위해 하나님을 신뢰하면서도 삶에서 어려운 시간을 맞이할 때는 하나님의 때를 신뢰하지 못하는 경향이 있습니다. 우리는 하나님을 잠에서 깨우거나 그분의 주의를 끌 필요가 없습니다. 그분은 언제나 깨어 계시고, 우리 삶의 상황을 알고 계시며, 언제나 적시에 응답하시기 때문입니다. 하나님은 해야 할 일을 아실 뿐 아니라 언제 해야 할지도 아시기 때문에 우리는 하나님의 때를 신뢰할 수 있습니다.

하나님이 삶에서 왜 이런 일을 겪게 하시고, 왜 어떤 것은 허락하시면서 또 어떤 것은 허락하지 않으시는지 생각해 본 적이 있나요? 본문을 예로 들면, 하나님은 왜 나사로와 나사로의 가족에게 이런 시련을 겪게 하셨을까요? 하나님의 영광을 위해서입니다. 거듭 말하지만 하나님의 관점은 우리의 관점과 다릅니다. 하나님은 왜 우리에게 시련을 주셨을까요? 하나님의 영광과 우리의 안녕을 위해서입니다.

> **Leader** 우리는 성경의 진리로 우리의 사고방식을 수정해야 합니다. 예수님은 나사로를 죽게 하심으로써 예수님이 죽은 자 가운데서 누군가를 일으키시는 현장을 사람들에게 목격하게 하셨습니다. 여기서 쟁점은 바로 관점입니다. 하나님은 하나님의 영광과 우리의 안녕을 위해 우리 삶 가운데서 일하십니다.

Q 나사로의 부활 이야기는 오늘날 우리 삶에 어떤 영향을 미칩니까?

Q 어려운 상황에서 하나님을 신뢰하는 것이 하나님을 영화롭게 하는 일이 되는 이유는 무엇입니까?

> "나는 죽은 자들을 깨우는 생명의 소리다. 나는 악취를 제거하는 향기다. 나는 슬픔과 애통함을 씻어 주는 기쁨의 소리다. … 나는 슬픔에 잠긴 사람들의 위안이다. 내게 속한 자들은 내가 주는 기쁨을 받는다. 나는 온 세상의 기쁨이다. 나는 모든 친구를 반기고, 그들과 함께 기뻐한다. 나는 생명의 떡이다."[10]
> _아타나시우스

결론

그리스도인이 시간과 삶에 관한 올바른 관점을 갖는 것이 중요한 이유는 무엇일까요? 요한복음은 이렇게 말합니다.

"하나님의 아들이 이로 말미암아 영광을 받게 하려 함이라"(요 11:4).

예수님이 나사로를 되살리신 이유는 하나님과 예수님 자신을 영화롭게 하시기 위해서였습니다. 이를 통해 생명을 주기도 하시고 거두기도 하시는 능력의 주권자는 오로지 예수님뿐임을 알게 하고자 하셨습니다.

당신의 삶에서 바로잡길 원하는 것은 무엇입니까? 하나님이 그것을 바로잡아 주실 때까지 기꺼이 기다릴 수 있겠습니까? 하나님의 시간과 하나님의 목적과 하나님의 방식대로 하나님이 고쳐 주시기를 원합니까? 예수님이 나사로와 그의 가족에게 그런 시험을 주신 것은 하나님과 예수님 자신을 영화롭게 하기 위해서였습니다. 예수님은 당신을 통해서도 영화롭게 되기를 원하십니다. 당신은 예수님을 신뢰하겠습니까?

그리스도와의 연결

예수님은 나사로를 죽은 자 가운데서 일으키심으로써 죽음을 제압하는 능력을 보여 주셨습니다. 예수님은 "나는 부활이요 생명이니"라고 말씀하셨습니다. 우리는 십자가에서 죽으셨다가 죽은 자 가운데서 다시 사신 예수님이 언젠가 죽음을 영원히 물리치시고, 우리를 죽은 자 가운데서 다시 살리실 것을 믿어야 합니다.

하나님의 계획 우리의 사명

선교적 적용 하나님은 우리에게 죽은 자 가운데서 다시 살리시는 하나님의 능력을 신뢰함으로써 아픔과 죽음 가운데서도 하나님을 영화롭게 하라고 말씀하십니다.

1. 어떻게 하면 고통과 상실 속에서도 주님께 신실함으로써 예수님의 영광을 드러낼 수 있을까요?

2. 어떻게 하면 '슬퍼하는 자와 함께 슬퍼하는 일'과 '부활이요 생명이신 예수님을 증거하는 일'을 균형 있게 할 수 있을까요?

3. 예수님이 당신에게 부활과 생명이 되신다면, 그분을 세상에 전하기 위해 당신이 취해야 할 믿음의 단계는 무엇입니까?

금주의 성경 읽기
겔 1~8장

appendix

부록 1

신약성경에 나타난 구약성경의 말씀

"나는 스스로 있는 자니라" 하나님만이 바다 물결을 밟으심(욥 9:8)	**하나님의 아들이신 예수님** "스스로 있는 자"가 바다 위로 걸으심(마 14:25~27)
이사야의 메시지 듣기는 들어도 깨닫지 못할 것이요 보기는 보아도 알지 못할 것임(사 6:9)	**예수님의 비유** 제자들로 하여금 하나님 나라의 비밀을 깨닫게 하심(막 4:11~12)
시편 기자의 예언 하나님의 백성은 비유를 말씀하시는 분에게 귀를 기울일 것임(시 78:1~3)	**예언의 성취** 예수님이 무리에게 비유로 말씀하심(마 13:34~35)
하나님의 율법 하나님을 사랑하고, 이웃을 사랑하라(신 6:5; 레 19:18)	**예수님의 확언** 영생을 얻으려면 율법을 온전히 지켜라(눅 10:25~28)
외식하는 자들 입술로는 하나님을 공경하나 그들의 마음은 하나님에게서 멀리 떠남(사 29:13~14)	**바리새인들** 사람의 계명으로 교훈을 삼아 가르침(막 7:6~7)
하나님의 포도원 좋은 포도 맺기를 바랐더니 하나님의 백성이 들포도를 맺음(사 5:1~7)	**예수님의 비유** 바리새인들이 하나님의 아들을 죽이려고 함(마 21:33~46)
버려진 돌 건축자가 버린 돌이 집 모퉁이의 머릿돌이 됨(시 118:22~24)	**거절당하신 구세주** 악한 자들에게 버려져 열매 맺는 자들에게 주어짐(마 21:42~46)
심판 하나님의 대적들은 벌레에 먹히고 꺼지지 않는 불에 던져질 것임(사 66:24)	**예수님의 경고** 지옥에서는 구더기도 죽지 않고, 불도 꺼지지 않음(막 9:47~48)
모세 하나님의 백성이 만나를 받을 수 있도록 준비함(출 16장)	**오병이어를 베푸신 예수님** 생명의 떡이신 이가 5천 명에게 떡을 주심(마 14:19~20; 요 6:32~35)
주님의 소원 주님은 제사 대신 한결같은 사랑을 원하심(호 6:6)	**예수님의 사명** 영적인 질병을 고치고, 죄인들에게 자비를 베푸심(마 9:1~13)
고난받는 종 우리의 질고를 지고 우리의 슬픔을 당하심(사 53:4)	**예수 그리스도** 말씀으로 귀신들을 쫓아내시고, 병든 자들을 다 고치심(마 8:16~17)

대제사장 예수 그리스도

제사장은 하나님과 백성 사이의 중재자로, 백성들이 하나님이 공급하신 은혜에 감사하거나 속죄하고자 할 때 백성을 대신해 예물과 희생 제사를 드리도록 하나님이 세우신 직분입니다.

구약성경에서 제사장은 어떤 사람입니까?	
자격	임무

• 레위 자손
• 특별히 아론의 자손
• 주님께 성결
  - 신체에 흠이 없어야 함
  - 의례적으로 정결해야 함
  - 규정된 제사를 드려 도덕적으로 정결해야 함
	• 백성을 대신해 하나님께 희생 제사를 드림
	• 하나님을 대신해 백성을 축복함
	• 하나님의 율법을 백성에게 가르침

레위 족속

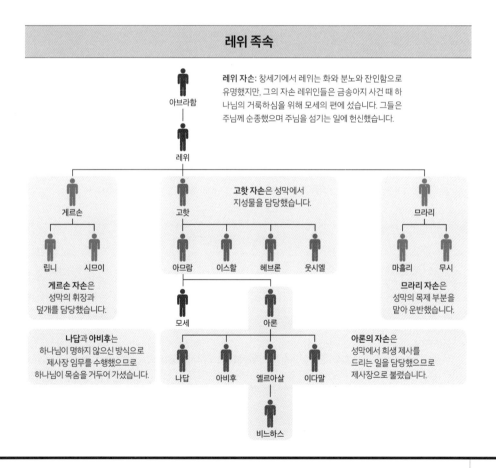

레위 자손: 창세기에서 레위는 화와 분노와 잔인함으로 유명했지만, 그의 자손 레위인들은 금송아지 사건 때 하나님의 거룩하심을 위해 모세의 편에 섰습니다. 그들은 주님께 순종했으며 주님을 섬기는 일에 헌신했습니다.

아브라함

레위

게르손

립니   시므이

게르손 자손은 성막의 휘장과 덮개를 담당했습니다.

고핫 자손은 성막에서 지성물을 담당했습니다.

고핫

아므람   이스할   헤브론   웃시엘

모세   아론

나답과 아비후는 하나님이 명하지 않으신 방식으로 제사장 임무를 수행했으므로 하나님이 목숨을 거두어 가셨습니다.

나답   아비후   엘르아살   이다말

비느하스

아론의 자손은 성막에서 희생 제사를 드리는 일을 담당했으므로 제사장으로 불렸습니다.

므라리

마흘리   무시

므라리 자손은 성막의 목제 부분을 맡아 운반했습니다.

구약성경에서 대제사장은 어떤 사람입니까?

- 아론의 직계 자손
- 하나님이 기름 부으심
- 1년에 한 번 대속죄일에 지성소에 들어가 자신과 백성의 죄를 위한 속죄제를 드림.

누가 대제사장이었습니까?

- 아론(출 28:1; 히 5:1~4)
- 비느하스(삿 20:27~28)
- 아히멜렉(삼상 21:1)
- 여호야다(왕하 12:2)
- 여호수아(학 1:1; 슥 3:1)
- 엘르아살(민 20:25~28)
- 엘리(삼상 1:9)
- 사독(왕상 2:35)
- 힐기야(왕하 22:8)
- 엘리아십(느 3:1)

▶ **아론**
아론과 그의 자손은 하나님이 기름 부으신 제사장으로 백성들을 대신해 하나님께 희생 제사를 드리고, 주의 이름으로 백성들을 축복하는 임무를 담당했습니다.

▶ **비느하스**
비느하스는 하나님의 질투심으로 질투해 이스라엘 남자와 미디안 여자가 하나님께 노골적으로 불순종하자 두 사람을 죽였습니다(민 25:1~13).

예수님은 어떻게 해서 제사장이셨습니까?

자격	예수님

• 레위 자손
• 특별히 아론의 자손
• 주님께 성결
  - 신체적 흠이 없어야 함
  - 의례적으로 정결해야 함
  - 규정된 제사를 드려 도덕적으로 정결해야 함
	• 왕, 메시아, 유다 지파의 자손(히 7:14)
	• 주님께 성결(히 4:15)
	  - 모든 면에서 우리와 똑같이 시험을 받으셨으나 죄는 없으심
	• 멜기세덱의 반차를 따르는 제사장으로서 혈통이 아니라 불멸의 생명의 능력을 따라 죽은 자들 가운데서 일으킴을 받으시고 영원히 살아계심(히 7:15~17)

멜기세덱은 누구입니까?

- 창 14:17~20; 시 110:4; 히 7장
- 그의 이름의 뜻은 "의의 왕"
- 살렘의 왕이자 "평강의 왕"
- 가장 높으신 하나님의 제사장
- 하나님의 아들을 예표하며 영원한 제사장인 왕이자 제사장
- 전쟁에 승리하고 돌아오는 아브라함을 축복하고, 그에게서 십일조를 받음
- 창세기(시작과 족보, 탄생과 죽음에 관한 책)에 등장하며, 부모도 없고, 족보도 없고, 시작한 날도 생명의 끝도 없음

예수님은 어떻게 해서 위대한 대제사장이셨습니까?	
레위 계열의 대제사장	위대한 대제사장 예수님
옛 언약의 중재자(히 9:1~10)	더 나은 새 언약의 중재자(히 9:11~28)
자기 죄를 위한 속죄제를 먼저 드려야 함(히 5:3)	우리와 똑같이 시험을 받으셨으나 죄가 없으심 (히 4:15)
아론의 혈통을 이어받은 자손 중에서 하나님이 임명 하심(히 5:4)	멜기세덱의 반차를 따라 하나님이 기름 부으심 (히 5:5~6)
제사장직은 종신직(히 7:23)	영생하시므로 제사장직도 영원함(히 7:24)
자신과 백성의 죄를 위해 매일 희생 제사를 드림 (히 7:27)	온 백성의 죄를 위해 자신을 단번에 제물로 드리심 (히 7:27)
1년에 한 번 동물의 피를 가지고 지성소에 들어가 자 신과 백성의 죄를 위한 속죄제를 드리지만, 이 제사 는 예배자의 양심을 온전하게 회복시키지 못함 (히 9:7, 9)	온 인류의 죄를 단번에 대속하기 위해 자기 피를 가 지고 하늘의 지성소로 들어가 양심을 죽은 행실에서 깨끗하게 하고 살아계신 하나님을 섬기게 하심 (히 9:14)
예배자를 결코 온전하게 할 수 없는 제사를 해마다 똑같이 반복함(히 10:1)	예배자를 온전하게 성별하기 위해 자신을 단번에 제 물로 드리심(히 10:10)
죄를 없애지 못하는 똑같은 희생제물을 매일 드리며 서있음(히 10:11)	자신을 제물로 드려 죄를 효과적으로 멸하시고, 하 나님의 우편에 앉으심(히 10:12)

옛 언약의 제사장들은 혈통에 따라 모세의 형제 아론의 자손 가운데서 하나님이 임명하셨습니다. 그들 은 거룩해야 했으며, 주님께 구별되어 비느하스가 보여 준 것처럼 주님의 거룩하심을 위해 열심을 다해 야 했습니다. 아론의 제사장직은 한동안 그러한 목적으로 수행되었으나, 제사장 자신의 죄와 백성들의 죄 때문에 예배자를 온전하게 성별하는 궁극적인 목적을 성취하기에는 역부족이었습니다. 우리에게 필 요한 제사장은 거룩하고, 죄가 없고, 순결하며, 죄인들과 구별되어 하늘 위에 높임을 받으시는 분입니다 (히 7:26). 예수님이야말로 진정한 대제사장이십니다. 죄가 없으신 하나님의 아들이 멜기세덱의 반차를 따라 영원한 제사장이 되셨습니다(히 7:17). 흠 없는 하나님의 어린양(요 1:29, 36)이신 예수님은 예배자 를 위해 자신을 단번에 속죄 제물로 드리십니다(히 10:10). 예수님은 하나님의 거룩하심을 위해 열심을 다해(요 2:13~17) 희생 공로를 완수하시고, 하늘에서 아버지의 우편에 앉으셨습니다(히 10:12). 우리의 대제사장이신 예수님은 우리를 하나님과 화목하게 하는 과업을 성취하셨습니다. 예수님의 완전한 의로 우심이 하나님 아버지께 상달되므로, 우리가 의롭다 여김을 받습니다. 예수님은 아버지 앞에서 우리를 중재하시는 분으로(히 7:25; 9:24), 우리가 믿음을 유지하도록 기도하십니다(눅 22:31~32; 요 17). 그분 안에서 우리는 죄의 용서와 하나님과의 화목을 발견합니다.

하나님 나라 비유

비유	본문	내용	하나님 나라의 특징
씨 뿌리는 자	마태복음 13:1~9; 18~23 마가복음 4:1~9; 13~20 누가복음 8:4~8; 11~15	- 성경에 예수님의 설명이 기록됨 - 독특한 알레고리식 해석	하나님 나라에 관한 말씀(복음)은 복된 소식을 사모하고 이해하는 마음 밭에서만 열매를 맺으나, 밭을 가리지 않고 씨를 뿌리듯이 말씀은 누구에게나 전해져야 함.
알곡과 가라지	마태복음 13:24~30, 36~43	- 성경에 예수님의 설명이 기록됨 - 독특한 알레고리식 해석	때가 차서 종말에 아버지의 나라가 임하면 불의한 "악한 자의 자녀들"은 심판과 저주를 받아 지옥에 가지만, 의로운 "하나님 나라의 자녀들"은 하나님 나라에서 복을 받고 영화롭게 됨
겨자씨/누룩	마태복음 13:31~33 누가복음 13:18~21 (참조, 마가복음 4:30~32)	- 비슷한 의미를 담은 두 편의 비유	하나님 나라는 작게 시작하지만, 세상에 매우 큰 영향을 끼치다가 마침내 온 세상에 스며듦
감춰진 보화/ 값진 진주	마태복음 13:44~46	- 비슷한 의미를 담은 두 편의 비유	하나님 나라는 우리가 가진 모든 것을 희생해 참여할 만한 가치가 있음
무자비한 종	마태복음 18:21~35	- 확장된 이야기 - 용서에 관한 베드로의 질문에 대답하심	하나님 나라는 하나님께 받은 한없는 용서를 알기에 다른 사람들을 마음으로부터 용서하는 사람들로 이루어짐
악한 농부들	마태복음 21:33~46 마가복음 12:1~12 누가복음 20:9~19	- 자신들에게 경고하는 비유임을 바리새인들이 알아차림 - 독특한 알레고리식 해석	하나님 나라는 그 나라의 열매를 맺는 사람들로 이루어지므로 하나님의 아들 예수님을 거절함으로써 하나님을 위한 열매를 맺지 못하는 사람들은 하나님 나라에 참여하지 못함
선한 사마리아인	누가복음 10:25~37	- 확장된 이야기 - "무엇을 하여야 영생을 얻으며, 내 이웃이 누구인가"에 관한 율법 교사의 질문에 대답하심	하나님 나라는 경계를 넘어 다른 사람들에게 자비를 베풀고 이웃이 되어 주는 사람들로 이루어져 있음

비유	본문	내용	하나님 나라의 특징
잃었다가 다시 찾는 비유들	누가복음 15장	- 비슷한 의미를 담은 비유들 - 예수님이 죄인을 영접하고 음식을 같이 먹는다며 비판한 바리새인과 서기관들에게 말씀하심	
잃어버린 양/ 잃어버린 동전	누가복음 15:1~10	- 값진 것을 잃었다가 다시 찾는 것에 관한 짧은 비유들	하늘나라는 죄인 한 명의 회개도 기뻐하심
잃어버린 아들(들)	누가복음 15:11~32	- 확장된 이야기 - 부분적 알레고리식 해석 - 돌아온 탕자만큼이나 형에게도 큰 의미가 있음	하늘나라는 회개하는 죄인을 기뻐하므로, 죄인이 회개하는 것을 기뻐하지 않는 사람은 하늘나라에 들어갈 수 없음
바리새인과 세리	누가복음 18:9~14	- 짧은 비유 - 자기 의에 취해 다른 사람들을 얕보는 사람들에게 말씀하심	하나님 나라는 하나님 앞에서 자신을 낮추고 자기 구원을 위해 오로지 하나님의 자비만을 의지하는 사람들로 이루어져 있으며, 자신을 낮추는 자들은 높이 올라가고 자신을 높이는 자들은 낮아짐

예수님의 기적

	내용	장소	방법	증인들	목적	결과
첫 번째 기적	물로 포도주를 만드심 (요 1:1~12)	갈릴리 가나	예수님 말씀대로 여섯 통의 돌 항아리에 물을 채우니 물이 변해 포도주가 됨	예수님의 제자들과 혼인 잔칫집의 종들	하나님의 아들 예수님의 영광을 드러냄(요 2:11)	예수님의 제자들은 예수님을 믿음 (요 2:11)
두 번째 기적	관원의 아들을 치유하심 (요 4:46~54)	갈릴리 가나/ 가버나움	가나에서 관원에게 가버나움에 있는 그의 아들이 바로 그 시간에 살아서 회복되었다고 말씀하심	왕의 관원과 그의 온 집안	-	왕의 관원과 그의 온 집안이 예수님을 믿음 (요 4:53)
세 번째 기적	38년 된 장애인을 치유하심 (요 5:1~18)	예루살렘의 베데스다 연못	중풍병자에게 일어나 자기 침상을 들고 걸으라고 말씀하셨고, 그가 즉시 그렇게 행동함	치유된 중풍병자와 안식일에 그의 침상을 운반했다고 비판했던 유대인들	예수님은 아버지와 하나이시며 안식일에 대해 권세를 가지심 (요 5:17~18)	유대인들은 예수님이 안식일에 병자를 고치시고, 자신을 하나님과 동등하게 여기셨다고 예수님을 비난하기 시작함 (요 5:16, 18)
네 번째 기적	5천 명을 먹이심 (요 6:1~15; 참조, 마 14:13~21; 막 6:30~44; 눅 9:10~17)	갈릴리 바닷가	소년이 가져온 보리떡 다섯 개와 물고기 두 마리를 축사하시고, 제자들에게 그것을 무리에게 나누어 주라고 말씀하심	제자들과 무리 가운데서 5천 명의 남자들	예수님이 모세보다 위대하시며, 예수님 자신이 생명의 떡임을 증명하심 (요 6:32~35)	무리는 예수님을 선지자로 믿었고, 그분을 왕으로 삼으려고 힘썼으나 예수님은 무리로부터 물러나심 (요 6:15)
다섯 번째 기적	물 위를 걸으심 (요 6:16~21; 참조, 마 14:22~33; 막 6:45~52)	갈릴리 바닷가	물 위를 걸어서 폭풍 가운데 배에 타고 있던 제자들에게 가심	제자들	예수님 자신이 "스스로 있는 자"임을 증명하심 (요 6:20)	-
여섯 번째 기적	맹인으로 태어난 사람을 고쳐 주심 (요 9장)	예루살렘	땅에 침을 뱉어 진흙을 이겨 맹인의 눈에 펴 바른 후, 실로암 못에 가서 씻으라고 말씀하심	제자들, 맹인이었던 사람, 그의 부모와 이웃들, 그가 구걸하는 것을 봤던 바리새인들과 사람들	치유 사역을 통해 하나님이 일하심을 증명하심 (요 9:3)	그 사람이 예수님을 믿고 예배함(요 9:38)
일곱 번째 기적	죽은 자 가운데서 나사로를 일으키심 (요 11장)	예루살렘 근처 베다니	기도하신 후, "나사로야, 나오라" 하고 외치심	마리아와 마르다, 그들을 위로하러 온 유대인들과 제자들, 나사로	하나님의 영광을 증명하고 하나님의 아들을 영화롭게 함 (요 11:4).	많은 사람이 예수님을 믿었으나 산헤드린 공회는 예수님을 죽이려는 음모를 꾸밈(요 11:45~53)

요한복음이 쓰인 목적은 한 가지입니다. 독자들이 예수님을 메시아요 하나님의 아들로 믿게 해, 그 이름을 믿음으로 말미암아 영생을 얻게 하려는 것입니다(요 20:30~31). 이 목적을 달성하기 위해 요한은 예수님이 많은 기적을 행하셨음을 언급하여 앞 부분(1~11장)에서 일곱 가지 기적을 강조했습니다.

부록
5

고대 이스라엘의 농업과 농사

"귀 있는 자는 들으라!" 예수님은 '씨 뿌리는 자 비유'를 마치며 외치셨습니다.[1] 예수님은 청중이 농사일에 경험이 없어 자기를 이해하지 못할 것이라는 생각을 하실 이유가 전혀 없으셨습니다. 성경 시대를 통틀어 이스라엘 경제는 농업을 기반으로 했습니다.[2] 그 결과 성경에는 농사 용어들이 가득합니다. 예수님이 가르치실 때 농사에 관한 심상을 자주 사용하셨다는 것은 청중이 농사일을 잘 알고 있었다는 증거입니다. '씨 뿌리는 자 비유'에서도 예수님은 청중에게 익숙한 농사 이야기를 통해 청중이 영적 행동으로 이행하도록 도전을 주셨습니다.

파종하는 아랍 농부

고대 이스라엘의 농경 생활을 이해하면, 많은 성경 구절들과 그 구절들이 전하는 중요한 영적 진리를 파악하는 데 도움이 됩니다. 다행스럽게도 성경 시대의 농사법, 농기구, 농작물 및 달력에 관한 상당한 정보가 현재까지 전해지고 있습니다.

이스라엘의 지형은 농업 발달에 큰 영향을 끼쳤습니다. 신명기 11장 11절은 약속의 땅을 하늘에서 내리는 비를 흡수하는 언덕과 계곡의 땅이라고 묘사합니다. 이스라엘은 지중해 연안을 따라 평평하게 펼쳐진 이스르엘평야와 요단평야에 있었는데, 그곳에 사는 사람들은 다양한 채소와 곡식을 재배했습니다. 고원지대는 생산하기가 어려운 지역이었습니다. 농부들은 숲을 밀어내고 충분한 흙과 습기를 확보하기 위해 계단식 토지를 만들었습니다.

이스라엘 농부들과 가족들은 그 땅을 최대한 활용하려고 열심히 일했습니다. 토양은 대체로 비옥했으나, 바위가 많기로 유명했고, 흙이 얕은 곳도 있었습니다. 땅을 갈고 흙을 부수어야 물이 침투해 어린 식물들이 뿌리를 내릴 수 있었습니다. 작물들은 뿌리를 깊이 내리지 못하면 물을 흡수하지 못해 말라 죽게 됩니다. 그러므로 식물을 재배하기 위해서는 땅을 갈고 땅속에 묻혀 있는 돌들을 캐내야 했습니다. 농부들은 캐낸 돌들을 밭이랑에 쌓아두었습니다. 경작이 가능한 비옥한 땅을 서로 차지하려고 가시들과 엉겅퀴들도 치열하게 경쟁했습니다.[3]

"구약성경은 이스라엘의 기본 작물들을 세 가지로 기록합니다. 그 세 가지 작물은 곡식, 포도, 올리브입니다."[4] 그 밖에도 사람들은 다양한 과일과 견과류, 채소들과 약용작물들을 재배했습니다. 그러나 여기서는 이스라엘의 곡식 농사에 집중하겠습니다. 성경은 곡식 생산 방식을 널리 참조하고 활용하는데, '씨 뿌리는 자 비유'가 뜻하는 작물도 곡식인 것 같습니다.

이스라엘 사람들은 땅을 갈아 경작하는 등의 다양한 농사 기술을 사용했습니다. 가장 초기의 쟁기들은 막대

---

1. 마 13:8, HCSB. 참조. 마 13:3-9; 막 4:3-9; 눅 8:5-8.

2. "Agriculture," in *Nelson's New Illustrated Bible Dictionary*, gen. ed. Ronald F. Youngblood (Nashville: Thomas Nelson, 1995).

3. "Agriculture," in *Nelson's New Illustrated Manners and Customs of the Bible*, ed. James I. Packer, Merrill C. Tenney, and William White, Jr. (Nashville: Thomas Nelson, 1997).

4. Youngblood, "Agriculture."

기 갈고리 형태였습니다. 수 세기 후에 농부들은 땅을 5인치 정도 파고들어 갈 수 있는 철 쟁기를 고안했습니다. 쟁기질을 한 다음에는 뭉친 흙을 부수기 위해 써레질을 했습니다. 괭이와 곡괭이로 땅을 뒤엎어 씨를 뿌리고 잡초를 제거하는 것입니다. 농부들은 대개 낟알을 흩뿌리는 방식으로 씨를 뿌렸으나,[5] 아래쪽에 구멍이 난 자루를 메고 다니면서 쟁기가 흙을 뒤엎을 때 씨를 떨어뜨리기도 했습니다.[6]

일꾼들은 낫을 사용해 낟알을 잘랐습니다. 잘라낸 낟알은 잘 골라야 했습니다. 그 낟알들을 나무나 돌 굴림대에 돌리거나 소가 돌리게 하면, 껍질과 알맹이가 분리되었습니다. 일꾼들은 갈퀴나 삽이나 부채를 사용해 낟알을 공중에 던져 겨를 날려 보냈습니다. 체질을 하면 불필요한 껍질들이 날아가고 알맹이만 남았습니다. 그 알곡을 제분하면 밀가루가 되는 것입니다.[7]

고대 문헌들은 고대 이스라엘의 재배 과정에 대한 정보를 제공합니다. 1908년에 텔 게제르에서 발견된 게제르 달력은 다음과 같은 정보를 줍니다. 게제르력은 올리브 수확기부터 시작하는데, 올리브는 8월부터 10월까지 수확하고, 10월부터 12월까지는 씨를 뿌립니다. 이어 12월부터 2월까지 늦은 파종기에는 콩류와 채소류의 씨를 뿌리고, 다음 한 달 동안에는 김을 매줍니다. 3월부터 4월까지는 보리 수확기입니다. 밀은 4월과 5월에 수확합니다. 포도는 5월부터 7월까지 수확합니다. 마지막으로 여름 과일은 7월부터 8월까지 수확합니다.[8]

히브리 농사는 대대로 조상에게서 물려받은 땅에서 가족 단위로 경영하는 소규모 농사였습니다.[9] 이스라엘이 가나안 땅을 점령한 이후에 여호수아는 이스라엘 지파들과 가족들에게 땅을 분배했습니다. 시간이 지남에 따라 부자들은 더 많은 땅을 차지하게 되었습

게제르력
(석회암, 주전 925년경 제작 추정)

니다. 이스라엘 포로기와 중간기 시대에 생산 가능한 토지의 소유권은 점차 귀족들의 차지가 되었고, 그 땅에서 소작농들이 일했습니다. 악한 농부들에 관한 예수님의 비유는 이런 상황을 반영합니다.[10]

'씨 뿌리는 자 비유'에서 우리는 이스라엘의 농업 환경을 엿볼 수 있습니다. 예수님은 토양의 상태를 네 가지

5. J. L. Kelso, F. N. Hepper, "Agriculture," in *New Bible Dictionary*, rev. ed. D. R. W. Wood, 3rd ed. (Downers Grove, IL: InterVarsity Press, 1996).

6. Craig S. Keener, *The IVP Bible Background Commentary: New Testament* (Downers Grove, IL: InterVarsity Press, 1993), 82.

7. "Agriculture," in *Neson's Illustrated Manners and Customs of the Bible*.

8. Oded Borowski, "Agriculture," *The Eerdmans Dictionary of the Bible*, ed. in chief Davil Noel Freedman (Grand Rapids: Eerdmans, 2000), 28-30.

9. Avraham Negev, "Agriculture," in *The Archaeological Encyclopedia of the Holy Land*, 3rd ed. (New York: Prentice Hall, 1990).

10. 마 21:33-41; 막 12:1-9; 눅 20:9-16.

로 설명하셨습니다. (1) 밭 가장자리를 따라 사람들이 걸어 다닌 결과 딱딱하게 굳어버린 토양, (2) 흙이 너무 얕아서 자라나는 식물에 충분한 양분을 공급할 수 없는 돌로 덮인 토양, (3) 가시가 얽히고설켜 부드러운 식물의 성장을 막는 토양, (4) 깊고 기름져 생산력이 높은 토양입니다. 또한 예수님은 식물의 성장을 네 단계로 설명하셨습니다. (1) 발아, (2) 발근, (3) 성장, (4) 결실입니다. 식물이 성장하기 위해서는 네 단계를 모두 거쳐야 합니다. 그런데 오직 한 가지 토양만이 네 단계를 모두 거칠 수 있습니다. 마찬가지로 오직 한 가지 영적 토양만이 하나님이 요구하시는 열매를 맺을 수 있습니다.

마태복음 13장 8절은 토양의 생산성을 100배, 60배, 30배로 묘사합니다. 이스라엘에서 이 정도의 생산성을 확보하려면,[11] 생산 조건이 좋아야 하는데, 생산 조건은 좋은 농사 기술, 시기적절한 수확, 토양 관리, 적당량의 비와 햇빛, 김매기 등을 통한 적절한 관리, 해충 방제 등에 좌우됩니다. 농부는 1부셸의 낟알을 파종하고 100부셸을 수확할 때 풍년이라고 생각했습니다. 더 어려운 조건에서 60부셸이나 30부셸을 수확하는 경우에도 예수님 시대에는 대단한 수확이라고 할 수 있었습니다. 예수님은 자신을 따르는 사람들이 곡식과 유사한 영적 성장 단계를 거치며 하나님 나라를 위해 높은 생산성을 갖춘 제자들로 성장하는 것을 보셨습니다. 풍작을 거둔 농부가 몹시 기뻐하듯이 주님도 따르는 자들이 영적으로 성장하면 기뻐하십니다.

시간이 흐름에 따라 농사 기법은 놀랍게 발전했습니다. 식물들의 생산성과 영양분을 향상시키기 위한 과학기술이 발전했습니다. 오늘날에도 농업은 세계 경제의 기반이 됩니다. 몸소 들이나 밭에 나가 일하는 사람들은 많지 않으나, 음식은 여전히 많이 필요하고, 지구 상에 사는 70억 이상의 사람들은 매일 먹어야 삽니다.

육적 음식 못지않게 영적 양식도 절실합니다. 우리는 정기적으로 하나님의 진리를 누려야만 우리를 향한 주님의 뜻에 따라 성장하고 생산할 수 있습니다. 그러므로 예수님은 당신의 백성에게 "들으라!"고 외치며 도전을 주셨습니다. 고대 농법을 아주 조금만 알아도 우리는 성경을 진지하게 공부하는 학생들이 주님의 놀라운 진리를 듣고 배울 수 있도록 지속적으로 도울 수 있습니다.

＊위 내용은 미국 텍사스주 둔칸빌시의 제일침례교회 협동 목사 마크 R. 던의 글
"고대 이스라엘의 농업과 농사"(Agriculture and Farming in Ancient Israel)를 번역한 것입니다.

---

11. Keener, *IVP Bible Background: New Testament.*

주 / 1

Session 1

1. Daniel L. Akin, *Christ-Centered Exposition: Exalting Jesus in Mark* (Nashville: B&H, 2014) [WORDsearch].

2. James R. Edwards, *The Gospel According to Mark*, in *The Pillar New Testament Commentary* (Grand Rapids: Eerdmans, 2010) [WORDsearch].

3. Mark R. Dunn, "Agriculture and Farming in Ancient Israel," *Biblical Illustrator* (Winter 2015-16): 66.

4. W. D. Davies and Dale C. Allison, *Matthew 8-18*, in *International Critical Commentary* (New York: T&T Clark International, 1991), 403.

5. William L. Lane, *The Gospel of Mark*, in *New International Commentary on the New Testament* (Grand Rapids: Eerdmans, 2010), [WORDsearch].

6. R. Alan Cole, *Mark*, vol. 2 in *Tyndale New Testament Commentaries* (Downers Grove: IVP, 2015) [WORDsearch].

7. John Wesley, *Wesley's Notes on the Bible*, Christian Classics Ethereal Library [online; cited 17 October 2016]. Available from the Internet: *www.ccel.org*.

8. John Chrysostom, *Homily XLIV on the Gospel of St. Matthew*, in *Nicene and Post-Nicene Fathers*, First Series, vol. X, ed. Philip Schaff (New York: Cosimo, 2007), 282.

9. C. H. Spurgeon, "Sown Among Thorns," The Spurgeon Archive [online], 19 August 1888 [cited 17 October 2016]. Available from the Internet: *www.romans45.org*.

10. James R. Edwards, *The Gospel According to Mark*, in *The Pillar New Testament Commentary* [WORDsearch].

11. James A. Brooks, *Mark*, vol. 23 in *The New American Commentary* (Nashville: B&H, 2003) [WORDsearch].

12. C. H. Spurgeon, "The Seed upon Stony Ground," Christian Classics Ethereal Library [online], 14 September 1873 [cited 17 October 2016]. Available from the Internet: *www.ccel.org*.

13. Jonathan T. Pennington, "Matthew 13 and the Function of the Parables in the First Gospel," *Southern Baptist Journal of Theology* (Fall 2009): 16.

14. Clement of Rome, 1 Clement XXIV, quoted in *The Apostolic Fathers*, trans. Charles H. Hoole (London: Rivingtons, 1872), 24.

15. R. Kent Hughes, *Mark, Volume 1: Jesus, Servant and Savior*, in *Preaching the Word* (Crossway, 1989) [WORDsearch].

16. Augustine, Sermons on New Testament Lessons, 73.3, quoted in *Mark*, eds. Thomas C. Oden and Christopher A. Hall, vol. II in *Ancient Christian Commentary on Scripture: New Testament* (IVP, 2001) [WORDsearch].

Session 2

1. Warren W. Wiersbe, *Be Loyal* (Colorado Springs: David C. Cook, 1980) [WORDsearch].

2. Hilary of Poitiers, *On Matthew*, 18.10, quoted in *Matthew 14-28*, ed. Manlio Simonetti, vol. Ib in *Ancient Christian Commentary on Scripture: New Testament* (IVP, 2001) [WORDsearch].

3. Leon Morris, *The Gospel According to Matthew*, in *The Pillar New Testament Commentary* (Grand Rapids: Eerdmans, 2010) [WORDsearch].

4. R. T. France, *The Gospel of Matthew*, in *New International Commentary on the New Testament* (Grand Rapids: Eerdmans, 2010) [WORDsearch].

5. Ibid.

6. Chromatius, *Tractate on Matthew*, 59.5, quoted in *Matthew 14-28*, ed. Manlio Simonetti, vol. Ib in *Ancient Christian Commentary on Scripture: New Testament* (IVP, 2001) [WORDsearch].

7. R. T. France, *The Gospel of Matthew*, in *New International Commentary on the New Testament* [WORDsearch].

8. Ibid.

9. D. A. Carson, "Matthew," in *The Expositor's Bible Commentary: Matthew, Mark, Luke*, vol. 8. (Grand Rapids: Zondervan, 2010) [WORDsearch].

10. Douglas Sean O'Donnell, *Matthew*, in *Preaching the Word* (Crossway, 2013) [WORDsearch].

11. David Wenham, *The Parables of Jesus* (Downers Grove: IVP, 1989), 153.

Session 3

1. John R. W. Stott, *The Contemporary Christian* (Downers Grove: IVP, 1992), 349.

2. Leon Morris, *Luke*, vol. 3 in *Tyndale New Testament Commentaries* (Downers Grove: IVP, 2015) [WORDsearch].

3. Vincent Bacote, *The Political Disciple: A Theology of Public Life* (Grand Rapids: Zondervan, 2015), 42.

4. Leon Morris, *Luke*, vol. 3 in *Tyndale New Testament Commentaries* [WORDsearch].

5. Ambrose, *Exposition of the Gospel of Luke*, 7.69-70, quoted in *Luke*, ed. Arthur A. Just Jr., vol. III in *Ancient Christian Commentary on Scripture: New Testament* (Downers Grove: IVP, 2003), 178.

6. Wayne Grudem and Thomas R. Schreiner, in *ESV Study Bible* (Wheaton: Crossway, 2008), 1977, n. 10:30; n. 10:31; n. 10:32; n. 10:33; n. 10:34-35.

7. Bruce Ashford and Chris Pappalardo, *One Nation Under God: A Christian Hope for American Politics* (Nashville: B&H, 2015) [eBook].

주 / 2

8. Takatemjen, "Luke," in *South Asia Bible Commentary*, ed. Brian Wintle (Grand Rapids: Zondervan, 2015), 1358.

9. Stan Guthrie, *All That Jesus Asks: How His Questions Can Teach and Transform Us* (Grand Rapids: Baker, 2010), 222.

10. Augustine, *Christian Instruction*, 33, quoted in *Luke*, ed. Arthur A. Just Jr., vol. III in *Ancient Christian Commentary on Scripture: New Testament*, 181.

Session **4**

1. Paul John Isaak, *Africa Bible Commentary* (Grand Rapids: Zondervan, 2006), 1262.

2. Wayne Grudem and Thomas R. Schreiner, in *ESV Study Bible* (Wheaton: Crossway, 2008), 1989, n. 15:12; n. 15:13; n. 15:17-18.

3. Kenneth E. Bailey, *Finding the Lost Cultural Keys to Luke 15* (St. Louis: Concordia, 1992), 112.

4. Leon Morris, *Luke*, vol. 3 in *Tyndale New Testament Commentaries* (Downers Grove: IVP, 2015) [WORDsearch].

5. Ambrose, *Exposition of the Gospel of Luke*, 7.215, quoted in *Luke*, ed. Arthur A. Just Jr., vol. III in *Ancient Christian Commentary on Scripture: New Testament* (Downers Grove: IVP, 2003), 249.

6. Darrell L. Bock, *Luke*, in *The NIV Application Commentary* (Grand Rapids: Zondervan, 2012) [WORDsearch].

7. Ambrose, *Exposition of the Gospel of Luke*, 7.229-30, quoted in *Luke*, ed. Arthur A. Just Jr., vol. III in *Ancient Christian Commentary on Scripture: New Testament*, 250.

8. A. Boyd Luter, in *HCSB Study Bible* (Nashville: B&H, 2010), 1770.

9. Helmut Thielicke, *The Waiting Father: Sermons on the Parables of Jesus* (Cambridge: The Lutterworth Press, 2015), 27.

10. Timothy Keller, *The Prodigal God* (New York: Dutton, 2008), 67. 《팀 켈러의 탕부 하나님》(두란노, 2016), 105.

11. A. Boyd Luter, in *HCSB Study Bible*, 1771, n. 15:25-30; n. 15:31-32.

12. John Newton and William Cowper, *Olney Hymns* (London: Thos. Tegg & Son, 1835), 190.

Session **5**

1. Preston Sprinkle, *Charis: God's Scandalous Grace for Us* (Colorado Springs: David C Cook, 2014), 127.

2. Darrell L. Bock, *Luke*, vol. 2, in *Baker Exegetical Commentary on the New Testament* (Grand Rapids: Baker, 2014) [WORDsearch].

3. C. S. Lewis, quoted in *The Spiritual Legacy of C. S. Lewis*, by Terry W. Glaspey (Nashville: Cumberland House, 1996), 144-45.

4. Klyne Snodgrass, *Stories with Intent: A Comprehensive Guide to the Parables of Jesus* (Grand Rapids: Eerdmans, 2008), 467.

5. John Piper, *What Jesus Demands from the World* (Wheaton: Crossway, 2006), 157.

6. Cyril of Alexandria, *Commentary on Luke*, Homily 120, quoted in *Luke*, ed. Arthur A. Just Jr., vol. III in *Ancient Christian Commentary on Scripture: New Testament* (Downers Grove: IVP, 2003), 279.

7. Steve Booth, "Who Were the 'Sinners'?" *Biblical Illustrator* (Fall 2007): 38-39.

8. Craig L. Blomberg, *Preaching the Parables: From Responsible Interpretation to Powerful Proclamation* (Grand Rapids: Baker, 2009), 161.

9. R. Kent Hughes, *Luke*, vol. 2, in *Preaching the Word* (Wheaton: Crossway, 2008) [WORDsearch].

10. Basil the Great, *On Humility*, quoted in *Luke*, ed. Arthur A. Just Jr., vol. III in *Ancient Christian Commentary on Scripture: New Testament*, 280.

11. Darrell L. Bock, *Luke*, in *The NIV Application Commentary* (Grand Rapids: Zondervan, 2012) [WORDsearch].

12. Martin Luther, The Heidelberg Disputation, The Book of Concord [online], 26 April 1518 [cited 19 October 2016]. Available from the Internet: *bookofconcord.org*.

Session **6**

1. George Whitefield, "A Penitent Heart: The Best New Year's Gift," in *Selected Sermons of George Whitefield* (London: The Religious Tract Society, 1904), 79-80.

2. Craig L. Blomberg, *Matthew*, vol. 22 in *The New American Commentary* (Nashville: B&H, 2003) [WORDsearch].

3. Quoted in "Mark," by Victor Babajide Cole, in *Africa Bible Commentary*, ed. Tokunboh Adeyemo (Grand Rapids: Zondervan, 2006), 1217.

4. David Platt, *Christ-Centered Exposition: Exalting Jesus in Matthew* (Nashville: B&H, 2014) [WORDsearch].

5. David Wenham, *The Parables of Jesus* (Downers Grove: IVP, 1989), 127-28.

6. Helmut Thielicke, *The Waiting Father: Sermons on the Parables of Jesus* (Cambridge: The Lutterworth Press, 2015), 105.

7. Simon J. Kistemaker, *The Parables: Understanding the Stories Jesus Told* (Grand Rapids: Baker, 1980), 89.

8. D. A. Carson, "Matthew," in *Expositor's Bible Commentary*, vol. 8 (Grand Rapids: Zondervan, 2010) [WORDsearch].

9. Craig L. Blomberg, *Interpreting the Parables* (Downers Grove: IVP, 1990), 249.

10. D. A. Carson, "Matthew," in *Expositor's Bible Commentary*, vol. 8 [WORDsearch].

11. Scot McKnight, *Kingdom Conspiracy: Returning to the Radical Mission of the Local Church* (Grand Rapids: Brazos Press, 2014), 184.

12. Jerome, *Commentary on Matthew*, 3.21.46, quoted in *Matthew 14-28*, ed. Manlio Simonetti, vol. Ib in *Ancient Christian Commentary on Scripture: New Testament*.

Session **7**

1. Gregg Matte, *I Am Changes Who I Am* (Ventura, CA: Regal, 2012), 19.

2. David Maltsberger, "Wine," in *Holman Illustrated Bible Dictionary*, eds. Chad Brand, Charles Draper, and Archie England (Nashville: B&H, 2003) [WORDsearch].

3. Andreas J. Köstenberger, in *ESV Study Bible* (Wheaton: Crossway, 2008), 2022-23, n. 2:1; n. 2:3; n. 2:4.

4. Augustine, *Tractates on the Gospel of John*, 8.4.1-3, quoted in *John 1-10*, ed. Joel C. Elowsky, vol. IVa in *Ancient Christian Commentary on Scripture: New Testament* (IVP, 2001) [WORDsearch].

5. Sharon H. Gritz, "First-Century Jewish Weddings," *Biblical Illustrator* (Summer 2015): 45.

6. Irenaeus, *Against Heresies*, 3.16.7, quoted in *John 1-10*, ed. Joel C. Elowsky, vol. IVa in *Ancient Christian Commentary on Scripture: New Testament* (IVP, 2001) [WORDsearch].

7. Andreas J. Köstenberger, in *HCSB Study Bible* (Nashville: B&H, 2010), 1806, n. 2:6.

8. Leon Morris, *The Gospel According to John*, rev. ed., in *New International Commentary on the New Testament* (Grand Rapids: Eerdmans, 2010) [WORDsearch].

9. Timothy Keller, *The Wedding Party*, vol.

4 in *The Encounters with Jesus Series* (New York: Dutton, 2013) [eBook].

10. Maximus of Turin, *Sermon 23*, quoted in *John 1-10*, ed. Joel C. Elowsky, vol. IVa in *Ancient Christian Commentary on Scripture: New Testament* (IVP, 2001) [WORDsearch].

11. Scotty Smith, in *Gospel Transformation Bible* (Wheaton: Crossway, 2013), 1409-1410, n. 2:1-12.

12. D. A. Carson, *The Gospel According to John*, in *The Pillar New Testament Commentary* (Eerdmans, 1991) [WORDsearch].

Session **8**

1. J. C. Ryle, *Commentary on Matthew*, in *Ryle's Expository Thoughts on the Gospels: Matthew* (Georgetown, TX: WORDsearch, 2004) [WORDsearch].

2. Craig L. Blomberg, *Matthew*, vol. 22 in *The New American Commentary* (Nashville: B&H, 2003) [WORDsearch].

3. Don H. Stewart, "Compassion," in *Holman Illustrated Bible Dictionary*, eds. Chad Brand, Charles Draper, and Archie England (Nashville: B&H, 2003) [WORDsearch].

4. Chrysostom, *Homilies on the Gospel of Matthew*, 49, quoted in *Matthew 14-28*, ed. Manlio Simonetti, vol. Ib in *Ancient Christian Commentary on Scripture: New Testament* (Downers Grove: IVP, 2014) [WORDsearch].

5. S. L. Price, "Out of the Ordinary," *Sports Illustrated* (30 May 2016): 53.

6. Billy Graham, "Answers," Billy Graham Evangelistic Association [online], 16 May 2014 [cited 31 October 2016]. Available from the Internet: *billygraham.org*.

7. John Piper, "Twelve Baskets of Bread and the Walk on Water," Desiring God [online], 8 November 2009 [cited 11 November 2016]. Available from the

Internet: *www.desiringgod.org*.

8. David Platt, *Christ-Centered Exposition: Exalting Jesus in Matthew* (Nashville: B&H, 2014) [WORDsearch].

9. Ravi Zacharias, *Jesus Among Other Gods* (Nashville: Thomas Nelson, 2000), 80.

10. R. T. France, *The Gospel of Matthew*, in *New International Commentary on the New Testament* (Grand Rapids: Eerdmans, 2010) [WORDsearch].

11. Hilary of Poitiers, *On Matthew*, 4.11, quoted in *Matthew 14-28*, ed. Manlio Simonetti, vol. Ib in *Ancient Christian Commentary on Scripture: New* Testament [WORDsearch].

12. Henry T. Blackaby and Richard Blackaby, *Experiencing God Day by Day* (Nashville: B&H, 1997), December 8 [WORDsearch]. 《매일 아침 하나님을 경험하는 삶 365》(두란노, 2009), 343.

Session **9**

1. Vern S. Poythress, *The Miracles of Jesus* (Wheaton: Crossway, 2016) [eBook].

2. Craig L. Blomberg, Matthew, vol. 22 in *The New American Commentary* (Nashville: B&H, 2003) [WORDsearch].

3. Timothy Keller, *King's Cross: The Story of the World in the Life of Jesus* (New York: Dutton, 2011) [eBook]. 《팀 켈러의 왕의 십자가》(두란노, 2013), 102.

4. Chrysostom, *The Gospel of Matthew*, Homily 50.1, quoted in *Matthew 14-28*, ed. Manlio Simonetti, vol. Ib in *Ancient Christian Commentary on Scripture: New Testament* (Downers Grove: IVP, 2001) [WORDsearch].

5. Stuart K. Weber, *Matthew*, in *Holman New Testament Commentary* (Nashville: B&H, 2000) [WORDsearch].

6. Chromatius, *Tractate on Matthew*,

주 / 4

52.2, quoted in *Matthew 14-28*, ed. Manlio Simonetti, vol. Ib in *Ancient Christian Commentary on Scripture: New Testament* [WORDsearch].

7. David Platt, *Christ-Centered Exposition: Exalting Jesus in Matthew* (Nashville: B&H, 2014) [WORDsearch].

8. Charles H. Spurgeon, "Safe Shelter" in Spurgeon's Sermons, Volume 15: 1869, Christian Classics Ethereal Library [online; cited 31 October 2016]. Available from the Internet: *www.ccel.org*.

9. D. A. Carson, "Matthew," in *Expositor's Bible Commentary*, vol. 8 (Grand Rapids: Zondervan, 2010) [WORDsearch].

10. Douglas Sean O'Donnell, *Matthew: All Authority in Heaven and on Earth*, in *Preaching the Word* (Wheaton: Crossway, 2014) [WORDsearch].

11. D. A. Carson, "Matthew," in *Expositor's Bible Commentary*, vol. 8 [WORDsearch].

Session **10**

1. Matthew Henry, *The Communicant's Companion*, in *The Miscellaneous Writings of Matthew Henry*, vol. 7 (London, Samuel Bagster, 1811), 220.

2. Rodney L. Cooper, *Mark*, in *Holman New Testament Commentary* (Nashville: B&H, 2000) [WORDsearch].

3. Walter W. Wessel, "Mark," in *Expositor's Bible Commentary*, vol. 8 (Grand Rapids: Zondervan, 2010) [WORDsearch].

4. Warren W. Wiersbe, *Be Diligent* (Colorado Springs: David C. Cook, 1987) [WORDsearch].

5. Daniel L. Akin, *Christ-Centered Exposition: Exalting Jesus in Mark* (Nashville: B&H, 2014) [WORDsearch].

6. Irenaeus, *Against Heresies*, 5.17.1, quoted in *Mark*, eds. Thomas C. Oden

and Christopher A. Hall, vol. II in *Ancient Christian Commentary on Scripture: New Testament* (Downers Grove: IVP, 2001) [WORDsearch].

7. John Newton, "How Sweet the Name of Jesus Sounds," *Baptist Hymnal* (Nashville: LifeWay Worship, 2008), 323.

8. James A. Brooks, *Mark*, vol. 23 in *The New American Commentary* (Nashville: B&H, 2003) [WORDsearch].

9. Bruce K. Waltke with Charles Yu, *An Old Testament Theology* (Grand Rapids: Zondervan, 2007), 276.

10. William L. Lane, *The Gospel of Mark*, in *New International Commentary on the New Testament* (Grand Rapids: Eerdmans, 2010), [WORDsearch].

11. C. S. Lewis, *The Problem of Pain* (New York: HarperOne, 1996), 91.

12. Clement of Alexandria, *Christ the Educator*, 1.4, quoted in *Mark*, eds. Thomas C. Oden and Christopher A. Hall, vol. II in *Ancient Christian Commentary on Scripture: New Testament* (Downers Grove: IVP, 2001) [WORDsearch].

Session **11**

1. Adrian Rogers, *The Incredible Power of Kingdom Authority* (Nashville: B&H, 2002), 28.

2. R. Alan Cole, *Mark*, in *Tyndale New Testament Commentaries* (Downers Grove: IVP, 2015) [WORDsearch].

3. Wayne Grudem, *Systematic Theology* (Grand Rapids: Zondervan, 2000), 424.

4. Millard J. Erickson, *Christian Theology* (Grand Rapids: Baker, 2013) [eBook].

5. J. C. Ryle, *Mark*, in *The Crossway Classic Commentaries* (Wheaton: Crossway, 1993) [eBook].

6. Ross H. McLaren, in *HCSB Study Bible* (Nashville: B&H, 2010), 1689, n. 5:9; n. 5:11;

n. 5:12; n. 5:13; n. 5:15.

7. Ibid., 1689, sidebar.

8. William Hendriksen, *Exposition of the Gospel of Mark*, in *New Testament Commentary* (Grand Rapids: Baker, 2008) [WORDsearch].

9. Tertullian, *On Flight During Persecution*, quoted in *Mark*, eds. *Thomas C. Oden and Christopher A. Hall*, vol. II in *Ancient Christian Commentary on Scripture: New Testament* (Downers Grove: IVP, 1998), 65.

10. James R. Edwards, *Mark*, in *The Pillar New Testament Commentary* (Grand Rapids: Eerdmans, 2010) [WORDsearch].

11. Ibid.

Session **12**

1. Joseph Parker, *Mark-Luke*, vol. 21 in *The People's Bible* (2008) [WORDsearch].

2. Ross H. McLaren, in *HCSB Study Bible* (Nashville: B&H, 2010), 1690, n. 5:22-23; n. 5:25-26; n. 5:27-29.

3. Katherine Sonderegger, *Systematic Theology: Volume 1, The Doctrine of God* (Minneapolis: Fortress Press, 2015), 243.

4. C. H. Spurgeon, "The Touch," Spurgeon Gems [online], 8 January 1882 [cited 2 November 2016]. Available from the Internet: *www.spurgeongems.org*.

5. J. C. Ryle, Mark, in *The Crossway Classic Commentaries* (Wheaton: Crossway, 1993), 75.

6. James A. Brooks, *Mark*, vol. 23 in *The New American Commentary* (Nashville: B&H, 2003) [WORDsearch].

7. Albert Barnes, *Notes on the New Testament* (2014) [WORDsearch].

8. James A. Brooks, *Mark*, vol. 23 in *The New American Commentary* [WORDsearch].

9. Rodney L. Cooper, *Mark*, in *Holman New Testament Commentary* (Nashville: B&H, 2005) [WORDsearch].

10. G. Campbell Morgan, *The Gospel According to Mark*, in *The G. Campbell Morgan Reprint Series* (Eugene, OR: Wipf and Stock, 2010), 126-27.

11. C. Mack Roark, "Asleep or Dead?" *Biblical Illustrator* (Spring 2002): 34-35.

12. Charles H. Gabriel, "I Stand Amazed in the Presence," in *Baptist Hymnal* (Nashville: LifeWay Worship, 2008), 237.

Session 13

1. Herbert Lockyer, *All the Miracles of the Bible*, in *The All Series* (Grand Rapids: Zondervan, 2013) [WORDsearch].

2. Andreas J. Köstenberger, in *ESV Study Bible* (Wheaton: Crossway, 2008), 2045, n. 11:1-12:19; n. 11:4; n. 11:5-6.

3. Warren W. Wiersbe, *The Bible Exposition Commentary: New Testament*, vol. 1 (Colorado Springs: Victor, 2001), 334.

4. *The Reformation Study Bible* (Sanford, FL: Ligonier, 2012) n. 11:17; n. 11:21; n. 11:22; n. 11:25; n. 11:27 [WORDsearch].

5. Chrysostom, *Homilies on the Gospel of John*, 62.3, quoted in *John 11-21*, ed. Joel C. Elowsky, vol. IVb in *Ancient Christian Commentary on Scripture: New Testament* (Downers Grove: IVP, 2007), 13.

6. B. B. Warfield, *The Emotional Life of Our Lord* (Ravenio Books, 2013) [eBook].

7. Potamius, *On Lazarus*, quoted in *John 11-21*, ed. Joel C. Elowsky, vol. IVb in *Ancient Christian Commentary on Scripture: New Testament*, 21.

8. Samuel Ngewa, "John," in *Africa Bible Commentary*, ed. Tokunboh Adeyemo (Grand Rapids: Zondervan, 2010), 1302.

9. Warren W. Wiersbe, *The Bible Exposition Commentary: New Testament*, vol. 1, 337.

10. Athanasius, "Homily on the Resurrection of Lazarus," quoted in *John 11-21*, ed. Joel C. Elowsky, vol. IVb in *Ancient Christian Commentary on Scripture: New Testament*, 13.